音乐教师职业素养丛书

丛书主编　郭声健

"2013年度中国影响力图书"提名奖《守望音乐教育》之姊妹篇

Enjoy Teaching

享受教学

郭声健　著

暨南大學出版社
JINAN UNIVERSITY PRESS

中国·广州

图书在版编目（CIP）数据

享受教学/郭声健著．—广州：暨南大学出版社，2014.6
（音乐教师职业素养丛书）
ISBN 978－7－5668－0989－6

Ⅰ.①享…　Ⅱ.①郭…　Ⅲ.①教学研究—文集　Ⅳ.①G420－53

中国版本图书馆CIP数据核字（2014）第069208号

享受教学
著　　者　郭声健

出 版 人　徐义雄
责任编辑　胡艳晴　肖自辉
责任校对　方　敏
出版发行　暨南大学出版社（广州暨南大学　邮编：510630）
网　　址　http：//www.jnupress.com　http：//press.jnu.edu.cn
电　　话　总编室（8620）85221601
　　　　　营销部（8620）85225284　85228291　85228292（邮购）
传　　真　（8620）85221583（办公室）　85223774（营销部）
排　　版　广州市天河星辰文化发展部照排中心
印　　刷　佛山市浩文彩色印刷有限公司
开　　本　787mm×960mm　1/16
印　　张　18.75
字　　数　325千
版　　次　2014年6月第1版
印　　次　2014年6月第1次
定　　价　39.80元

爱是一份阳光雨露

（代　序）

能够读到郭声健老师新出版的著作《守望音乐教育》，实属幸运。那日午夜，正无所事事地流连于网络，听着心然的《雨的印记》，心清清的，睡意皆无。无意间点开了郭老师的空间（认识郭老师，缘于他给我们学前教育专业开了一节专题讲座“中外音乐教育微比较”，给我留下了深刻的印象），看到老师又更新了空间内容，像是有新书出版了，便顺手敲了“祝贺”两个字过去，没想到，我成了老师最后一名赠送对象，在第二天便收到了老师的书，非常开心！

以前就读过老师的几篇日志，已被其内容，特别是文字中细腻的心理描写所吸引。收到书之后，便一口气把第一部分全看完了，乍看还以为这是一本理论型的专著，但读过之后，完全不同，让我不舍得放下！主要是因为里面的文字亲切感人又励志，语调平缓又有分量，文字朴素又有哲理，老师是在默默的叙述中传递着一种正能量。虽然看似阐述的是自己一路走来的种种感悟及对自己人生的深刻理解与剖析，但透过文字的表象，我看到了老师始终在传递着一个字——爱。是啊，作为一名教育工作者，能够拥有一份爱心是多么难能可贵啊！就像几位读友给老师的留言：“读着郭老师的书就像听着一位老朋友聊天，平实而温馨。不仅被文字打动，更是喜欢字里行间的气息，幸福而温暖！”“读着《守望音乐教育》，有时候我会忍不住笑出声来，郭老师讲的故事仿佛发生在自己的身上，而且语言通俗又幽默，以至于身边的人很费解，歪着头问我：‘这样的书还有笑点吗？’呵呵，这个真的有！”“……郭老师付出中的感动，而我看着这些快递单子和郭老师的感动而感触：为郭老师的言传身教而感触；为郭老师乐于分享而感触；为郭老师的人文情怀而感触……”“读郭老师的书和浏览郭老师的空间是我每天必做的事情，是一份寄托、一份鞭策和鼓励，更是一股能量！”……这些，难道不是对老师作品的最好诠释？

老师是一个平易近人的人。他一直很幽默地说自己是幸运的，但幸运哪会随意降临到一个人身上？幸运永远会和你的付出成正比！而当你站在人生的十字路口时，还在于你果敢而智慧的抉择。这些，老师都做到了！所以老师有了今天的成就，特别是在他酷爱的音乐领域。看得出，老师早已把整个生命融入他所热爱的音乐教育之中了。所以，老师给予自己这样的角色定位：“我成了一个彻底表里如一、毫无羁绊的普通老师，这样的角色定位让我可以全心全意地做自己喜欢做的事。”而真正从心底里让自己成为一名普通教师，岂是一般人能够做得到的！特别是能够从出版社总编辑等高位上走下来，选择在教育一线工作，能够多年如一日地忠于自己内在的心声！试想，当前的社会，又有多少人能够真正地做着自己喜欢做的事呢？有多少人不是为了权钱而挣命？有多少人不是为了糊口而工作？又有多少人能够拥有这样的胸怀呢？况且老师还花费自己全部的业余时间给认识或不认识的人批改与指导论文，经常到深夜，且分文不取，要知道脑力劳动是最耗费一个人的精力的。这些，难道不是一种爱？是大爱！当读到《她是我表扬得最多的人》时，我已被师生之间复杂的情感感动得大颗大颗的泪滑落下来，那是一种欲言又止的感觉。我也是一名教师啊！真的很想说："如果我是那名学生，我也会那样做的！"

而话还得说回来，我在文字的选读上，一直都是有洁癖的。确切地说，我更看重一个人文字的内在品质。读文如读人，我从不在乎你有多高的名位、多高深的文字功底与理论，只要是原创，只要你的文字平易近人，有小感悟，哪怕是几句话，能给人以微妙的感动，我都是喜欢读的，也读得进去。还有，我最看重的就是——感恩，人的情感有许多种，而感恩，会有一种无形的力量！在郭老师的文字中，我感受到了，也找到了自己喜欢的东西，有了心灵上的碰撞，学到了很多做人的道理。可见，简简单单的一个"爱"字，蕴含了多大的分量啊！爱，也许代替不了教育，但我们的教育不能没有爱。老师的爱，已升华到了一种境界。那么，就让我们多付出一些爱吧，无论是对待家人，还是对待自己的学生，抑或是素不相识的陌生人，它都会滋养你的心田，给你意想不到的收获！

感谢老师给予我的这份精神食粮，"国培"学习就要结束了，内心无限的伤感、感动与不舍，因为在这三个月时间里，我认识了这么多老师、同学，感谢师大！老师的书我还会继续读下去，而且还要精读。我打算培训结束回去之后到网上购买老师的其他著作，当然也期待着老师有更多的新作问世！

李艳慧
辽宁省阜新市彰武县中等职业技术专业学校
2013 年 6 月

目　录

一、享受教学实践的点滴温暖

人世间最让人感动和幸福的莫过于温暖。而这样一份温暖却实实在在、
真真切切、无时无刻不存在于我们的日常教学之中，
存在于我们与孩子们真诚而纯洁的交往互动之中，
存在于孩子们那种懵懂顽皮和未被桎梏的本真行为之中，
存在于孩子们那些不曾润色和不会讨乖的只言片语之中。

日常教学的享受是最温暖的，是回味无穷的。
我们以往很少体验到这份温暖，
那是因为我们的内心深处没有这样的希冀和追求，
我们没有真正地理解日常教学才是一个教师的最佳与最终幸福之源，
和孩子们的心灵相通才是教学的最美与最大魅力所在。

我想上课

每临开学，大家都有一点紧张焦虑，称之为新学期恐惧症也并不为过。我也是的，不过我不是恐惧上课，而是恐惧不想做的事情多却又找不到不去做的借口。对于上课，我不但不恐惧，反而有些期待。

我分析了一下自己期待上课的原因。

第一，绝对不是因为我自信自己的课上得有多好，而是因为自己脸皮厚。哪怕去年那种给艺术硕士上课只有一个人来的情况再度发生，我也会从容应对。为什么呢？我想首先要做好自己，不能因为外界的其他因素而动摇自己的基本信念：我要把自己的经验、教训以及我认为对学生的学习与人生有益的各种感受与同学们交流分享，就如我在 QQ 空间里和大家分享一样，而且我相信总会有人从中受益，即便一节课只有一个人受益一点点，我也觉得上课值了。

第二，最近一直在看一些传递正能量，尤其是能够让自己心灵宁静、对教师职业有更深理解的书和故事，这些书和故事对我的影响很大，特别是给我注入了更多的激情，同时也让我汲取了一些能够让自己与学生心灵更为相通的好方法。我很想把这些东西投放到自己的教学实践中，特别是希望在教学实践中检验自己是否因为读书学习而进一步成熟与成长，我期待看到自己哪怕是一点点的小进步。把自己当作一个小学生看，那种感觉一定会很美妙。

第三，由于年龄的关系使得我对其他的东西看得更淡了，所以希望能够把更多的精力花在教书育人上面。在高校一直让人苦恼的是课题、论文那些非常功利的东西像幽灵般地纠缠着自己，我真的好希望自己有勇气抛弃那一切，做一个纯粹一点的教师。尽管我现在还无法完全做到这一点，但很高兴自己正逐渐朝那个方向靠拢，这自然得益于一天天在增长的年龄。像我们这个年纪的人大都会遇到一个“认命期”，即出人头地干大事的雄心壮志渐渐平息的时期。有研究表明，45 岁是许多教师考察自己人生抉择并对职业作出“一锤定音”决策的时候。一旦跨过这个年龄段，就会逐步安心于本职工作，心智会成熟许多，会更多地关注学生的需求，关注职业的使命，而不再太过计较自己的名利虚荣。

第四，学生的鼓励，也让我期待自己能够以实际行动不让他们失望，并让他们感到自己没有看错老师。前几天一位大四的同学在网上对我说：“我们在大三第一次上音乐教育课的时候，王老师就叫我们看了您的《音乐教育书简》，我们每个人都很喜欢您，虽然还没有跟您相处过，但是我们都觉得您是一个平易近人、很随和的好老师。”昨天又有一位非音教专业的大四同学给我留言说非常期待能够有机会旁听我的课。此外，这个学期我还要上大一新生的课，还有来自外校的研究生以及本校其他专业个别研究生也会来听课，等等。这无形中给了我压力，但更多的是给了我动力。我期待在他们面前有好的表现，绝不让他们失望。只是我平常出差多，不可避免要耽误一些教学，这也让我很内疚。

我之所以在这里剖析自己期待上课的原因，一方面是和大家及时分享自己的心情感受，另一方面也是借此机会进一步强化自己的这种积极态度。我始终信奉一句话：教学有技术但不是技术，它不是一门手艺活，而是一门心灵活。有了积极的态度、高昂的激情、美善的心灵，就没有上不好的课。

一名教师，心无旁骛，只要上课，那该多好！

一个大学，不谈教学，只顾科研，那该多糟！

我是一名大学老师，对大学不谈教学的问题深感忧虑。这个问题存在已久，现在似乎愈演愈烈。这个问题从部长到百姓、从校长到老师谁都清楚，但就是解决不了。究其原因，整个社会都是如此功利，国家对大学、大学对教师的评价方向与标准怎能不偏离，而要让普通的老师超凡脱俗、淡化功利、潜心教学，又谈何容易！

就如我前面所说，我个人本对科研去意已决，只想一心一意从事教学，但各种因素交织纠缠，实在有些欲罢不能！当然，让自己的心思回归教学，也绝不能为了追逐什么荣誉奖章，因为大学里的教学奖励基本上也是校长、院长、处长们在分享，我等平民百姓也不要有什么指望。教学的目的是为了学生健康成长，教学是一个老师的不二天职。教师好好搞教学，是责任，是良心，不需要别的理由来支撑。

致 2013 级大一新生的信

亲爱的同学们：

你们好！

进入大学，迎接你们的第一件事便是艰苦的军训，学音乐的人一个个被晒得黑黑的，心疼了吧？没关系，皮肤养一养就会变白，军训中磨炼出来的意志将会让你们受用一辈子。听说你们在全校军训阅兵表演中取得了第一名的优异成绩，我为你们高兴，在老师心目中你们都是最漂亮的，祝贺你们大学生涯的首场表演旗开得胜。下面，请允许我以最热烈的掌声和最温暖的邀请，欢迎你们从军训操场回归到大学课堂。

非常荣幸能有机会给你们上课。这是你们进入大学之后的第一堂课，但你们可能不知道，这也是我执教 30 年来给大一新生上的第一堂课，因此，我十分珍惜这样一个和你们共同学习的机会。当我得知我将给你们上课，并且我的课刚好排在周一的上午一二节时，我真的很兴奋，因为我将成为你们在大学课堂上见到的第一位老师！

就在不久前，我还在 QQ 空间里写过一篇小文章，题目叫“没有第二次机会给学生留下第一印象”。我很看重并期待给你们留下美好的第一印象，因为我给你们留下的第一印象，某种意义上也可能是你们一直为之好奇的大学教师留给你们的第一印象。我想着应该把头发理了，让自己显得精神一点；也想着要穿一件浅色时尚的衣服，让自己显得年轻一些；当然，更想着我的第一句话应该说什么，才让你们有兴趣且印象深刻；更想着我们的第一堂课应该讲些什么，才让你们有所收获且轻松快乐……总而言之，我期待不管是我这个人，还是我和你们共同拥有的第一堂课，都能够给你们留下好印象，让你们大学的学习生活有一个良好的开端。

然而，计划赶不上变化，很遗憾这期待已久的第一堂课我却没机会给你们上，因为我要去外地参加几个难以推脱也无法推后的活动，看来我对你们说的第一句话恐怕只能是“I am sorry”了（第一句话竟是这样的，真的很抱歉）。不过，我不能让你们的大学第一堂课因我的出差而空缺，所以，我请王朝霞老师代我上这第一堂课。王老师是一位非常棒的老师，去年还获得了华南师范大学“我最喜爱的老师”这一光荣称号，相信你们一定会喜欢她的。

作为你们进入大学接触到的首门课程，“中外音乐教育概论”在我们学院是一门新设课程，而且院里事先也没有和我沟通就把这门课程交给我了。尽管如此，我依然十分高兴地接受了这个教学任务，因为你们是音乐教育专业的学生，在进入大学的初始阶段，有必要对音乐教育的基本状况，尤其是对音乐教师的职业特点有所了解，以便你们能够合理地制订大学四年的学习计划，明确大学阶段的奋斗目标。当然，对于这门新开设的课程，我没有任何教学经验，而且自己的知识水平也有限，但我一定会抱着和你们一起学习、共同进步的态度，以一个学长的身份，与你们这些小学弟、小学妹们分享自己作为一名音乐教师的内心感受与心路历程。我不能保证我的课一定会让你们满意，但我保证会尽自己最大的努力不让你们失望，不浪费你们宝贵的青春时光。

这门课程只安排了十周，时间并不长，但没关系，因为网络为我们的交流提供了无限的空间和时间。或许对大部分同学来说，大学四年里我在教室里给你们上课的时间可能就是这十周，然而只要你们需要，我愿意通过其他一切可能的方式和途径，一直陪伴着你们往前走，直到我不再被需要。

最后，我想告诉大家我的 QQ 号码（691475404），我愿成为你们每个人的知心朋友。为了让我们更愉快、更有收获地度过这十周的课程学习时间，可能的话，我期待你们能够给我写信或留言，告诉我你们对这门课程的学习有什么建议，告诉我你们理解的音乐教育是怎样的，告诉我你们心目中的优秀音乐教师又是怎样的，告诉我你们想对我说的任何话……

我不知道你们能否如我所愿：当我 9 月 30 号出差回来的时候，我的邮箱里将会装满一封封令我爱不释手的邮件?!

期待与你们在课堂上相见！

郭声健

2013 年 9 月 22 日

信、信任、信心

因为出差，没有给2013级新生上第一堂课，甚是遗憾。不过，由此我给他们写了一封信，并且收到了近20封回信，又深感欣慰。

我真的很期待上第一堂课，故当我得知那一天无法走进课堂的时候，我下意识地在第一时间写下了那封信。并非刻意为之，也不为追求形式意义，而是真的有话要讲、有情感要表达，因为在我看来，这第一堂课对新生而言具有特殊意义，其重要性要远远超出这堂课本身。

我们常常抱怨如今的大学生不懂事不好学，却很少反思作为大学教师的我们在以身作则方面又做得如何？自己是否又尽到了起码的教书育人的责任？刚好前几天看了一个视频《教育能改变吗》之“大学危机”，里面对中国高等教育提出了严厉而中肯的批评。其中就有学者谈到，如今的大学校园里，学生除了在课堂上和老师打个照面，就再也难觅其踪影，教师怎么可能做到言传身教，大学怎么可能成为育人熔炉？是啊，师生之间连见面都很难，更何况思想的碰撞与心灵的沟通？我相信，任何一个刚踏入大学校园的学子，都是胸怀远大志向和美好梦想的，他们期待在大学校园里能够看到自己未来的榜样和追寻的目标，可是他们又能去找谁？又能去哪里找？我们又有多少老师能够拍着自己的胸脯说，同学们，为人为学都来向我看齐吧！自然，我也没有这种拍胸脯的底气，但我深刻意识到了这个问题，于是，我期待着和大一的新生们一起成长。

其实，写一封信并不难，最多两个小时就能搞定，但往往就是这些看似简单的事情，我们才不屑去做。我们都是日理万机，我们要做的都是“大事情”啊：搞科研，评职称，奔完小康成富翁。我也一样，也时常想着这些“大事情”，但是我对自己还算满意的一点是，我始终没有忘记自己的教师角色和起码的职责：我允许自己的课讲得不精彩，但不允许自己怠慢教学和应付学生；我允许自己在为人处世方面有缺陷，但不允许这些缺陷影响和误导学生；我允许自己思考“大事情”，但不允许自己因此而忽略“小事情”。当然，对于教师来说，最大的事情莫过于教书育人，而教书育人则必须潜移默化，从自己做起，从小事做起。所以这一次，我要给自己的表现打一个90分，因为我给我那些未曾见面的新同学们写了一封信，做了一件小小的却很有意义的“小事情”。

这封信写得好，它让我和同学们之间建立起了一份信任，彼此都留下了良好的第一印象。本来，师生不曾见面，彼此除了好奇就是戒备，我想必须先解除彼此的戒备心理，于是我在写信或回信的时候，把他们视为我的忘年交，甚至想象成自己的孩子。很自然地，他们写给我的信都是那样亲近、没有拘束，给我讲述他们的故事，描绘他们的梦想，也对我诉说他们的困惑，甚至发泄他们的不满。每一封信，不管文字长短，不管有无文采，不管内容如何，都在告诉我，他们都想学好，都希望自己成为最棒的大学生。

这封信写得好，它让我和同学们都对这门课程充满了期待和信心。毫不夸张地说，10 月 12 号的补课，我有些迫不及待了，我想尽早地见到这些孩子们。我自信，他们也很期待见到我，想看看给他们写信的郭老师究竟长得丑不丑，脾气臭不臭，讲课枯燥不枯燥。我真希望他们对我的期望值越低越好，那样的话，他们才不会对我有太多的失望。不过，彼此有了书信沟通，已经奠定了情感基础，我相信他们即便感到失望也会给予我足够的理解和宽容。所以，不管怎么样，我都对这门课程的教学充满了信心。

一封信，让师生彼此赢得了十分的信任，更让我收获了百倍的信心。我想好了，在第一堂课，我将重点认识和感谢给我回信的那些同学。我准备在上课一开始，就有表情地、大声地读出下面这些我已经熟悉的名字：(按收信时间排序)

期待着我来解开教师职业神秘面纱的沛诗同学；
国庆假期心情很爽朗但饭局有点多的梓晴同学；
想拿奖学金给妈妈买最喜欢的礼物的嘉文同学；
文笔优美思维缜密渴望成为好老师的淅彤同学；
担心像历史课一样死板但依然期待的俏林同学；
外号叫“电子琴”但不会弹电子琴的芷晴同学；
第一次参加小学歌唱比赛就拿亚军的汝琦同学；
专业是钢琴但对中国音乐情有独钟的月露同学；
名字有四个字我不知怎么称呼的程林婧雅同学；
因为当了班长感觉每天都好忙好累的健坤同学；
恨不得每天二十四小时都用来学习的梁潇同学；
从入学开始就立志要考研的湖南老乡晶莹同学；
热爱街舞并在吉他社担任乐队主唱的乐乐同学；
信中为我附上了一首温馨动听歌曲的惠青同学；
理科成绩很棒被父母劝说转学音乐的贺捷同学；
感觉大学压力比高中还大担心挂科的杨威同学；

心中的旋律从未改梦想路上大步走的悦雅同学；
没有辣椒不吃饭说起话来也火辣辣的艺萱同学；
凌晨六点在课前最后时刻发信给我的家成同学；
还有亲笔写信等上课再当面交给我的韵真同学。

另外我还想认识两位没有给我回信的同学：

一位是很期待看看我长得“傻样”的芬兰同学；
一位是不管我长“傻样”都不在乎的雪桃同学。

附：尹淅彤同学写给我的信——期待初见

亲爱的郭老师：

展信佳。

我是来自音教（音乐教育，下同）二班的2013级新生，主修钢琴。我叫尹淅彤，坦率随和的北方姑娘。妈妈说我出生在傍晚，漫天的烟霞烈火漂亮极了，因此取了代表火红色的彤字作为我的名字。她希望我活得绚丽多姿，也希望我能够照亮别人的人生。

我得承认，很多选择音教的孩子起初都有一个关于表演的梦，我也不例外。从那个懵懵懂懂的小姑娘第一次触碰到艺术女神的衣袖开始，从她在电视屏幕上第一次看到钢琴王子的演奏开始，从她用小手第一次抚摸黑白琴键开始，那个梦就在她的灵魂里扎根了。成为演奏者、成为万众瞩目的舞台新星是伴随多少琴童成长的深刻愿望，却在不知不觉中沦为泡影，如露亦如电，幻化成我们决意舍弃的曾经，不想携行的过往。收到录取通知书后，我最爱的钢琴老师平静地对我说：“彤彤，你必须明白一点，选择了华师（华南师范大学，下同）、选择了音教，就别再做钢琴家的梦。这很残忍，但初高中这六年已经让你错失成为专业演奏者的黄金时期。唯独自知，才能让你在今后的道路上有所造诣。”我知道，其实我早就知道，这些话老师应该一直都想告诉我，大概她也不忍心过早浇灭存留在我心里的那微弱的火花。我不是艺校长大的孩子，手中的筹码真的不多，若是再看不清自己身在何处去往何方，大学四年必定要荒废。

老师，我是从那时候才开始明白，中国只有几个像郎朗、李云迪这样的琴坛骄子，然而在他们身后默默无闻、献身于音乐教育事业的老师却有成千上万，那些人才是琴坛的中流砥柱。既然注定做不了舞台上璀璨的明星，做通往这舞台的阶梯也未尝不可。艺考的那段劳碌奔波的日子里，我就像一个没戴眼镜的近视眼，世界在我面前是混沌的一片，只有我青春美丽的身体是清晰的。而进入华师以后，我变成了婴儿，世界在我眼中重新诞生。尤其是在看到课表上“中外音乐教育概论”这一门课的时候，我由衷地欣喜，我相信有老师的指引，我对于音教事业的认识与技能将大有改观。

读个好师范，当个好老师，是父母对我的殷殷期盼。可能在他们眼里这只是一份稳定的工作，但我是发自真心地渴望做好，至少比我遇见的任何一位老师都要好。只有这样，当我有了自己的学生，甚至有了自己的孩子，我才可以尽力帮助他们去实现梦想，我才可以把我不曾得到的爱与尊重，全部给他们，统统给他们。

郭老师，不知道您的想法是否和我一致呢？

我希望通过学习这门课，通过与您交心地配合，能够让我在经过缓慢积淀、缓慢发酵后，散出更迷人的馨香。也希望我的偏执轻狂带给您的不是困扰而是调剂。最后附上一张我在华师琴房的照片，期待与您的初次相见。

祝工作顺利，身体健康，幸福美满。

尹淅彤

2013年10月4日

新生第一课

有好几位老师在我的 QQ 空间里留言，希望分享我第一节课的感受，谢谢大家像关心新教师那样地关心着我，关注着我的新生第一课。我自己也仿佛就是一位新教师第一次登上讲台，那种感觉很特别。

本来新生第一课的当天我要主持一个教材编写会，但这堂课无论如何都不能再耽误了。我是上午三四节的课，下课后我就被直接接到了会场，等着我的是中午和晚上的两顿酒。酒这个东西真害人，晚上好不容易回到家，倒在沙发上便呼呼大睡，好好总结一下教学感受的原计划也就这样不了了之。而现在再来补写，感觉明显不一样，存留的那份激情差不多被酒精杀光了。所以，任何事情都要做得及时，时过境迁，心情可能会大变。

对于我的新生第一课，最深刻的记忆有这么几点：

首先，课堂气氛轻松活跃，同学们情绪高涨，听得很认真，自然我也讲得很起劲，这是好的一面。

其次，时间掌控上有点小问题，实际上没有讲完全部内容，不过这没有什么关系，我的课就像一部系列剧，随时都可以停下来再听下回分解，明天我还会继续。

再次，学校管理缺乏人文关怀，十月的广州依然是三十多摄氏度的高温，但空调已经停了，教室里坐满了人，我想象大家的感觉是一边上课一边蒸桑拿，反正我是全身湿透了，不剩下一根干纱。

最后，还是管理上的问题，两个班在争着一间教室，我不得不提早去抢占讲台，结果我预设的“意外”登场环节未能实现，有些遗憾。

当然，最遗憾的还是没有和同学们合影，因为这是我上的第一堂大一学生的课，是很有纪念意义的。上课之前一直在提醒自己记住记住，结果还是没能记住。唉，真的是人老了，记忆力不中用了。

至于到底教学效果如何，从目前反馈的情况看还算可以吧。有几位同学给我留言说原以为我是一位白发苍苍、有些威严的教授，而我给他们的感觉却是如此的平易近人；还说听了我的课很受用，从心底里喜欢听我的课。当然，喜欢我的人才可能留言，不喜欢我的肯定就不会留言了，所以不好的评价我是暂时听不到的。

最后，我要特别谢谢悦雅同学，今天凌晨她写给我的信让我很有成就感，也让我对未来的教学更加充满了信心。她的信是这样写的：

郭老师您好，我是悦雅。今天上了您的第一节课，我对于自己的梦想又有了更进一步的认识。同学们说“这堂课是一堂洗涤心灵的课”，的确如此，它虽然没有华丽的辞藻、丰富的表情动作、精美的幻灯片，但是能听到如此真诚且具有启发的一节课，我们必是深怀感激的。在走回宿舍的路上，我觉得秋日的阳光和一切都分外美好，有种心怀信念、朝着梦想大步向前的感觉。

因为时间的原因，您最后一个关于梦想的小故事还没有讲完，但是我实在按捺不住自己内心的迫切，期待着了解更多。老师能不能把最后一个小故事再和我分享一下？或者把那张幻灯片发给我？

这些天我常常和妈妈打电话，讲大学里的人和事，但讨论最多的是现在的学习状态和情况，或者说我的梦想。可能每个新生在入学初期都会迷茫，但慢慢地在学习的过程中会找到自己要的，我希望能了解更多、看到更多。现在我的心中就像有小小的火苗一点点在释放着力量，也相信不管环境如何，命运将掌握在自己的手上。希望那点小小的光亮能一直闪亮下去。

谢谢您精彩的第一节课。

给诗祺的回信

诗祺同学：

你好！

收到你的来信时，我正在外地出差，所以当时只是匆匆给你留言说晚些时候再给你回信，可这一拖又两三天过去了，很抱歉。

那天晚上读你的信还有一个故事。因为身体不适我睡得早，结果深夜两点多就醒了，当时宾馆停电一片漆黑，心里有点小害怕，于是我打开手机，一上网便收到了你的来信。匆匆浏览后发现信比较长，便打算第二天再看，但怎么也睡不着就索性坐着读起信来，结果自然更是久久不能入睡。我想，尽管同学们写给我的信我都有回复，但你的我必须很认真、很正式地写一封回信，因为这是迄今为止我收到的最长的一封信，差不多有六千字。

你的信像许多其他同学的信一样，首先给了我鼓励和赞美。我一直认为，学生的夸奖和喜爱，这是作为一名老师所能获得的最最珍贵的礼物，你们可能不知道，这一段时间你们带给了我太多的幸福体验。为此，我要借给你回信的机会，向所有同学表示感谢，谢谢你们让我又一次深深地、美美地品尝了教师所独有的那种甜蜜幸福的滋味。

然后，我想告诉你：你的信写得很好，既感情真挚又充满创意。从内容和情感上看，它是一封书信；但从结构布局上看，它却是一篇散文。在信中，你和我分享了三个故事或者说是三段心路历程，每一个故事和每一段经历都让我感慨和感动。

"我的音乐生活"讲述了你走上音乐之路的初衷和历程。你说你生长在一个平凡的家庭，所有人都疼爱着你，这让你感到最幸福的事就是有一个幸福的家。听你这么说，我真为你高兴，你是一个懂事的孩子。是的，我们或许生活得并不宽裕，甚至可能会贫穷，但家庭成员相亲相爱、和睦相处、平平安安，这就是最大的幸福。你说你小时候的钢琴老师特别讨厌，他给你留下的钢琴阴影令人恐怖，你后来选择音乐专业，很大程度上是为了中考和高考。我很理解你的那种感受，碰上一个让人讨厌的老师，这对学生的影响是致命的，我真希望我们每一个老师都能够意识到这个问题的严重性，能够好好检讨自己的举止言行。但我们还是要坚信，这个世上好老师更多，你后来不就碰上了一个亦师亦友的好老师吗？你跟我分享的高考培训"单飞"经历很有趣，我很佩服你的那份勇气和自信，这表明你是一个自主性、独立性很强的人，这是现代人最需要的品格。当你最后取得理想的高考成绩时，你妈妈抱着你哭了。是啊，一个普通家庭送出一个艺术考生是多么不容易，你记住了妈妈的拥抱和泪水，你拥有一颗感恩的心，这会让你在音乐学习的道路上走得更积极、更稳重！

“小小老师的我”描述了你去一个乡镇小学当了一天小老师的经历与感受。看到小朋友那清澈的眼睛、天真的模样、羞涩的表情，一定会有一种想要走进他们那童话般世界的冲动吧？你或许就是一个天生的音乐教师，因为你没有一点儿教学经验，却丝毫不紧张，和孩子们一起开心地学儿歌、唱童谣、玩游戏，这让你“感到十分暖心”，你知道吗？这就是做教师的感觉！你还有过在培训中心教幼儿弹钢琴的经历，深切感受到了做老师的苦和累，但当他们叫一声“老师好”、“老师再见”的时候，你又是那么富有成就感。我想告诉你的是：你的这一些经历与感受，对你走进大学后及时明确角色定位、制定学习规划、确立未来目标是非常有益的。之所以我们要在你们进入大学的第一个学期就开设有关音乐教育的课程，之所以我的第一节课要和你们分享“我有一个梦想”这样一个话题，就是因为我们感到让你们在第一时间了解音乐教育的价值与现状，了解音乐教师职业的神圣和艰辛，对你们的学习与成长很有必要。当我听到你说“我想当老师，我就是喜欢当老师”时，我知道，“小小老师的我”的经历给予你的显然是一笔大大的财富。

透过“忐忑不安的大学”与“学音乐同时学做人”那两段文字的字里行间，我了解了你此时此刻的心情状态。就如我在上课的时候跟同学们说的，当你们走进大学之后，你们身边的同学不再是高考前的那些基础不一的小伙伴，而是从各个学校选拔出来的音乐尖子，你们比较的对象、学习的平台完全不一样了。这个时候，你们会更多地看到自己的弱项和别人的强项，自卑感由此滋生这是必然的，而且也是必须的，因为最怕的就是同学们还顶着金榜题名时的光环，盲目自大并由此而不思进取。所以，你要坚信自己，也要相信学校的眼光，你考上华师不是走的歪门邪道，你是靠自己的真本事走进来的，你在这方面有劣势必然在其他方面有优势。此外，自卑不可怕，可怕的是因此而一蹶不振，在这一点上我对你绝对放心，因为你有着良好的心态和积极进取的精神。我很欣慰，你能与我分享“学音乐同时学做人”的道理，你还说，其实学音乐更多的是让你学会了做人，你还意识到，教师对学生的影响是巨大的，好教师首先是一个好人，因而作为未来的教师，你们在大学四年中学做好人从某种意义上比学好专业更为重要。一个刚进大学的新生，能够有这样的感悟，真的不容易，我为你感到高兴，而且也由此坚信，你的大学生活，一定会在为人为学两个方面齐头并进，你一定能够成为一个品学兼优的好学生。

最后，我想对你说：你的信不是你自己所描述的“流水账”，对老师而言，包括你在内的所有同学写给我的信，都是最好的精神食粮和心灵鸡汤。是你们的来信，让我坚守着永不放弃的责任感，汲取着永不枯竭的正能量。

祝你及全体同学学习快乐，身体健康！

郭声健

2013年10月18日

再致亲爱的同学们

亲爱的同学们：

你们好！

虽然还有同学依然在反感老师写信的行为，但我还是决定写这封信。不过，我得承认，写这封信的心情和第一封信相比，显然多了一些沉重。某种意义上，这封信是我的一份自我检讨书。

当昨天的课应到95人，实到59人时，我的确有些沮丧。停课一周之后，突然有如此大的变故，我首先想到的是自己的课上得不好，不足以让同学们给予重视，更不足以吸引同学们。其实，我也知道，解决缺课这个问题非常简单，只要像有同学建议我的那样每节课点个名，把考试形式改一下，再收回我第一节课给大家的“都不会挂科”之承诺，问题就迎刃而解了。但我不想这样，也不能这样，因为，那违背我一直以来坚守的教学理念和教学良心。

虽然沮丧，但我没打算放弃。于是我想到要听听那些没来上课的同学的缺课缘由，而且我强调需要听到真话。在这里，我首先要特别感谢绝大部分同学都给了我回复，都对我讲了真话。听真话的确是一大挑战，讲真话则更是难上加难，但昨天我们都做到了。虽然真话并不好听，甚至可以说让我倍受打击，但你们敢于对我讲真话这一事实，却又让我从彻底的自我否定中回过神来，师生之间敢于平等交流对话，这不就体现了我们课程的一大收获吗？

归纳起来，昨天缺课的同学，有以下几类：一类是身体不舒服的（这些同学我都一一问过身体恢复如何）；一类是临时有事或与自己的兼职时间相冲突的（个别同学）；一类是别的课程作业没有做完去补作业的；一类是主动选择缺课而利用这个时间练琴的。最后一类最多，大部分都是因为没有时间练琴，下午的课怕挨老师批评，所以利用这个时间去“临时抱一下佛脚”（原话）。在这其中，有几位同学更是很坦率地告诉我：“你在课堂上不点名，而且我们感受不到上你的课有什么实际效果，我们都是很讲实效的人。”虽然更多的同学给了我安慰，也给我出了许多主意，让我很感动，但是最让我触动的还是那些对我坦率提出批评意见的人。

是啊，我的课又有什么意义？声乐、钢琴、器乐等主专业，视唱练耳、乐理等基础课程，那都是实实在在的，学了就掌握了，没学就不会，其实效性显而易见。但是，音乐教育能有什么，至少在同学们看来，那既无知识也无技能，如果还不用考试，那的确是没有东西可学了，也的确是在浪费时间。

最开始的时候，我还跟同学们这么解释：我的课程或许不能让你们直接获得知识与技能，却能够让你们获得学习知识技能的动力与激情。后来，我觉得我的这个解释也是站不住脚的，尤其是在同学们对音乐教育毫不知情、对音乐教师角色没有认同的情况下。因为，或许真如有的同学所说的："不得不承认，我们这帮小毛孩都是应试教育的牺牲品，让接受惯了填鸭式课堂的我们突然面对那么多自由的空间和时间，我们会滋生懒惰和倦怠情绪，会拒绝吸收不能马上消化立竿见影的知识……"你们可能习惯了应试，甚至在个别同学心目中，能让你们通过考试的东西才是有用的，你们现在还根本不需要什么学习动力与激情，因为考试或许就是你们学习的最大动力。

当然，在承认我的教学失败的同时，我也看到了或许你们还很难意识到的或不会认同的教学收获。虽然我只给你们上了三节课，但从老师的角度看，在这么短的时间里，让你们敢于对老师讲真话；让你们开始有评判好老师标准的意识；让部分同学开始学会阅读（有一位同学告诉我：读丑小鸭的故事，相当于她几年的课外阅读量）；让部分同学开始动笔写作（你们看那些读后感写得多漂亮）；尤其是让部分同学在遇到困惑或者感到沮丧的时候主动找我倾诉内心感受……这一切，对你们来说，或许会觉得根本不值一提，但对于我这个从事音乐教育研究与教学的老师来说，这何尝不是一种收获呢？因为你们是音乐教育专业的学生，你们将来大部分同学都可能去从事教学工作，而这一切都是你们在未来的教师生涯中会遇到的问题。的确，现在说这些为时尚早，或许到了你们三四年级的时候，特别是在走上教师工作岗位的时候，再回过头来看，你们多少会有所感悟的。其实，现在就有部分同学对此有所体会了，短短一个月的时间里，我收到了很多同学对我的鼓励，你们的鼓励真的是我坚守下去的最大动力。在这里我不会引用同学们写给我的那些鼓励的话，因为我怕这些人会被指责为为了讨好老师而在说假话。

我想，接下来我需要调整教学思路和要求，我们彼此都要给对方适应的时间和空间。为此，如果大部分同学都同意的话，我准备作这样的调整：

首先，我上课仍然不会点名，但请允许我在适当的时候（比如说缺课率比较高的情况下）记下来上课的同学的名字，就像昨天一样，这是我对他们表达的一份尊重，而且我要在课程分数上对他们给予奖励。但我不会记下缺课的同学的名字，也不会再要求缺课者给我说明。

其次，我不会收回“每个人都不会挂科”的承诺，但请允许我调整最后课程考试的形式，从下一节课开始我在课堂上所讲的内容，都有可能成为考试的内容，而且我也不会说明什么是重点，因为，我发自内心地跟你们说一句：“或许有的同学就是为了通过考试而上课，但我绝不会迎合这样的应试教育思维与习惯而这样去做!”

再次，我依然期待我们能够在轻松、自由的氛围中度过余下的几节课。而且我还会继续像昨天那样，每一节课都送书给我觉得应该得到鼓励的同学，好学生就是要得到鼓励与表扬!

在信的最后，我想真诚地再一次感谢大家给我的回复。因为昨天给我写信或发短信的人比较多，而且我的情绪也比较低落，所以我都只是简单地回复了大家，有些失礼了，在这里表示歉意，希望大家原谅!

谢谢大家!

郭声健

2013 年 10 月 29 日

师生对话录

这里整理的是我和一个新生的四次 QQ 聊天记录。这四次聊天让我的情绪像坐过山车似地被学生牵引着，欲罢不能。最终通过坦诚而深入的交流，我们成为能够平等交心的朋友。现在想来，如果没有交流，学生的压力会积压心底，我的信心也会备受打击。可见，师生之间的交流是多么重要和不可缺少。

（S 代表学生，T 代表老师）

10 月 13 日上午

S：老师，昨天上了你的课，很受用！

T：谢谢你的鼓励啊！

S：真心的！从心里喜欢听你讲课！

T：呵呵，那就好，我们明天再见。

S：还没和你见面的时候，你在我心中的形象就是白发苍苍的教授！但你给我的第一印象是平易近人。

T：哈哈，大家都是这么设想我的。

S：我不太会说，但我还是提起勇气，想和你做朋友！可以和你共同探讨学习中的问题，共同进步！

T：好啊，随时和我联系啊。

S：可以说共同进步吗，老师？

T：好。你学的是什么专业呢？

S：音乐教育，声乐。

T：嗯，记住啦。

S：那老师你先忙！

T：好。因为我明天给你们上完课就出差，先准备一下。回头再联系啊。

S：好的！谢谢老师！

10 月 13 日晚上

S：老师，求救！

T：怎么啦？

S：老师，我想努力、想奋进！但现在最难摆脱的就是惰性！有了想法却不立即行动！

T：想努力，想奋进就好！有想法是第一步！

S：有些东西和想法自己多少有点了解，只不过不知道和谁说。看到你对写信同学的那种态度和用心，就有种想和你沟通的感觉！尽管我一直都认为自己说的这些话很虚伪，但我还是忍不住跟你说！谢谢老师，那么忙还听我唠叨！晚安！

（上面这段留言时间是深夜 11 点 28 分，我是 12 点 40 分才看到）

T：不好意思啊，刚睡着了，明天再聊吧。

10 月 29 日中午

S：老师，我刚看到你空间写给我们的信！说心里话上完你的第一节课后，第二节课我就去琴房练琴了。很明显我和其他同学想的一样，没有什么收获！但昨天的那节课我去了，因为我发现你讲的是我们国家和美国的教育问题。正如你说的那样，我们是教育的牺牲品，所以我们要改变，尽自己最大的努力！

T：谢谢！

（这位同学和我的第一次聊天我记得很清楚，他说我的第一次课很受用，他从心底里很喜欢听我的课，但此刻的留言却说上完第一次课之后，他就没有上第二次课了，因为感觉没有什么收获。我有点疑惑，于是回过头去查阅了我和他的第一次聊天记录）

T：呵呵，我刚回看了你和我此前的对话，你此前跟我说了假话啊！（我复制了前面的对话给他）你还说希望和我交朋友呢。其实在我看来，这就是一大收获吧。不过，谢谢你刚才对我说了真话。或许我的确不是一个值得你交的朋友！

S：或许吧，老师。有时感觉自己都好矛盾！

T：嗯，理解，没关系。

S：老师，你现在忙吗？如果可以，我们能聊聊吗？老师，你不用惊讶我们以前的聊天，我感觉这就是中国的圆滑！和陌生人相见都喜欢说好听的，然后建立联系，慢慢发展！

T：（听到这句话，我十分震惊，这是一个十七八岁的孩子可能说出的话吗？我的情绪一下子跌入了谷底）我准备吃饭了，再找个时间吧！另外我害怕与你聊天会误导你！因为我现在完全没有了自信，请给我一点时间吧。

S：好的，谢谢老师！或许老师这句话是委婉拒绝吧！

T：我在吃饭！但我承认你的话让我始料未及，我或许课上得不好，但我对你们的关心和投入是不容置疑的，你们不能以诚相待，说假话哄我，我真的感到很失望，我知道中国社会是如此的虚假和圆滑，但没想到一个大学新生也难以幸免。希望你能理解我此刻的心情。彼此交流，即便不是朋友，也应该建立在真诚和讲真话的前提之下！谢谢！

S：不好意思，老师。打扰你吃饭了！但我想有误会了就要解决，刚才我说的关于中国和美国的教育是想在你的课上能听到更多！你的第二节课我的确没去，原因是：那天下午刚好要排合唱，下了英语课我就跑到寝室拿谱子，回到学院已经上课五分钟了。我清楚地记得上您第一节课时说过不喜欢迟到，所以我就没去！然后我又不想浪费时间，刚好下午还要上钢琴课，然后我就去琴房了！这是我来到华师唯一没去到教室上的课！（其实心里老是担心老师会不会说自已，怕给您留下不好的印象）我不知道老师会不会接受这样的理由，但昨天的课我是有去的，并且每节课都有做一点笔记，更多的是心得！还有老师，我承认自己圆滑，但做人要像铜钱一样，圆滑的同时又有自己的原则！

T：好的！谢谢你跟我说这些。这样好不好，我们从现在开始都别把以前说过的话放在心上，重新开始我们的交流。因为，刚才我已经说过了，彼此的交流，尤其是师生之间的交流，如果不建立在平等交心、以诚相待的基础上，那是没有意义的。既然现在我们重新建立起了这份互信，我相信以后我们还是会有很好的交流，甚至可以成为很好的朋友！

S：或许老师会笑我，“我又不需要你小子说这些来说服我！”我想不管现在我给老师留下了什么印象都不是重要的，重要的是老师能静下心来看我说的话，我想我们从某种关系上已经是朋友了！刚才给老师打完第一句话时，我就在构思老师想让我们写的感人的音乐教育故事！

T：呵呵，这个故事可不是让人感动的啊。我们彼此之间似乎情绪都很低落呢。

S：不管刚才老师有没有和我继续聊天，我都要写！

T：不过，我的确记住了你，也记住了我们的这次对话。我觉得这是一个很有典型意义的师生交流案例。

S：没有啊！老师，相信我，在我身上80%都是正能量！呵呵，我的目的达到了。

T：好的。80%还不够，需要有100%的正能量。

S：不会的！古语有云：物极必反！老师，我希望我们能多一些这样的交流，说实话，我也想写信给你，可是我一拿笔就头大！不过我更喜欢短小精悍的话语，我觉得那样更有说服力！

T：没关系，这种交流方式也挺好的。不过即便不给我写信，你也得有勇气拿起笔来，这对未来很重要的。好啦，先这样吧，一边聊天一边吃饭，我的饭还没有吃完呢。回头再聊吧。

S：我要写，我一定会写的！我承认我写得不好，但我想突破自己，尽自己最大的努力！对不起，老师你先吃饭！

T：好。要突破自己，期待你的突破。

S：老师，我觉得现代人的生活节奏很快，没有时间和精力静下心去认真读一本好书！所以有时我们更需要用简短精练的话直接说出它们的要点；但另一方面真的需要补一下这方面的欠缺！我不知道我说这些有什么价值，但希望对老师有用吧！我没有老师知道得多，但既然是朋友就要分享！我不怕班门弄斧，因为每个人的世界观和认识都有差异。老师，以后就让我们多求同存异吧！

T：好的好的，你的话让我很受益，谢谢！今天先聊到这里吧。午睡对我来说是雷打不动的，我先去午睡一会啊。

S：午安。

10 月 30 日清晨

S：老师，不好意思那么早打扰你！对于我们昨天的聊天，晚上竟然做了个梦，梦见一直在听你讲课！学院公认的学霸和我一个寝室，每天都起得好早去学习。今天在他的带动下，我也勉强地从床上爬起来，可去了趟厕所后我就义无反顾地回到了床上。但我没有睡，忽然想到一个人要想进步，那就要在这一天摒弃你最想要的东西，比如赖床睡觉、上课玩手机，而且要做你最不情愿做的事，比如背英语、看书、练琴！我不知道我说这些想表达什么，我只是想和你聊聊。因为人们都说，大学是堕落的天堂！

T：唉，让我说什么好呢？（一早起来我的心就凉透了，当时我真不知道说什么好）

S：老师，早安！

T：说实话，通过这次上课后和你们的交流，我真的对你们不是很了解了。大学是堕落的天堂，这是中国社会特有的非普遍现象，而且也不是所有人都在堕落。

S：可以聊聊为什么不了解我们吗，老师？我知道，我们可以改变别人的看法的。

T：听你说“一个人要想进步，那就要在这一天摒弃你最想要的东西，比如赖床睡觉、上课玩手机，而且要做你最不情愿做的事，比如背英语、看书、练琴”我觉得好难过！因为，有这样的想法，其实就已经是堕落的表现了。

S：真的吗？

T：进入大学，怎么可以把赖床睡觉、上课玩手机看作是最想要的东西呢？那样的话，不上大学岂不更好吗？你可以在家里天天赖床、天天玩手机啊。

S：可是我不喜欢那样的人生。

T：你真的以为上大学就是为了来堕落的？

S：不，老师，那是别人的观点！

T：有这样的想法，先不说对不起家长，难道也没有一点觉得对不起十八岁的大学生的感觉？不管是谁的观点，至少从你的行动上看，这种观点在你心目中已经占据了上风，而且你可能很欣赏这样的观点。你啊，你真的应该好好思考一下你的大学生活。

S：好的，谢谢老师！

T：昨天我跟你聊天，当你劝我不要在乎你第一次跟我说假话的时候，那种淡定的态度，我真的感觉有些心寒。没想到现在十几岁的孩子竟然是这样的。

S：我知道我做得不好，我会改的。

T：没想到一个像你爸爸那么大年纪的老师对你们的一片诚心，竟然被你们那样地对待了。我需要好好地批评你，因为你已经把我视为朋友了，没有几个人会像我这样愿意跟你说真话的。

S：不，我也很怕。可是我知道对已经发生的事内疚是解决不了问题的，只有面对，所以我只有故作淡定地和您交流，接受批评。我不怕做错事，但我不喜欢做错事就逃避。

T：不管你们怎么待我，我依然感觉对你们要负起责任来。跟你们聊天，指出你们的问题，当然也要反思自己的问题。如果不是一个负责任的老师，我为什么要花这么多时间在你们身上。对我来说，上一节课十分简单，甚至可以不要做任何的准备。

S：我懂的！

T：我就是觉得你们中的一些人真的让我很难理解，我很担心。

S：老师，我不怕您对我有点小失望，我希望您在失望中依然看到我还是有希望的！

T：我也要感谢很多同学，他们直言不讳地说："那些逃课的人居然还振振有词，还要老师来写检讨书，简直是天大的笑话。"

S：我喜欢您指出我的不足，因为您想让我更好地发展。

T：我跟你说心里话，如果没有那么多同学支持我，安慰我，鼓励我，我肯定就放弃你们了。可是，我依然想到你们中的一部分人，还会觉得那些鼓励我的同学是在拍老师的马屁，是在说假话。只有你们几位是在说真话，敢于逃课而且绝不阿谀奉承老师。我现在再怎么说我的课有多重要也没人相信了。但我现在说，我这个人重不重要，你可能会有所认识了吧，否则你不可能一大清早地来找我聊天了。

S：我知道了，我相信了！

T：我这个人有多重要，其实就是我这门课有多重要啊。一早起来，我就陪你聊天，为了什么？

S：老师，只要是您的课您就会看到死皮赖脸的我的存在！

T：你可能看了我昨天发在空间里的信。如果你有时间，你去看看那些留言吧。他们不会说假话的，你们去看看郭老师在别人心目中是一个怎样的人，看看别人对你们是多么担心和宽容，他们希望我能够给你们成长的时间。在我看来，其实那就是在给你们上课啊。你们怎么可能懂得我的心思呢？我希望通过我让你们看到，一个老师应该是怎么当的，这个是在书上学不到的，也不是考试就能够掌握的。好啦，我先要处理一些事情，你能不能再回过头去看看我今天跟你聊的话？好好琢磨一下吧。和其他同学比，我是跟你聊得最多的，希望能够对你有点启发。先这样吧，好吗？

S：没问题。谢谢老师！

欣慰与感动

这些天，每天都有大一的同学找我聊天或给我写信，这让我有更多的机会了解他们的学习生活与心理状态，也让我更多地了解了我们的学校和教师。当听到有些同学诉说着对教学的种种失望时，作为一名大学教师，我感到很惭愧却又无能为力。这些孩子都是满怀着美好的期待和梦想走进大学校园的，可我们给他们的，往往更多的是受挫与失意。我只能如此去安慰和开导他们：这就是你们面临的现实，你们没有办法去改变老师，但你们可以改变自己；大学学习不能再依靠老师，只能靠自己去主动学习。好在与我交流的同学都向我表示，一定会调整好心态，不会因此而放弃。我相信他们，并为他们有这样的态度而感到欣慰。

周一的课，教室里坐得满满的，虽然没有清点人数，但可以肯定同学们基本上都来上课了。课前我送出了六本书（受赠的是三男三女，体现了男女平等原则），以表扬他们上一周为我传递了正能量。下课时同学们给我回赠了礼物——送给了我掌声，有位同学还专门在报刊亭买了一本《中国音乐教育》杂志送给我，如此用心，令人感动。

十二点才下课，下午一点半我就收到了一位同学写给我的信，当时我还在等公交车呢，看来这位同学吃完饭没顾得上午睡就给我写信了。这是一封让我倍感温暖的信，在这里摘录一段和大家一起分享。她说：

我在想，为什么我会那么喜欢上你的课。第一，肯定是我从来都没遇见过像你这样从心底里面对我有深深影响的人（可是我发现我好像完全不会用言语表达出我内心对你的感受）。第二，可能就是你的品质了，尽管你是教授，对于我们来说，你是根本就不用那么客气地跟我们讲话的人，但在我看来你是多么的平易近人。不管你有多忙，你对我们写给你的来信或是留言，都会认真回复。可是我觉得这都是表面的，你对人性的理解，对人与人之间关系的理解和把握，才是真正让我敬仰的。希望你能读懂我此刻内心所表达的，因为我真的很词穷。（请您原谅我不会用语言表达我的内心，哭！）

“词穷”又有什么关系，她对老师的信任和鼓励、她那尊敬师长的优良品德，不都已经充分表达出来了吗？我回复她：我读懂了你！

相信大家还惦记着《师生对话录》里的那位同学吧。昨天我终于见到庐山真面目了，当他（她）走向我的时候，我猜一定是他（她）。腼腆可爱的他（她）给我写了一封纸质信，虽然我需要在电脑上重新录入，但我觉得有必要与大家分享这封信的内容，不只是因为他（她）在信的开始专门给大家写了一段话，更重要的我想通过这封信让大家重新认识他（她）——一位我新结交的忘年朋友。信是这样写的：

敬爱的郭老师，我不知道这封信到底该用一个什么标题，因为里面有我的自责、内疚和对您的感谢以及我认为的收获和体会。

首先我想要对关心我的老师和同学说几句话：

相信看过我和郭老师聊天的记录后，大家更多的是鄙视我一开始的阿谀奉承的言行。的确，我做得很过分，可以说是伤了郭老师的心，这些天我一直处于自责之中。请大家相信我，通过与郭老师的交谈，我进一步认识了自我。我不完美，但真心感谢郭老师正在扮演着那个使我完善的人。现在的郭老师在我心中不仅仅是良师的形象，更像是一个可以深交的益友！

看到日志《师生对话录》下面那么多的评论，我很感动。感谢大家指出我的不足，以便让我认清自己，在以后的生活学习道路上更好地做好自己。同时也要感谢像罗老师那样鼓励我、给我信心的人，谢谢你们对我的肯定，我一定不会辜负你们的期望。

我庆幸自己遇到了郭老师这样的好老师。明知我没有说真话，他完全可以不再理睬我，去做自己该做的事情，但他却没有放弃我，更多的是像一位父亲对待自己的孩子那样，认真倾听，细心教导，给了我认清自己和改正错误的机会。在郭老师的身上我学到了什么是宽容和理解，也学会了如何包容别人，学会了敞开心扉，让真诚的沟通架起信任的桥梁，传递真正的心声。

郭老师，对于刚开始的对话，知道自己骗了您，我完全可以选择逃避，但庆幸我没有作出这么愚蠢的选择，而是继续与您交流。同时也正是因为您的谅解、包容，才使我能够勇敢地面对困境。对于我来说，这件事可以让我有收获，也可能有失去，关键是用什么心态去面对和解决。请您放心，时间会证明我会是一个值得您交的朋友，期待在以后的学习生活中，我能够得到您更多的教导。

大学，是梦想开始的地方，我希望大家能够给我信心，为我增添前行的动力。我相信，有更多像郭老师这样的良师的指引和同学之间真诚的互助，再加上自己的不懈努力，我们一定会开辟出属于自己的一片天地。

最后一课

“真没想到，课程就这样不经意地结束了。其实好舍不得。”这是今天的课结束之后我第一时间收到的一条同学留言。今天是2013年12月9日，是大一入职教育课程的最后一节课，不知为什么，其实我也好舍不得。

最后一节课，我照例先颁发奖品，奖励三位最早提交作业的同学；然后是我总结性的、抛砖引玉的发言；最后是同学们的演讲，也是本节课最精彩的环节。正如另一位同学在课后给我留言说的：“虽然我今天没有机会上台演讲，可是我认为这节课是在大学几个月以来最有意义的一节课。谢谢您提供了这样一个平台让我们交流，因为我们学音乐的孩子成长经历和别人不太一样，而且很少有人能理解我们艺术生。多让我们交流，真的能学到很多东西，可是没有您的课，就没有这个平台……”看了这段留言，我好内疚，我没有能够早一点、多一点给同学们交流的机会，而且由于时间所限，今天也只有14个人上台进行了演讲，然而所有的同学都做好了上台的准备，真的很抱歉！

尽管我要求同学们讲3分钟，但大部分同学都超过了这个时限；尽管第一次演讲难免紧张，但大家的表现都很棒，以至于最后的三个奖励名额我都不知道该给谁好。每个同学的演讲，都围绕着“我心目中的音乐教育”这一主题，与大家分享了许多或温暖感人，或刻骨铭心的音乐教育的人和事，以及很多有关音乐教育的朴素道理。他们的演讲带给我的启示和感动，很难用三言两语来形容。我只知道，在心灵触动这方面，即便是领导专家学者们的讲座也无法与之相比较。

大一新生的这门课，我还会继续开下去，我有信心以后会上得越来越好，因为这一届同学教会了我很多很多。

下面是我在今天最后一课上的发言稿，我把它打印了出来并签上了日期和我的名字，作为纪念送给了一位可爱的同学：

同学们：

我们的课程今天即将结束，感谢来到最后一课的各位同学。

在你们中间，除了极少数同学之外，大部分人可能没有机会再上我的课了。所以，今天我想说的话其实有很多，但我只能给自己5分钟时间，因为我要把时间留给你们——每人3分钟的精彩讲演。

我想用三个词来概括下面我要说的话：抱歉、感谢、祝愿！

首先，我要对大家说声抱歉。因为出差，耽误了一些教学时间，尽管课后所花的时间与精力足以弥补课堂教学的空缺，但这不能成为为我推脱责任的借口。当然，我也希望能够得到大家的宽容，有时候真的是身不由己，而且我也有义务与责任通过其他途径和方式为我钟爱的音乐教育事业做一些力所能及的事情。另外我还感到惭愧的是：虽然已经尽力投入教学，但由于自己的教学能力和学识水平有限，我的课不一定能够让大家喜欢，甚至会让有些同学感到讨厌，对于这一点，我不求大家的谅解，唯有在今后不断提升自我加强修炼，尽可能让更多的学生喜欢我的教学。

其次，我要向大家表示感谢。在与你们两个多月的交往中，我收到了上百封同学来信，有过若干次的网络交心，很多同学在我感到沮丧的时候给了我莫大的安慰和支持，一些同学在自己遇到困惑的时候给了我绝对的信任，这一切都让我倍感温暖。我还收到了40多篇《丑小鸭》读后感，到今天为止已有差不多一半的同学提前提交了课程作业，这些出自初学写作者之手的文字，或许有些稚嫩，却是那样的质朴，而且不乏佳作美文。通过书信作业以及与大家的交流，我深深感受到了你们的心智在成长、思想在成熟、信心在增强。当然，最令我欣慰的是，大部分同学都树立了清晰的目标，拥有着迷人的梦想，明确了奋斗的方向，这也是这门课程所要实现的目标所在。所以，我要谢谢你们，是你们的进步让我感受到了作为这门课程的任课教师的价值所在。

最后，我要为大家送上祝福。差不多在每一次课上，我都给同学送上了自己的小书，有《给力音乐教师》、《守望音乐教育》、《音乐教育书简》，以及今天送出的与本课程内容相关联的《美国音乐教育考察报告》。从这些书的选择中相信大家不难发现，我在试图传递正能量给每个人。是的，赠送一份小小的礼物，不只是鼓励那些表现优秀的同学，更是寄托着我对所有同学的期待和祝愿。音乐教育是提高生命质量和让人温暖幸福的事业，音乐教师是肩负神圣使命和令人快乐惬意的职业。在这里，我期待你们的大学生活快乐充实，学有所成，我祝愿有志做一名音乐教师的同学，四年之后能够秉持信念、满怀信心地走上音乐教育的讲台，成为一名带给孩子们快乐、深受孩子们爱戴的幸福的音乐教师。

根据安排，下面的时间是同学们关于音乐教育感悟的三分钟讲演，每位同学提交的发言稿，我会好好地保存，我想当20年后100周年校庆你们回到母校的时候，再把它们返还给大家，今天没有机会演讲的同学到时候再来继续演讲。相信那个时候的你们，每个人都家庭幸福，事业有成。等到“20年后再相会”，你们再读一读自己在今天的发言稿，一定会回味无穷、感慨万千！

今天，虽然我们的课程已经结束，但我会一直关注和陪伴着你们。我在这里和你们拉钩承诺：你们在未来的学习、工作、生活岁月中，如果需要我，不管我在哪里，你们可以随时召唤，我期待分享你们的成功与快乐，也乐意分担你们的失意和忧虑。相信你们已经记住了我——一个还没有上课就给你们写信、喜欢与你们QQ交心、此时此刻还在念着稿子不停唠叨、看上去真有些傻里傻气的郭老师。

温暖的红领巾

温暖，是这些天我生活中的主色调；冬日，有这样一份温暖的感觉真好！

这份温暖不是来自遥远的太阳，而是来自教师心中的月亮——可爱的同学，来自大一学生的课程作业。其实，90多位同学的作业，如果只是给他们每人一个分数，这不难完成，但我想透过同学们的作业，好好品味属于他们的故事和内心，因而读得很慢，会持续好些天。也正是在这种慢慢品读的过程中，我不时地被感动和温暖。

我布置给同学们的作业是阅读《谁是你的重要他人》和《青涩岁月里的蝴蝶胸针》两篇文章，并结合中外音乐教育比较写一篇不少于2000字的读后感。之所以要布置这样一份作业，是因为这两篇文章一直被我视为是音乐教育工作者之经典必读，作为未来的音乐教师，让大一学生从一开始就对音乐教育的价值功能和音乐教师的品格素养有基本认知，这对他们的大学学习以及未来工作都十分有益。这两篇文章描写的虽然都是音乐教师，但两者对比强烈，反差甚大，前者（“长辫子”）令人心酸沮丧，后者（尤金妮娅）让人温暖敬仰。我希望通过阅读这两篇文章，让同学们认识到音乐教育对于促进青少年的健康成长具有多大的作用，让同学们体会到什么样的教师才是最优秀的音乐教师。

许多同学在作业中都回顾了自己的音乐教师对自身成长的影响。同学们在中小学阶段所遇到的音乐教师中既有像尤金妮娅那样令人敬重的“好妈妈”老师、“大胖子”老师，也有像“长辫子”那样令人绝望的“凶巴巴”老师、“臭美美”老师。同学们所讲述的故事既有温馨的，也有冰冷的，但无一不是他们刻骨铭心的，也无一不是让我感动的。在同学们所讲述的故事中，有个故事虽然与音乐教育和音乐教师无关，但给我的感觉却很特别，少年时期同学间的那种朦胧的感情真的好温暖。故事是这样描述的：

那年我读6年级，那是一个红领巾的时代。学校要求每个星期一、三、五都要戴红领巾，虽然是毕业班不用穿校服，但是红领巾是必须要戴的。特别是每次上班主任的课叫“起立”时都是站得最久的，因为他要检查有没有人今天没有戴红领巾，没有戴红领巾的同学就要到教室门口站着直到下课。很不幸，那天就我没戴，当时同学们纷纷向我这个方向看过来，很自然地班主任也顺着大家目光注视的方向看了过来，我心脏都快跳到差点直接可以贴到天花板了，班主任的眼珠子盯了我一会，然后叫出我的名字，示意我出去站着。不是吧？真的要出去站着，好像从来就没有一个女生去门口站过啊！唉，这下够吸引目光的了，我极度沮丧。正当我挪开凳子准备走出去的时候，我右下方一个男生把他自己的红领巾递给我，他没有说话，全班都看着呢，我知道他想说什么。我想把红领巾递回给他，没想到他就当着老师同学的面推开我的手大步地走到了教室门口，替我罚站。这时谁都没有说话，班主任让我们坐下来上课，可我哪有心思上课啊？我时不时望望窗外，看看他在干吗。是不是在发呆？还是在玩手指？他都没有，就这样站着，我瞬间感到心里有股暖流涌上心头。

现在回忆起这段往事，我依然很感动。好久都没有见过他了，突然让我有一种想见见他的冲动，想知道他是不是也和我一样在努力，想知道他有没有长高变帅。如果不是《青涩岁月里的蝴蝶胸针》这篇文章，我想我都快要把这个曾经把红领巾给我并替我罚站的小男生忘记了；如果不是这篇文章，我这个“感动的回忆”很可能就会被遗忘了，不过还好我又想起了他。想必乔塞的心情也和当时的我一样吧！真心谢谢这篇文章，让我想起了一个差点就被遗忘的感动而美好的瞬间。

读了这个关于红领巾的小故事，我的心暖暖的。如果我是那位班主任，我想我会在那位男生主动走出教室的那一刻叫住他，或者就让他象征性地站几分钟之后唤回他，因为我不可能对这样一份纯洁的同学感情视而不见或无动于衷。我很欣慰让同学们读了《谁是你的重要他人》与《青涩岁月里的蝴蝶胸针》这两篇文章，通过这两篇文章唤回和唤醒了同学们多少温暖的回忆，而这些一点一滴的温暖，正是当下教育中最为缺失的。《教育是一门温暖的课程》中说得好：归根结底，教育是影响儿童精神成长、温暖儿童心灵的事业，教育就是要用全部的心血让儿童温暖地成长。

这个故事，刚好也印证了此前我在《一位新教师与我分享的教学感动》一文中写过的一段话：人世间最让人感动和幸福的莫过于温暖。而这样一份温暖却实实在在、真真切切、无时无刻不存在于我们的日常教学之中，存在于我们与孩子们真诚而纯洁的交往互动之中，存在于孩子们那种懵懂顽皮和未被桎梏的本真行为之中，存在于孩子们那些不曾润色和不会讨乖的只言片语之中。

音乐教育和音乐教师最需要也最可能给学生以温暖，最应该也最能够让自己感到温暖，因为在学校所有学科中，音乐无疑是最能抚慰心灵、最让人倍感温暖的艺术。就让我们在音乐教育的日常点滴中不断聚集正能量，给学生，也给自己更多的温暖。

我是想给老师一个惊喜

杨欣同学是我们院的大一女生。虽然上课时我对她没有留下什么印象，但最近的一件事情则让我深深记住了她那笑眯眯的可爱模样和清澈的感恩之心。

在两个月前，她在QQ上给我留言，说在我的空间翻了好久，发现我有好多的日志，也有好多的粉丝；还说她的高中专业老师也打电话来说是我的粉丝，并且还有一本我的书呢。听到这话，我自然是很开心啦，连忙问杨欣她是哪里人、高中在哪所学校读，并建议她放寒假时带一本我的书回去，作为新年礼物送给她的老师。

大概一周前，杨欣又联系了我，问我什么时候能把书给她，当时我说这一周会去学院上课的，到时带过去。可实际上我却忘了这件事情，以至于当我看到她在我空间里留下的“老师，我这还缺一本呢”那句话时，我没弄明白究竟是什么意思。见我这位愚钝的老师没有醒悟，她忍不住又在QQ上找我了。这是昨天我们的一段对话：

S：老师，你不是说这一周把书带给我的吗？你什么时候还会来学校啊？

T：（我这才记起带书的事情，很过意不去）现在说不好呢。我过两天要出差，12号回来。到时我们再联系吧。

S：这样啊？那好吧。（显然对我有些不放心了）

T：（我想宽慰她）万一我们碰不上，你就告诉我你老师的姓名和地址，我把书直接快递给你的老师。总之，不能够让你在老师面前食言的。当然，如果你能亲自带给你老师，那她一定会更开心的。

S：其实我是想给老师一个惊喜哦！

T：（一听这话，我马上意识到了她对我的快递提议并不满意）嗯，那还是你带回去的好。到时候我们还是约个时间见面，或者你到我这里来取，有公交车直接到我家的。12号以后记得跟我联系。

就这么简短的交流，似乎一下触动了我的心绪。我知道，那是“其实我是想给老师一个惊喜哦”这句话，让我感受到了一份特别的温暖。我想务必要成全她对老师的这份美意才行。

看来杨欣同学担心夜长梦多，昨天晚上说好12号以后联系的，没想到今天上午十点多她就来电话了。她告诉我她刚结束了一门课程的考试，离下午的考试还有几个小时的空档时间，她想到我家里来拿书。这位同学明显还是对我不放心，当然也表明了她对这事有多用心。于是，我告诉她如何坐公交，并约定好见面的地方，还问了她老师的名字，以便我提前在书上签名。

她的老师叫朱筠。朱老师说有一本我的书，但我不知道是哪一本，所以，我决定送两本给她，以确保其中至少有一本是她没有的。然后，我甚至想都没想，就写下了这样一句最朴实直白的赠言：赠朱筠老师，感谢你培养了杨欣！

在约定的地点，我和杨欣同学见面了。没错，和我想象中的一样，一个懂得感恩老师的学生，脸上一定会挂着灿烂的笑容。我的书本不是什么值钱的东西，但当它成为杨欣送给朱老师的一份"惊喜"时，它就承载了学生的一份情意，就有了不一样的价值和重量。我把书交给了杨欣，并下意识地拍下了她接到书时的那份喜悦的表情。

是啊，学生对老师的爱戴体现在日常生活的点滴之间，老师对学生的满足则只要一点点就足够。学生心里装着老师，那就是他们对老师的最大感恩；老师被学生记在心中，那就是我们获得的最好回报。其实，老师的教学享受与职业幸福感，真的随时随处都有体现，我们缺少的只是追求、发现和体验。或许我们更多地被一些功利性的、物质性的回报遮蔽了双眼，从而使得我们对来自于学生的更为丰富和丰厚的精神馈赠有些反应迟钝，甚至无动于衷。

学校还没有放假，杨欣同学还得过几天才能回家，我无法看到她把书送给朱老师时的情景，但我能够猜出她们那一刻的心情。杨欣一定会因为自己给老师制造了一份惊喜而感到自豪，朱老师一定会因为培养了一位懂得感恩的学生而感到骄傲！

记下这个小故事的时间是2014年1月8日，杨欣和朱老师的师生见面还得过些日子。故我暂时还不能将这篇小文上传到空间与大家分享，因为我不能把杨欣为老师带去的珍贵惊喜提前予以泄密。

附：朱筠老师读了此文后的留言

郭老师好！我是瑞金朱筠，今天一早才看到您为我们写的文字，不禁泪流满面。是的，作为音乐老师的我为有这样的学生而骄傲，更为有您这样充满爱心的长者而自豪，您的爱心成就了我们的感动，您是我学习的榜样。正如您说的，从教二十年来我经常被学生装在心里，他们在大学的生活、学习，毕业、结婚、有宝宝等等，都会告知我，一段师生缘就是一生知己和朋友，这种幸福陪伴我走过了很多的艰难和困惑，我感谢他们给我带来的这种幸福和感动。谢谢郭老师把它写下来，欢迎郭老师来瑞金做客，谢谢您！祝福您新年快乐、平安健康！

好与不好学生都将铭记

从对学生产生影响的角度看，老师大概可以分三类：一类是对学生产生了积极影响，让学生永远感恩的；一类是对学生产生了消极影响，让学生记恨在心的；还有一类就像是过眼烟云式的匆匆过客，对学生没有产生什么影响的。第三类老师往往很快被学生遗忘，但前两类老师则一定会被学生铭记心中，难以忘怀。那么，我们想成为其中的哪一类呢？我们又属于其中的哪一类呢？

我布置学生读的两篇文章，刚好是两类教师的典型案例。《青涩岁月里的蝴蝶胸针》里的尤金妮娅是对学生产生积极影响的典型，她用爱心、宽容与智慧转变了一个问题孩子并最终成就了一位作曲家；《谁是你的重要他人》里的“大辫子”老师则是对学生产生消极影响的典型，她用刻薄、冷酷和功利让一个热爱歌唱的孩子远离了音乐且留下了多年后都难以弥合的心灵创伤。之所以让大一学生阅读这两篇文章并写出读后感，目的很明确，就是希望他们从跨进音乐教育专业大门的那一刻起就明白一个道理：音乐教师虽然工作平凡、地位不高，但对学生产生的影响却有可能十分深远，好教师坏教师的形象在学生心目中一目了然。作为未来的音乐教师此时此刻就有一个明确的选择，将来是作为一个好教师或是坏教师被学生记住，或是作为一个平庸教师被学生忘却。

在大家提交的作业中，差不多每一位同学都从这两个案例中读到了自己的过去，并与我分享了属于他们自己的故事。粗略统计，在同学们的故事中，好教师与坏教师的比例大概为四六开，这多少有些让我难以释怀，为什么音乐教师带给这些音乐生的记忆竟是如此不容乐观？作为教师，我们如果不在乎学生以后能否记住我们，甚至也不在乎留给学生的记忆是美好还是丑陋，那除此之外还有什么东西值得我们在乎？退一步说，我们可以不在乎自己在学生心目中的形象，但总不至于不在乎对学生潜移默化的影响吧，因为这是作为一名教师应该具有的最起码的责任与良知。

这里，我想和大家分享一段学生的记忆，她所描述的这位“大辫子”老师没有真正的大辫子，但作为一个男音乐老师，他在学生心灵上留下的烙印丝毫不亚于大辫子的威力。也不知为什么，我感觉这位男老师好熟悉，好像就在我眼前。

我的初中音乐老师被我们中学的老师认为是最有才华的教师，他的手指能够在琴键上翻飞雀跃，演绎跳动的音符，他总是能够为学校的活动创造出一首首动听的主题曲。但是他却非常不负责任，简直枉为师表。

平时的音乐课，他都是让我们在课室自习，用多媒体播放一些有关流行音乐的视频，我们可以做自己的事情，但是不许发出声响。这样也罢，同学们也觉得无所谓，正好有空余时间写作业。然而他有一次的行为，至今我仍历历在目。

有一次，上课一会儿了，他还没来到教室，教室里吵吵闹闹的。有个男同学看到了他从不远处走来的身影，就连连呼喊："音乐老师来啦！音乐老师来啦！"这样，等到老师进来时，课室已经安静下来了。可是我们发现老师脸露愠色，他狠狠地拍了下桌子，责问道："是谁刚才喊老师来啦的？"一个男生瑟瑟地站起来，在我们的注视中，老师快步走到那个同学的桌前，狠狠地把他从座位上拽出来，响声很大，仿佛还听到桌椅无辜的呻吟。他把那个男生拖到墙壁旁，把男生往墙上撞，来回地推撞了几回。我们都惊呆了，纷纷议论起来，老师恶狠狠地盯着我们，然后把同学带出了课室。透过窗口，有同学还看到老师用力地踢打那个男生，看到我们仍在注视着他们，他便把学生带走了。

事后，我们向学校反映了这件事情，可是他好像并没有受到任何处理，仍然留在学校任教，而且听说许多学生都被他欺负过。在学校里，我们看到这个老师，都会下意识地躲闪，生怕他把不明的怒火烧到自己身上。作为一名教师，他不仅没有很好地完成授课任务，尽到自己的教学义务，还在众目睽睽之下无故体罚学生，简直就是在亵渎"人民教师"这个称号。

我的高中和初中是同一所学校，当时我们两个年级的音乐生组成了一个女生小合唱去参加比赛，这位老师担任我们的钢伴，平时训练的时候他就总是迟到，感觉根本不把这事放在心上。

到了比赛当天，上午是管弦乐比赛，下午是合唱比赛，他当时负责管弦乐队。那天，他欺骗了我们合唱队的领队老师，说上午要带队比赛，中午回不来，就直接等我们下午比赛。结果我们下午到达比赛现场时，才发现他根本就不在那里。手机联系了他半个小时才联系上，领队老师请求他马上打的赶过来，可是离比赛场地也挺远的。我们这些同学当时并不知道这件事，两个领队老师一直瞒着我们，他们也在干着急。快要轮到我们上场的时候，终于看到他赶过来了，我们发现他身上散发出隐隐的酒味！可怜的两位领队老师这时拥抱在一起哭了，连连说："终于赶上了！"这时我们才意识到问题的严重性啊，眼里都泛着泪光。直到上台前，我们的情绪一直都很复杂，如果当时他没有赶上，那么我们辛苦了那么多天，所有的付出都付诸东流了。为什么他可以这么不负责任啊！

初中的事情过去许久后，我们试探性地问其他老师，为什么这位老师屡次被投诉，还仍然能够留在学校？老师给我们的答复竟然是：因为他是正职老师，无法被开除。

唉，一声叹息！我相信这位老师不可能看到上述诉说，如果万一看到，我在这里恳请他：在将自己的“大辫子”抽向这位爆料的同学之前，谨以教师的名义，先好好反思一下自己。

让老师倍感欣慰的一句话

2013 届的六位硕士生都通过了论文答辩，我也终于松了一口气。

只怪当初心太软，刚好学院有指标，六位同学我照单全录。学生自然基础有别，论文质量有高有低。虽然我觉得通过答辩应该都没有问题，但我还是期待同学们的答辩能够顺利一些，甚至可以开心一点。为此，我还给每位答辩委员送去了自己的书，试图借此与老师们套套近乎。这样的行为其实很让我瞧不起自己，但又想，为了学生即便丢人现眼也在所不辞，谁让自己底气不足呢？更何况送书也不像送礼那么俗气。

答辩的头天晚上十一点钟，我还在给每位同学发短信，让他们别紧张，放轻松，睡个好觉，给他们打打气，增加点自信，因为我也是读过研究生的，体会过答辩前的那份紧张和焦虑。尤其是那天大家都眼睁睁地看到了其他专业的一位同学因没有通过答辩而当场瘫倒在地的场景，我希望我的短信能够给他们减减压。

这么多年带研究生的经历告诉我，尤其是学生多的时候，一切都要往前赶。所以，我要求他们在读研的第二个春节必须写好开题报告，第三个春节必须写出论文初稿。虽然我反复督促，但总会有学生不能按时完成，不过，总体上讲还算是不错，2013 年开学之后，大部分同学的论文都修改得差不多，可以放心地去找工作。

毕业论文的写作是最能够提升自己水平的，我相信每个同学对此都有深切的体会。对于这届学生，我真的没少批评，也没少生闷气，但基础、天赋可不是那么容易改变的，这个道理我当然懂。有的同学可能就是天生的不适合做学问写论文，对此我非常理解，所以，我的内心深处最同情和体贴这样的学生，只不过这话我没有说出来而已。好在大家都认真接受我的批评，而且都能够尽自己的全力去做。当有同学含着眼泪和大家分享自己在写作上的进步时，我也好想一起流泪；当有同学生怕文章写得不好让老师丢丑时，我便尽力予以安慰。我始终坚守一条原则：只要每个学生都尽了自己最大的努力，老师就没有任何理由再责骂甚至放弃学生。

尽管六位同学和两位老师都尽力了，但这次的论文答辩依然很不顺利，甚至有些压抑，以至于答辩结束后，我实在忍不住写了一篇题为“答辩委员”的小品文。我是这么写的：

我听过十多年的研究生答辩，深感答辩场就是一个大千世界，真的是各色人等都有，容我简要概括总结。

一、爱护型。这类老师不仅能够发现和提出问题，而且还会给出具体的修改意见，即便提出的问题再多再大，也不会让学生害怕慌张，令学生真正受益。他们说起话来心平气和，令人舒心。

二、严谨型。这类老师评阅论文十分认真，大小问题都能一一指出，并且有理有据，也能够有针对性地提出修改建议，学生听着心服口服，并深感惭愧。他们说起话来娓娓道来，令人信服。

三、诚实型。这类老师决不会不懂装懂，往往还会不耻下问，自己不明白的问题能够虚心地向学生请教，或通过提出的问题启发学生进一步解释和思考。他们说起话来轻言细语，令人尊重。

四、缄默型。这类老师往往不怎么说话，要说也是抽象地对论文给予肯定，或许是没有审读文章不想信口开河，或许是发现了问题却不忍心再给学生增加压力。他们的缄默不语，令人放松。

五、显摆型。这类老师确实有水平，恨不得通过答辩将渊博的学识展示得淋漓尽致，因而话题越扯越远，既不需要学生回答，也不允许有人挑战其权威。他们说起话来趾高气扬，令人恐慌。

六、刁难型。这类老师往往并没有通读论文，断章取义地找出几个刁钻的问题，这些问题可能文章中已经交代清楚，也可能最方便提问者自己借题发挥。他们说起话来咄咄逼人，令人压抑。

七、无知型。这类老师并非真无知，只是对论文涉及的专业领域并不熟悉，于是难免会提出一些很幼稚和常识性的问题，让学生答也不是不答也不好。他们说起话来底气蛮足，令人无语。

其实，研究生都是成人了，谁是真正地关心爱护学生、维护学术尊严，谁是肆意地迷恋爱戴自己、彰显学术权威，他们一看就知，一听就明。一个老师是否受到学生敬重，关键不是看答辩场上的惊艳表现，而是平时的指导是否真正认真负责，因此，导师们还是把更多的精力放在培养自己学生的过程中最好。

学术严谨和与人为善并不矛盾，学术严谨和吓唬学生也并不等同。

发泄过后再冷静想想，的确，我们不应该把责任归咎于别人，毕竟还是我们自己做得不够好，写作和答辩水平不够高。答辩会结束后的那天晚上，答辩的老师没有出席同学们准备的答谢晚餐，我们同门三届的老师和同学们就自己聚一聚。没有外人在也好，大家可以尽情地诉说这三年读研的酸甜苦辣，虽然无法兴高采烈起来，但彼此说说心里话让人觉得很真实，很温暖。

有件事让我特别高兴，虽然这届同学碰上了史上最难就业的年份，但除了个别同学之外，竟然基本上都落实了工作单位，仅凭这一点，就足以让我们忘却答辩带来的不快。尽管这三年，他们没少让我生气，受我批评，但此时此刻，我真的觉得他们个个都很优秀，每个人都给我们两位老师争了气，长了脸。

当然，最让我感到欣慰的是，有一位同学在回顾这三年的研究生学习生活时说的一句话。她说："我想要做一个好老师，这是我读研究生的最大收获。"她进一步解释道，以前找工作，就是想找一份工作，能够拿到工资，能够满足生活的需要，但现在我好想做一个好老师！

我敢自信地说，她说的话应该代表了六位同学共同的心声。而这句话，是最让我感到欣慰的一句话，因为，这是我所认为的我们音乐教育方向研究生培养能够获得的最理想效果。这样的效果当然不是我教出来的，而是同学们自己悟出来的。我也一直都跟同学们说，你们不要指望在老师身上学到多少知识，老师能够给你们的更多的是为人为学方面潜移默化的积极影响。我是你们的老师，从我的身上你们能够切身感受到我在哪些方面做得好，哪些方面做得差，好的方面就发扬光大，差的方面就引以为戒。老师就是一面镜子，同学们能够在老师身上反观自己的现在，定位自己的未来。我们都要明白这样一个道理：老师不只影响着自己，更是影响着一批又一批的学生。既然我们选择了这个职业，我们就要充分认识到自己肩负的神圣职责，就要对教师职业心存敬畏与虔诚。

"做一个好老师"，这是我听到的最欣慰的一句话，也是我想要送给毕业研究生的一句话。

2013 年圣诞节前夕，这位说"我想要做一个好老师"的毕业生通过网络和我交流了许多教学工作中的收获与困惑。在圣诞节那天，我收到了她的一段留言，那是我收到的最美、最温暖的节日礼物。她对我说：

老师，谢谢您的建议，我一定会认认真真做事，踏踏实实地走好自己的路。在我心里您很重要，您是我人生路上最大的幸运，尽管三年很短暂，但是老师您的言行对我的影响却是永远的，毫不夸张地说是您改变了我的人生！如果不是遇见您这样的导师，也许读研三年我会浑浑噩噩地虚度；如果不是遇见您，也许毕业时我不会那么努力地寻找工作；如果不是遇见您，我就不会有做好老师的人生目标。我内心里常想，将来若是有机会继续求学，我还要做老师您的学生，因为做您的学生我还没有做够……

至高荣誉

朋友们别误会，其实我最近没有获得什么荣誉或奖励，没有那样的好消息和大家分享。

作为教师，能成为“教学名师”那才是荣誉。可我不是“教学名师”，不说国家级、省级、校级，只怕这辈子就连“院级”、“班级”教学名师都当不上。因为“教学名师”是要主动申请的，我自知离名师要求还有遥远的距离，而且现在的教学名师大都由各级领导分享了，所以我永远都不会申报这类的荣誉。不过，我也有来自体制外民间赠予的荣誉，而且在我心中，这种荣誉才是至高无上的。

几年前，有一线老师称我为“草根教授”，我当时一下子就喜欢上了这个称呼，而且我把它当作是老师们颁发给我的奖品，藏在心里美滋滋的。之所以被称为“草根教授”，是因为老师们对我这些年与一线教师交流时“有信必回、有文必改”的诚恳态度和执着行为给予肯定；而我喜欢这个荣誉，更多的是因为我对一线教师有感情、有共鸣，我永远都不会忘记自己就是农村乡镇中小学音乐教师出身的，在一条战壕里战斗过的人，永远都是战友。

几天前，有学生又赐给了我另一个称谓，叫“童心十足的热血老师”，我又一下子就喜欢上了学生颁发给我的这个荣誉，而且与“草根教授”相比，我更喜欢“热血老师”，因为“老师”比“教授”听起来更亲切，让人更自在。我一直想找机会当面感谢这位同学，可暂时还没能如愿。这位同学在信中是这么说的：

您在上次课中和我们分享了很宝贵的音乐教育的教学经验和一些感人的真人真事，让我们思考音乐教学存在的价值究竟是什么；不忘初心、始终拥有孩童般正能量的您在老师们中保持着独树一帜的教学风格。在与学生和一线老师的交往中，您更像是对事事都饶有兴趣、热心帮忙的“孩童”。或许这么说不是很贴切，可是毕竟学生和老师之间也并非存在循规蹈矩这一种相处模式，所以我就这么轻松自在地说出我想说的。老师您在我的印象中，就是童心十足的热血老师。

这位同学对我的评价显然是过头了，我哪有这么好呢？我既没有“独树一帜”的教学风格，也没有“孩童”的可爱天真。但是，他赐予我的

“童心十足的热血老师”这个称谓，却成了我接下来为之奋斗的目标。

最近一段时间，我的课比较多一点，有更多的机会和大学生、研究生（包括外校的大学生朋友）以及一线教师相处，深深体会到了教学带给我的快乐和满足，我越来越清楚自己真正想要的是什么，真正喜欢做的是什么，学生真正需要的是什么老师，社会真正需要的是什么老师。可是，时间过得飞快，十几年后我就不再有自己的学生，不再是名副其实的老师，想一想都觉得有些可怕。所以，我要在没有退休之前好好做一个老师，好好享受教学。为此，这段时间我一直在思考着如何规划余下的教师生涯，是继续瞻前顾后地花一些时间去搞那些被动、无聊、功利的科研，做一个徒有虚名的“冷血老师”，还是像老师和同学们期望的那样真正做一个“草根教授”和“童心十足的热血老师”，全心全意地去搞教学？我想，在心里我其实已经作出了决定。“心之所向，行之所依”，相信我也会听从自己的内心召唤，朝自己认定的方向努力前行！

或许有人认为，说“草根教授”和“热血老师”是我所能获得的至高荣誉，这多少有些自我安慰的成分。但是，即便如此，这份荣誉给我传递了巨大的正能量，让我对教学工作充满了勇气和激情，这一点是不容置疑的。

冷与暖

有一个好消息和一个坏消息，先听哪一个？我个人的习惯性选择是先听坏的，再听好的。

那先说失意的、让人感到有些心寒的事吧：2012 年我申报了两项评奖，一个是教育部人文社科成果奖，由于奖项档次高、获奖比例小、学科地位低且边缘化，再加之自己的成果水平还不够，虽然通过了学校的选拔上报了，但最终未能获奖，我难免有些失意，但也并不意外，短暂的失落感自然很快就消失了。另一个是学校的教学成果奖，我是受同事的怂恿才报的，主要也是考虑到这或许能够让我们音乐教育专业的其他老师受益，申报成果的名称是“提高音乐专业本科生论文写作水平的教学探索与实践”。参与实践探索的三届音乐教育方向本科生共50 多人，其中有20 余人公开出版或发表论文27 篇；此外，我所指导的本科生毕业论文每届都有多篇被评为院级优秀毕业论文，其中有6 篇被评为校级优秀论文。扪心自问，这样的成绩是撰写出来的吗？不是，是实实在在做出来的，是投入了大量精力和智慧才获得的，因而自认为获得一个校级奖励没有任何问题。然而评选结果却令人大跌眼镜，全校80 多项成果获奖，我们院里也获得了一个一等奖、两个二等奖，我却和奖项不沾边，这让我很失落，简直是丢了个大丑。不过我很快也想通了，这样的教学成绩连一个校级奖都得不了，那只能表明评委们的水平实在是太高了，也表明我这个人天生就是一个克奖的命，因为我自感以后再也很难突破这样的成绩了，除非某一天当上了领导，但那又不是我想要的（顺便说一句：领导们获奖真容易，一个人都可以得到好几个奖，全校 30 多项一等奖中校领导挂名的有 20 多项，真不知道“教学成果”是“领导”出来的，还是“教学”出来的）。于是，我只能自我安慰，学生受益了就好，自己获不获奖不重要，以后再不参加这样的评奖就行了。虽然很失意，但我的心情很快就平复了，我笑自己脸皮厚，连这样的丑事也敢主动抖出来。可不要亏待了自己，那就给自己颁发一个阿 Q 精神奖吧！

再说说得意的、让我感到很温暖的事，也是和评奖有关的，不过获奖的不是自己，而是一线的老师们。鉴于以往广东省参加全国艺术展演论文评奖成绩并不理想，我主动请缨，不计任何报酬地辅导老师们修改论文，力争打一个翻身仗。2012 年全省共向教育部报送音乐教育、美术教育论文各11 篇，我除了做过一次会议专题点评之外，这 22 篇论文中有 21 篇都经过了我的修改，有的还反复改了几次，整个10月份我花了很多时间在做这件事情。功夫不负有心人，结果实在太令人兴奋！全国的总体获奖情况是：获奖比例35%，其中音乐类一等奖只有13篇，美术类一等奖只有12篇。而广东省的成绩为：11篇音乐类论文有10篇获奖，其中一等奖3篇，二等奖4篇，三等奖3篇，获奖比例91%；11篇美术类论文有8篇获奖，其中一等奖4篇，二等奖2篇，三等奖2篇，获奖比例73%。无论是获奖比例还是一等奖个数，这次广东省都是最好的。当然，取得这么好的成绩，毫无疑问要归功于老师们自己的努力，我只是做了一点力所能及的工作而已。其实，我知道这个结果很久了，但官方没有公布我不敢透露出来，今天得知结果正式公布了，我就像自己获奖了一样高兴，我是为老师们高兴。谢谢这个好消息来得及时，一扫我此前的频频失意。

看来，失意与得意、寒冷与温暖往往会接踵而至或相伴而行，所以，大可不必因失意而不振，也千万不要因得意而忘形。

上述的失意与得意，引发了我思考这样的一个问题：教师的成就感、幸福感主要来自哪里？是获奖荣誉与学术成就，还是桃李满园和学生成长？谁都知道主要来自于后者，因为前者乃生不带来死不带去的玩意，不说离开人世，就是退休之后，这些东西就很难再让自己沾沾自喜；而后者则能让教师生命永远延续，不说退休之后，即便离开人世，教师的价值仍将在学生、学生的学生身上得以世世代代持续实现。然而，身处其中，懂得这个道理的我们却很难超脱，往往太过看重个人荣誉带给我们的短暂虚荣，而忽视学生成长带给我们的永恒满足。但相信时间这个最好的老师，会让我们慢慢地懂得：学生的成长才是我们真正的成就之体现和幸福之源泉。

如今，当我看到学生提交的优秀作业，我会比自己发表一篇论文更高兴；当我看到学生有论文发表，我会比自己出版一本专著更开心；当我看到学生顺利通过了答辩，我会比自己获得任何奖励都喜悦。因为，我已经慢慢悟出了上面这些道理。

越挫越知足

很多年前大师给我看相，说我这两年不是很顺。虽然我不想相信，但有时候还不得不信。事实上就我个人来说，这两年也的确是有连连受挫之势，但愿大师说的不顺就是我经历的这些小挫折。

挫折不论大小，本身都不是什么好事情。但坏事就不见得只有坏，坏中也可能有好，好中也不排除有坏，这就是“塞翁失马，焉知非福”、“祸兮福之所倚，福兮祸之所伏”的道理，对此我是深信不疑的。所以，我经常告诫自己，遇到好事不要得意忘形，遇到坏事更不必心灰意冷。如果我们老是纠缠着坏东西而不能自拔，那么，坏的负能量就会被我们无限放大；而如果能够换个角度看问题，我们就可以把负能量降到最小。

这两年我所经历的几个小挫折其实说小可以小到忽略不计，说大可以大到影响人生，到底是芝麻小事还是头等大事，那就看我自己愿意接受哪一种结果了。当把功名利禄的东西看得太重时，人必然会很累很痛苦，懂得这一点，至少可以让我们学会自我安慰。一个人又怎么可能事事顺心遂意呢？好事全摊在自己身上那别人还怎么活？可能是由于年龄大了的原因吧，我现在对很多事情基本上都能够拿得起放得下了，每每遇到不开心的事我都可以在最短的时间里让自己开心起来，而最有效的办法就是尽快让自己集中精力去回味上帝赐予自己那美好的一切。

这两年，儿子成功申请了梦想的大学和理想的专业，而且成绩优异，这么大的喜事可不是每个父母都能拥有的，即便我自己的事业碌碌无为，那又咋地？在儿子的成功起步面前，我那些所谓的挫折实在都无足挂齿，有这么一件大喜事相伴，足以让我知足常乐了。

这两年，在三地朋友和领导的大力支持下，我发起的音乐教育论坛已经顺利走进香港和澳门，并已扩展为两岸四地论坛而即将走向宝岛台湾。虽然这不是我个人的成果，但即便这两年我没有任何其他的科研成果问世，这份“创业”的成就感也应该让我知足了。

这两年，我又结识了不少的新朋友，QQ 好友已经达到 1 500 人，我有机会帮老师同学们解解惑、改改文章，并因此而得到大家的鞭策和鼓励，更是从好友们身上获得了坚定的信心和前进的动力。有这么一笔不是所有人都可以拥有的宝贵财富，即便不能受到体制内的认可，我也真该知足了。

这两年，家人的身体都还不错，没有人得过什么大毛病，革命的本钱在保值增值，我们每天起床后都能够精神抖擞地上班工作，节假日也学会了去逛逛景点休闲娱乐，生活是越来越温馨和谐。平安就是福啊，即便会不时来点小感冒折腾一下，但对于我们这个年龄的人来说更应该懂得知足了。

其实还有好多好多可以令我知足的东西，如在房价低位的时候买了房子，在调来广州之后开通了高铁，在出差频繁的时候民航大巴进驻了校园……当然，还有一点不能不说，它让我不想知足都不行：我现在做的都是自己喜欢的事情，我还拥有人生最珍贵也最难拥有的自由身心。

我时常都会以感恩的情怀告诉自己，我是一个足够幸运的人。就如我在一个简历里面所描述的，我小镇出生农村长大，上过中师读过电大，一个有着多年乡镇教师经历的人最终成为一名大学教授，我还有什么不知足的？所以，时不时地受点儿小挫折，这何尝不是一种幸运？因为挫折会让自己保持清醒，珍惜拥有，懂得知足。

不用问，今天我可能遇到什么小挫折了。不过，失落的情绪仅仅持续了一小会儿，尤其是当我写下这篇文字的时候，我感觉自己的身心又经受了一次洗礼，仿佛被傍晚时分广州的一场大雨冲刷得清清爽爽，干干净净。

课程班的编外生

来广州四年多，每年的一月我都给研究生课程班上课，每次都能交到一拨新朋友，收获诸多小感动。所以，这次给 2013 级研究生课程班上课，尽管连续六天，我累却享受着。

课程班的学员大都是中小学、幼儿园、高职院校、本科院校等各级各类学校的在职教师，个别来自音乐专业团体。这次课程班上课，一些学员还没有放假，故出勤率并不太高，或许有的报了名最终又放弃了。说实在的，我个人并不在乎学员们来不来上课，因为都是大人了，出勤与否完全是老师们自己的选择。如果有请假，那当然很礼貌；如果既不请假也不来，那也真的无所谓。

第一节课的感觉很好，基本上贯彻了我的教学意图和追求，让学员们轻松愉快地度过了不间断的三个小时。下课的时候，似乎大家还有些余兴未尽，掌声过后，大家一一跟我打招呼道别。这时，只见一位年纪轻轻、身材娇小的学员走到我的面前，明显有些紧张又腼腆地说要跟我说个事。她告诉我说她是替姐姐来听课的，她姐姐是惠州某小学的赖老师，因故无法来上我的课，于是让妹妹来替她听课，希望我能够理解并同意。

我从教几十年，只听说过老师代教的事，却从没有经历过学生代听的。而且就如我前面所说，课程班的课请个假就可以了，即便不请假我也不会在意的。这位赖老师的认真和严谨，让我感到惊讶，当然还有些许感动。于是我好奇地问了问这位小妹妹的情况，当得知她是南方医科大学的一位大四学生，且所学专业卫生法学与音乐教育风马牛不相及时，我突然有些同情甚至有点心疼：让一个学医的孩子来听音乐教育的课程，这多不近人情啊，这不是太委屈她了吗？我赶紧对这位小妹妹说：“你告诉你姐姐，就说是郭老师说的，请假就好啦，你不要再来听课了，真的没这个必要，没关系的，放心吧。”

这位医科大学学生显然不是一个听老师话的“好学生”，第二天、第三天、第四天……她天天都来听课了。每次见到她，我都忍不住想夸她几句，也忍不住联想到我的本科学生。当初那些音乐教育专业的大一新生一度差点纷纷逃离我的课堂，现在一个卫生法学专业的大四学生却在我的再三“劝退”之下还是不离不弃，这到底是专业差异所致还是年龄差异使然呢？

每次上课我一般都会提前到教室，这位小妹妹也每次都是早早来到，这让我感到既踏实又感激，因为，她让我对自己的教学更加充满了信心。要知道，一个完全没有必要来听课的跨专业编外生是很难忍受枯燥乏味的教学的，我想，这至少表明我的课还是属于在听者能够忍受的范围之内的。

最后一天，学员们相约午餐小聚。这位小妹妹性格比较内向，还有点胆怯，我担心她不好意思参加这样的活动，所以，前天晚上特别叮嘱班长一定要邀请小妹妹参加。果然，下课的时候，她跟班长说她不参加聚餐了，我对班长说，其他老师有特殊情况可以缺席，但这位小妹妹绝不能走。什么理由？我想理由一个就足够——在学风日渐崩坏的当下，能遇到一个这样的大学生实属难得，我们需要从这位小妹妹身上汲取养分和能量。

饭前我跟大家说好，今天的午餐采用 AA 制，我也凑一份子，但我们的小妹妹还是大学生，又是我们班的编外生，她例外。对我这个提议老师们一致赞同，不过，最后我还是被大家“例外”了，一老一少享受了同等的待遇。

课程班的学习才几天，学员们彼此都还不是太熟悉，所以，席间我又提议让大家做一个自我介绍。轮到小妹妹介绍了，她告诉我们她姓周不姓赖，原来她是赖老师的小表妹。第一天当我得知妹妹替姐姐来听课时，我羡慕她们姐妹情深；最后一天当我得知她们只是表姐妹时，我对这位小表妹更是增添了一份敬重。

做老师其实很幸福，因为类似这样的小感动总是萦绕心间，挥之不去。其实，这次的课程班上还有一个编外生，那是龙老师的先生，不过他只听了一天课，显然是被老婆忽悠怂恿而来。经确认，很幸运，不是说我的课上得多无聊，龙老师要让爱人来分担其痛苦，而是说我的课讲得还算有趣，不信老公你也听听去……

导师的美好期待

每年的四月份是研究生复试和录取的时间，每到这个时候，作为导师总会怀有一份美好的期待，也会体验到些许失落和无奈。我是2000年到高校工作的，第二年和第三年就开始带硕士生和博士生，十多年过去了，也算得上是一个年轻的老导师了，照理说无论是期待还是失落或无奈，激情都会慢慢地随时间消退。但令人困惑的是，情形似乎恰恰相反，那份期待仿佛更加强烈，伴随而来的失落和无奈自然也是不减反增。

一般情况下，硕士生在复试之前我是不会见面的（本校的有例外），因为不需要见面，虽然也会有考生可能跟我有过电话联系，但我基本上都很难留下什么印象。至于每年有多少人报考、考生来自哪里、他们的基础如何等等都是一无所知，也正是因为有这些未知因素才自然而然地构筑了那份美好的期待。于是，我们静静地在面试场等待着考生的到来……

初试通过的学生不一定都有复试的机会，复试入围的也不一定都能被录取，这就是目前的考研现实。复试时，导师即便有挑选的余地，那也是怀着一种深深的愧疚在行使自己正常而应有的权利。比如2013年，按照1：1.5的比例确定复试名单，音乐教育方向两个导师招4个人，可以有5位考生入围复试，而其中一位必须被淘汰。我知道，复试再公平，导师再公正，对落榜的那位考生来说也是不公平和不公正的，如果能够全都招进来该多好，那样的话考生和导师都不用受煎熬。这便是导师的第一个美好期待——考生上线不容易，最好都能招进来。

任何导师都希望能招到好学生，但这不是一件一厢情愿的事情，某种程度上说，研究生考试其实更多的是考生在挑选学校和导师。扪心自问，如果学校就这么个档次，导师就这么个水平，要想招到很理想的学生那的确有些自欺欺人，因为有一点可以肯定：一类学校的生源不可能流向二类学校，出类拔萃的学生不可能拜一个学识平平的导师。然而，人往往就是这么不顾现实缺乏自知之明，总期待有“天上掉下个林妹妹”这类的奇迹发生。这便是导师的第二个美好期待——导师招生勿随意，尽量招到中意的。

不管最后招上谁，也不管满意不满意，导师的期待在继续：研究生入学之后，基础差点的能够笨鸟先飞，勤能补拙；基础较好的能够严于律己，施展才华；而作为导师自己则理当言传身教，指导有方，学生拜你为师，你就得为人师表。然而，不管自己是否尽职尽责，每一个导师都会期待着研究生们硕果累累，青出于蓝。这就是导师的第三个美好期待——上线招生皆不易，师生彼此都珍惜。

期待毕竟不是现实，也不一定能够成为现实，往往是期待很美好，但现实很残酷。这里面有体制的原因，也有学生的原因，更有导师自身的原因。导师上述的美好期待能够在多大程度上变成现实，归根到底还是取决于导师自己。我相信，一个学识渊博、德艺双馨、具有人格魅力的导师，不管你在哪里，好苗子都会冲着你来，研究生都会表现出色。因而，招不到好学生，不要怨体制；学生不努力，也不该骂他们。

革命尚未成功，导师急需自省。要实现美好期待，关键要做好自身。

在一年一度的研究生招生之际，写下上述警言，与老师们共勉。

借此机会，再简要介绍一下博士生的招生与培养情况。

明天又要参加博士生的论文答辩，几本厚厚的论文根本无从看起，反正我就抱着学习的态度去聆听答辩，每次答辩我基本上都是“打酱油”的角色。看着这些论文，我肃然起敬：考博很严酷，读博更残忍，几十万字的文章必须是自己一字一句垒起来的，女同学不哭几场，男同学不醉几回，相信论文一定会写不出来。最近听一位博士生转述说：有位同学论文写完之后，看都不想再看一眼，因为一见到论文就想吐。可见论文对人是何等的摧残。

读博如此悲催，却丝毫也不影响考博队伍的不断壮大。研究生就业困难，高校教师的晋级要求高，使得每年报考博士研究生的人越来越多，尤其是人文社会科学领域更是趋之若鹜，就连我这样的无名之辈和小学科，这连续三年每年都是近 20 人报名，14 人参加了考试，但指标就只有一个（未来可能会更紧张）。每每想起如此惨烈的竞争，我除了同情和内疚外别无他法，因而时不时地设想着不再招生，但又想每年能解决一个算一个，也算是积点德吧。每逢招生季，自己内心纠结，考生不予理解，得罪人在所难免，这又何苦呢？毕竟我也招了十几个博士生了，也算得上是一位名副其实而非挂名的导师了，真没必要让这件事情成为自己的一块心病。

然而，每当有考生跟我联系的时候，我都必须无条件支持，不管考生出于何种目的报考，年轻人求上进一定是好事情。因此我除了把竞争的严酷态势如实告知考生之外，剩下的就是尽可能地确保公平竞争。虽然再怎么公平，总会有人失望，总会要得罪人，但我想起码我能够对得起自己的良心。

由此我想，如果将来我还能继续招生下去，我希望欲继续深造的我自己的学生能够尽量去报考其他学校。这主要还不是为了避嫌和为了公平，而是觉得已经跟我读了三年的硕士，在我身上也确实学不到更多的东西了，报考其他学校和其他导师，一定会让自己的视野更开阔、基础更厚实、知识更全面、前景更美好。

在我的硕士生中就不乏报考其他学校甚至境外、国外大学的，他们都是我的骄傲，也为后面的师弟师妹们树立了榜样，其中有的转专业，有的甚至跨学科。按照毕业的时间排列依次是：王苗（香港大学）、喻娟（美国西弗吉尼亚大学）、龚倩（中国艺术研究院）、刘婧（美国德州科技大学）、李宇婷（湖南大学）。

二、享受教学交流的能量传递

当我们身边聚集着越来越多乐观向上的人时，
快乐的力量就会一传十、十传百，像滚雪球似的越来越大，
就会让我们充满了工作的激情和动力，
就会让痛苦和焦虑不敢近身而灰溜溜地离我们远去。

我很幸运，一路走来，总是有人不断地给我鼓励，
不管我做得怎么样，大家都能够理解我的用心，宽容我的能力。
通过与老师同学们的交流，我不断汲取着大家传递给我的正能量，
每一封来信、每一条留言、每一次交谈，无一不给我信心和力量，
无一不让我感到幸福和温暖。

一位新教师与我分享的感动

一早起来，收到好几封邮件，其中有一封有主题却没有署名的邮件让我感动了好半天，也让我感到冬日的广州特温暖。今天我本来给自己安排了多项工作，现在我想通通都把它们压下，先和大家分享这份温暖与感动。

这封主题为“小学音乐教师的那份感动”的信是这样写的：

尊敬的郭老师：

您好，我是一名今年刚考上公立学校的小学音乐教师。加您的QQ很久了，从大学三年级到毕业三年后的现在，这是我第一次鼓起勇气，冒昧地给您发邮件。今天的那堂课实在让我感动了，下课之后就一直酝酿着给您写这封邮件，想说说那份心情。写得不好的地方请见谅。

虽然毕业三年了，今年才算是正式进入公立小学上课。从职专舞蹈教学到小学音乐教学的转变一开始让我没办法进入角色，感觉小孩子怎么什么都不懂，那些上课的习惯、上课的纪律更是令人头疼，有一段时间甚至觉得自己根本不适合教小学。正是在这个时候您的《守望音乐教育》让我纠结的心放了下来。从此，课后我总是会去进行反思，不断地调整自己的心态，告诉自己这些农村的孩子多久没有享受音乐带来的快乐啊，我应该帮助他们，给予他们享受音乐的权利。我慢慢地发现孩子们是那么的天真，而且感觉自己也变成了一个天真的孩童，前几年在职校培养出的那份严肃冷峻慢慢地被温暖了，让自己接纳了孩子们，也让孩子们接受了我。于是，我上课时不再给孩子们太多的束缚，而是让他们能够随着课堂的音乐动起来。其他科任老师也告诉我，孩子们更喜欢在音乐室上课，他们说：音乐老师会带我们做游戏，而且音乐教室的位子坐着让人很轻松。也许在他们看来音乐课就是比较轻松的吧。

就在今天上完课的那一刹那，我感觉我是多么幸福。周一周二由于外出参加比赛，所有班级的音乐课都让语文、数学老师代课了。今天到一年级上课，刚踏进教室的那一刻就听到同学们大声地喊着：“音乐老师下午好！”甚至调皮的男生还嚷嚷着“音乐老师我爱你”，这一些动人的瞬间让我的心暖烘烘的。依旧是平时上课的程序，只是多了前晚更认真的备课，因为耽误了他们的课想好好地补偿回来。更多的是通过阅读那些书籍，发现了自身不足的地方。整个课堂孩子们的纪律出奇地好，教学的过程中孩子们都能跟着我很好地进行练习。本节课的教学内容是“小青蛙找家”，导入的故事让孩子们的好奇心暴涨，整节课他们表现得非常积极，听唱歌曲的时候他们还会加入动作，整节课下来我没有大声地吼叫管理纪律，孩子们也唱得特别开心。下课之后又是响亮的“音乐老师再见”的声音在教室里回荡，有的小朋友还给我送上他们自己亲手画的图画……这些，也许对于其他老师来说只是一节很平常的课，但是不知道为什么，今天的我特别感动，感觉特别幸福，特别温暖。

……

这封信并不见得多有文采，这位老师的教学也没有什么令人惊叹的创新之举，但为什么我会如此受感动？显然，是这位老师的感动感动了我，是这位老师的幸福感受感染了我，是这位老师的温暖温暖了我。

对于一个教师来说，像这样的一份感动和幸福温暖的感受本是唾手可得，也正是因为如此，我们才特别容易忽视它们。然而，对于一个新教师来说，这样的一份感动和幸福温暖的感受又是多么珍贵，因为它们能够让新教师坚定信念，树立信心，对未来充满憧憬。因而，这位老师的这封信，不仅让我感动，还让我高兴，我真的为这位新教师能够在较短的教学生涯中收获这份感动和幸福温暖而高兴，我坚信这对他的未来教师生涯必将产生积极而重要的影响。

为什么我们很多人总觉得作为一个中小学音乐教师的职业幸福感很低？原因当然是多方面的，但我始终认为最关键的原因还是我们自身出了问题：我们投入极大精力所拼命追求和最为在乎的恰恰是许多日常教学工作之外、与学生没有什么关系，且不完全是通过自己的努力而获得的那些属于身外之物的东西，而日常教学中每天都能看得见、摸得着的身边的人和事，那些最能够让人感动和温暖的点点滴滴却选择性地视而不见。公开课、比赛课、示范课等的成功的确能够让我们出人头地、名噪一时，虚荣心得到极大满足，但仔细思量，那些都很难让我们有温暖之感，而人世间最让人感动和幸福的莫过于温暖。这样一份温暖却实实在在、真真切切、无时无刻不存在于我们的日常教学之中，存在于我们与孩子们真诚而纯洁的交往互动之中，存在于孩子们那种懵懂顽皮和未被桎梏的本真行为之中，存在于孩子们那些不曾润色和不会讨乖的只言片语之中。很幸运，这位新教师在他的课堂上深深地体会到了这样的温暖，因而他感动着，幸福着，并期待着把这份温暖传递给我，让我把这份温暖再传递出去。我想要立即告诉这位老师，昨日的这份温暖对他而言或许比任何其他东西都珍贵。于是，我给他回了下面这封有些简短但却真诚的信：

我不知道怎么称呼你，但我想要对你说的是非常感谢你让我分享你的这份感动与温暖！

是啊，其实日常教学的享受是最温暖的，回味无穷的。之所以我们以往很少体验到这份温暖，那是因为我们的内心深处没有这样的希冀和追求，我们没有真正地理解日常教学才是一个教师的最佳幸福之源，和孩子们的心灵相通才是教学的最大魅力所在。

真的为你高兴！我相信，从此以后，你对教学的理解和感悟会进入更高的层次与境界，源源不断的感动和温暖会接踵而至，将你包围，因为它们对懂得珍惜的人从不吝啬，永远慷慨。

容我俗一把

我昨天下午去某地讲课，晚上回来的时候拎着大包小包进屋。家里人很惊讶，这是怎么回事?

事情是这样的：有位老师得知我去他们那里讲课，事先给我准备好了礼物，并委托他人转交给我，而我则是直到下车回家时才知道有这么多东西的，否则无论如何都不会收，或许只会象征性地挑一小包茶叶。放下这些沉甸甸的礼物，我赶紧给这位老师发短信表达歉意与感激，我说收你这么多东西，我受之有愧。的确如此，因为我并不记得是否为她改过文章，或是否帮助过她论文获奖，我只记得早已约定好要去参加她的课题开题报告会却因故未能成行，让她和老师们失望了。然而，老师们记住的是我所谓的好，而选择性忽略了我的错。她回复我说："其实您对我的启迪是物质所不能表达的，容我俗一把，想不出别的感谢方式了……我看您微信里家中照片有茶具，蒙古包喝酒很豪爽，才决定投您所好的!"

好一个令人感动的"俗一把"啊！物质的表达方式也不一定都是俗气的，这位老师如此的细心和用心，让我感到很温暖。尽管如此，我还是想再次表达我早已表达过的心思：如果说平常我为老师们做过什么的话，其实我所得到的远远比我付出的多，频频收到老师们的喜报，每每分享老师们的成功喜悦，让我体验到的那一份份成就感和满足感，就是大家给予我的最贵重、最美好的回报。昨天没有机会当面感谢这位老师，我深感不安，好在还是见了一面，否则受人之礼却还不知送礼之人，更会让我无地自容。

今天上午与一位昨天刚结识的老师在 QQ 上聊天，也同样让我为之感动。

他对我诉说："作为一名小学音乐教师，工作上苦思冥想十多年，依然苦闷彷徨，没有成就感，甚至都不知道怎么上课了。昨天在听讲座前还在想着哪栋楼比较高，好解决。您的报告真'救了我一命'，谢谢您!"我一开始还没有看明白他想表达的是什么意思，什么楼比较高，什么好解决，当我突然明白过来之后，忍不住哈哈大笑起来，我说您真幽默，自然我在这里要把那句夸张的话打上引号才对。这位老师却很认真地告诉我："真的，真达到近乎要跳楼的境界了。每当上课就很痛苦，就在分分秒秒等着下课，等着下班，等着周末的到来，面对无数的活动与学校应试教育之间的矛盾、主课教学与副科教学之间的矛盾、老师与学生之间的矛盾，想死的心都有了……”

这位老师的上述表白，说严重也的确严重，工作上的苦闷简直让人恨不得想跳楼；说不严重也一点都不严重，因为每个人都可能有过冒出这类极端想法的时候，我自己就曾设想过从高楼跳下去的场景。昨天讲座结束后我和这位老师有过简单的交流，我感觉他是一位很敬业、很有思想、很有素养的好老师，他一直担任科组长就证明了我的这一判断。尽管他上面说的话显然有些夸大其词了，但我特别能够理解他的那份纠结与焦虑。很遗憾，昨天由于一个下午安排两位老师讲座，需要赶时间，我有很多想和老师们交流的心里话都没来得及说出来，到现在还觉得对不起大家。如果早知道有这么一位老师（甚至可能还有别的老师）正承受着如此的内心煎熬，我昨天的讲座一定就会围绕一个话题去展开，即如何做一个快乐的音乐老师，如何快乐地工作和生活。我会用自己的亲身经历和感受告诉老师们：快乐不能期待别人的赐予，只能靠自己去细心体验，虽然现实环境并不理想，但在我们的工作和生活中，其实还是有很多很多值得我们回味的快乐点滴在时时刻刻发生着，如果我们想做一个快乐的音乐教师，我们就一定能够快乐起来。音乐教师于公于私、于师于生、于情于理都应该成为教师群体中的快乐家族。

令人欣慰的是，这位老师昨天一回到学校，就马上约了几个老师喝酒分享下午学习的感受，仿佛感觉自己突然增添了力量。我知道，这当然不是我的讲座发挥了神奇的功效，这是一种男人的气概使然，三杯烧酒下肚，一切的不快都统统放下。我邀请这位老师在心情不好的时候到我的QQ空间里来散散心，因为在这里，我会试图营造一种积极向上的气氛，尽可能传递正能量。我相信，当我们身边聚集着越来越多乐观向上的人时，快乐的力量就会一传十、十传百，像滚雪球似的越来越大，就会让我们充满了工作的激情和动力，就会让痛苦和焦虑不敢近身而灰溜溜地远离我们而去。

在聊天的尾声，这位老师有些过意不去，说我的事情这么多，还要在这里听他发牢骚。我对他说，其实我每天都有可能在QQ上听到老师们对我发牢骚，我很乐意成为老师们牢骚的发泄对象，因为我认为这是老师们给予我的最大信任和至高礼遇，而且我深知老师们在发过牢骚之后，心情会越来越轻松，快乐会越来越逼近。

感动无处不在，且让我们用心体会。

无奈的“妥协”

最近一段时间，因为自我妥协，我是不断受人恩惠，大有颠覆本人价值观乃至走向“学术腐败”之危险。

前些天有老师索要我的地址，说要给我寄土特产过来，我不给，她就说那就寄到学校去，结果快递员说寄学校本人收不到不予受理，于是她又问我该怎么办，无奈之下我妥协了，同意她见面时再带给我。后来又有老师给我带来小点心，还有老师约我们家庭聚会过“六一”儿童节，我都找不到拒绝的理由和勇气，也愉快地接受和答应了，其实也是自我妥协的结果。昨天，有学生拿到了国家奖学金，在没有征求我意见的情况下给我买了礼物，我也是笑呵呵地收下了，自然还是自我妥协的结果。

如果说上面这几位老师我可能有指导过她们的论文，学生也是我自己的研究生，这么做多少还勉强说得过去，那么，昨天我碰到的另一位老师，就实在说不过去了。这位老师要从我这里买几本书，我及时给她寄了过去。其实我的书网上都有卖的，而且网上购书送货上门折扣多，既便宜又快捷，但有老师还是希望我能够签个名写句话什么的，所以，如果家里有存书，我偶尔也会答应，当然是几折买回来就几折卖出去，不赚一分钱(可能有时候老师们也会多寄，我也从来没有去查过账，实际上应该还是赚了的)。收到我的书后，这位老师就着急催我给她银行卡信息，我把卡号给她之后，她得寸进尺还要我的地址，我当然明白她的用意，我说收她的书款就已经过意不去了（因为不久前大概就已赠送了上百本），千万不要再客气。她说书款是应该付的，亲兄弟明算账，要不以后就不好意思再麻烦我了，还说如果我不告诉她地址，她就按大概地址发。看她如此执着，我不得不又一次妥协，只能把家里地址告诉她，免得快递折腾来折腾去的给她添麻烦，但我提出了一个前提条件：价值超过 100 元以上我就拒收。她反问我：“那你买书回来又给我寄来怎么估价呢?”最后她还语重心长地教育我说：“郭老师，我们是君子之交淡如水，缘分和感情是无法估价的，有幸认识你是缘分……”听到她这席话，除了感动和惭愧，我无言以对。这些年我的确和许多不曾见过面的老师和学生有过学术上、工作上的交流，帮大家看看文章，给大家鼓鼓劲解解惑，我自然也记不清都有谁了。但这位老师我是绝对记得的，此前我从来没有与她有过任何的交往，更别说给过她什么帮助了，只是听她说她曾经听过我的课。如此受人恩惠，实在是受之有愧。

平常我和老师同学们交流，我是没有一点儿心理压力的，尽我的微薄之力帮助别人，让我的生活变得很充实，仅这一点就让我非常知足了。突然之间如此礼尚往来，我仿佛感觉到自己做这些事情已经变了质。或许有人不太理解我，因为不时会听到有人议论怎么还会有郭老师这样的人。不必讳言，现在我几乎每天都会收到老师和学生的来信和文章，每天都要留时间处理我本职工作之外的许多事情。但请千万不要把我想象得如雷锋那般的高尚，我也真的没有想到过要做什么活雷锋。我想要告诉大家的是：任何人一旦有了与我相同的经历和感受，一旦像我现在这样与老师和学生的交流已经成为生活的常态，那么再停下来就几乎不可能了。其实我也时常很矛盾，每当这些分外的事情太多让我深感没有足够的时间和精力去处理时，我多希望能拥有清净的几天；可一旦真的连续有几天收不到邮件或没人理睬，人突然之间轻松了下来，却又不知道自己该做什么了。

那么，我如此乐在其中，乐此不疲，究竟何为？前天，一位年轻的音乐教师向我报喜，她在说课比赛中获得了一等奖；昨天，她又向我报喜在论文比赛中也获得了一等奖，并不无幽默地说："以前我都觉得自己很二，什么得奖都是二等，现在终于有一啦。"像这样的喜报接二连三地传来，我真的是有一种说不出的快慰。不难想象，一个人若总是能够听到振奋人心的好消息，他的身心又是何等的受益（或许这便是我的养生秘诀），而且，自己的好消息总归有限，因而乐于分享别人的好消息才最关键。所以，我现在特别习惯老师和同学给我报喜，若有一段时间收不到喜报，隐隐约约就有一种失落感。不过，需要特别说明的是，并不是所有老师同学们的军功章里都有我的一份功劳，实际上很多老师的成功与我没有任何直接的关系。收到老师们喜报时我的那份快慰，主要还不是因为自己的所谓成就感，而是大家乐意在第一时间和我分享成功的喜悦，我能够被这么多人视为朋友和知己，这让我感到很自豪、很温暖。

由此我想到，做老师最大的幸福莫过于见证学生的成长和成功，莫过于学生乐意与老师分享成功和喜悦，抑或痛苦和困惑，而并不主要取决于在学生的成长和成功上老师发挥过多大的作用，有过多大的功劳。尤其是作为音乐教师，学科特点使得我们对学生的影响更是隐性而长效的，非立竿见影的，所以，更不要太过指望在学生成功之后的论功行赏中获得成就感，急功近利绝不是我们音乐教师的个性和品格。

妥协，是内心矛盾与纠结的结果，那不是一种美好的感受，所以我决定从今往后尽可能不再妥协。我很能理解老师们的心情，但我也非常期待能够得到老师们的体谅，我从内心深处感激每一个视我为朋友的老师和同学，而真正的朋友之间是不需要礼尚往来的，朋友间的交往是不应该有任何压力的。我想接着前面那位老师的话说，君子之交淡如水，缘分和感情最珍贵。我能够和大家交流并成为朋友，这是缘分，这最珍贵。

最后我想说，在我的心里，老师同学们对我的惦记和爱护，就是送给我最温馨、最贵重的礼物。谢谢所有惦记和爱护我的人！

来自教师节的正能量

今天是2013年的教师节，是我们的节日。在这里，我也祝各位老师节日快乐！

既然是我们自己的节日，我们起码应该抱着一种自娱自乐的精神来度过这个其实很平常的日子。套话不说了，先和大家分享一个我最近“上当受骗”的小故事吧。

大概是一周之前，有位老师在QQ上给我留言说，教师节快到了，她想给我寄一张明信片，问该寄到哪里好。我说谢谢啦，不用麻烦了，心意我领啦。我当时想，现在有了短信微信的，节日里想到寄明信片的已经很少很少了，这位老师如此有心，真令我感动（不过，昨天我很意外地收到了我学生送给我的一张小卡片，小巧玲珑的，很讨人喜欢，我准备收藏起来）。尽管我委婉地回绝了，但这位老师显然没有放弃，她恳切地说：“但我还是想亲笔写一张卡片送给您。”这个理由听起来让我感到似乎难以拒绝，于是我把单位的具体地址告诉了她。

昨天，我又收到了一位老师的QQ留言。留言如下：

郭教授，暑假里我在家乡买了点特产，今天快递去您学校了。那些特产没有防腐剂的，您可以存放在冰箱里，放心食用。我不善言辞，请您别误会，那只是几十元的干果而已，那是我家乡的特产，我也很喜欢吃的。

郭教授，我无法用语言来表达我对您的无限感激。其实，我一直都很不自信，曾经也常怀疑自己，尤其论文写作是我最弱的一项，没想到第一次参加论文比赛，就有幸得到您的指点，取得了如此骄人的成绩，真的让我感动不已。自从我步入社会以后，一路走来，没想到在神圣的教育领域，竟然深刻地体会到诸多现实的势利、人情的冷暖……但我会永远记住您说的话：“要信任、肯定、珍视内在的自我；踏踏实实地做自己该做和能够做的事情。”

很感谢郭教授，您给予了我自信，给予了我无限的正能量，让我在今后的人生中，在遇到种种困难与挫折时，我都有勇气和力量相信自己。最后，我深深地祝愿郭教授：好人一生平安、健康、幸福、快乐！并提前祝您教师节快乐！

每次收到这样的留言，我就很紧张。一方面真的是觉得自己受之有愧，另一方面因此给大家添麻烦，我会很内疚。所以，当我看到这段留言时，首先想到的是这位老师会把邮件快递到哪里了，如果投错了地方，没有能够及时收到，这位老师一定会很着急的。因为，我回忆了一下，最近实在是没有人打听我的地址啊！

由于每天都有不少人给我留言、和我说话，我很难记住跟我交流过的每一个人。正当我担心这个快递是否投递地址有误时（因为在规定时间里并没有收到邮件），我突然想到了前些天问我要地址说给我寄明信片的那位老师。莫非这两人就是同一个人？

于是我点开 QQ 的“消息记录”查看，果真如此！哈哈，我上当了！这位可敬可爱的老师，一个我至今都不知道她真实姓名的音乐教育同行，为了给我寄一份快递，预料到我不会给她地址，便在我面前耍了这样一个小小的“骗术”，让我不知不觉乖乖地上当受骗了。

不过，这个当我上得不仅不沮丧，反而有些心花怒放。在教师节里，能收到一份蕴含故事的礼物，倍感温馨，令人难忘。只是我一介平凡书生何德何能，怎能受得起老师们的如此厚爱和良苦用心？

这个教师节，累并快乐着。不是累工作，而是忙着享受节日的祝福。能够在这一天幸运地被大家想起，我必须以感恩的心送出自己同样的祝福。短信、微信、QQ，还有空间的即时回复，整个上午我都在使出浑身解数，生怕怠慢了哪怕是一个好友、老师和同学。

祝福中不乏有着对我的肯定，在我看来那都是大家对我的鞭策。我深知自己根本就不可能做得那么好，但有大家给予我的期望和能量，我有信心朝那个方向努力拼搏。为了不让自己迷失方向或止步不前，特珍藏如下鼓励短信，立此存照，以常常观照、反思、激励自我。（以下短信按字数多少排序，并隐去祝福者姓名）

★祝郭老师节日快乐！感谢您的正能量！

★桃李满天下，恩泽似海深！郭老师，教师节快乐！不用回短信哦，笑一笑我就收到啦！

★郭老师，虽然您只给我们上了一节课，但是受益匪浅，今天是您的节日，祝您节日快乐！

★郭老师，教师节快乐！一年来您辛苦了，您是最负责最用心最称职的好老师！愿您和家人每天幸福快乐！

★郭老师，教师节快乐！谢谢您一直以来对我的教导，让我学到很多，毕业后满满都是美好的回忆……哈哈。

★祝亲爱的郭老师，节日快乐！谢谢您多年的信任和关心！多多锻炼加注意休息，多多给我们传递音乐教育的正能量！

★郭老师回复短信真是神速，想必您此刻正拿着手机接收着学生们排山倒海的节日祝福，您永远都是我们心中最敬重的导师。

★敬爱的郭老师，感谢您孜孜不倦的教诲，不仅让我学到了知识更学会了为人处事。祝您及师母身体健康，快乐每天。您永远的学生。

★郭老师，教师节之际，祝您节日快乐！谢谢您对我的帮助！呵呵，您是我的精神偶像，这可不是拍马屁啊。再一次祝您一切顺心！

★感谢郭老师在百忙之中给予我帮助和鼓励。老师的恩情我永远铭记在心。在这特别的日子里，我把祝福送给您：愿您一切合想，身体健康。

★尊敬的郭老师，虽然我没有成为您的学生，但您仍然是我心目中最可敬的老师，在教师节来临之际，请允许我向您致以最诚挚的谢意和敬意，衷心祝愿郭老师和邓老师节日快乐，天天快乐！

★亲爱的郭老师，您是我心中最尊敬的老师，今天是您的节日，徒儿衷心地祝福您节日快乐，身体健康，一切顺利！感谢一直以来对徒儿的付出，您辛苦了！将来徒儿也一定以您为榜样，争取做一名像您这样无私奉献的人民教师！

★郭老师，您是一位尽心尽责、尊重学生、学术与品德并重的好老师！这样的好老师不仅学术界需要，社会需要，学校需要，学生更加需要。所以您一定要健健康康、开开心心地生活和工作，这是我们最大的心愿，祝您教师节快乐！

★亲爱的郭老师，在这个属于您的节日里，我献上真诚的祝福：祝您天天快乐！身体健康！如今我也成了一名老师，在我收到教师节的鲜花时我都在感恩这一切都离不开您那些年对我的悉心教导和栽培！我以及我的所有学生们，向您说声节日快乐！

★郭老师，您辛苦了。毕业两年了，我时常回忆起老师给我们上课的情景，想起老师对我们殷切的希望和严格的要求。读书时不知学习时光珍贵，工作后才懂得在老师门下学习是多么幸福的事情。老师，您辛苦了。祝您节日快乐，身体健康，桃李满天下！

★祝敬爱的郭老师节日快乐！您的敬业、专业精神让我敬佩，一直以来我以您为榜样，对待日复一日的教学和越来越难以琢磨的学生，有时扛不住了，想起您充满激情投入生活工作的状态，我又充满了力量！虽然与您接触不是很多，但是您的品德在潜移默化地影响我！祝您家庭幸福！

……

可敬可爱的骨干们

2012年9月上旬，深圳市宝安区青年艺术骨干教师音乐课堂教学研修班在我们学院举办，我有幸和老师们交流了两个专题和一次开题报告。有些遗憾的是，我专门为这次研修班准备的讲稿《音乐教育理想国》因为只有一个半小时的时间而未能和老师们进行充分和完整的交流，另外，开题报告也因时间有限变成了主要由我来解说的选题分析。短短一天时间的接触，我深切感受到来自特区的音乐老师们有着鲜明的“三高”特点，即素质高、效率高、热情高。

素质高从上课的感觉、课后的交流不难得出结论；效率高仅从课程排得满满的短短八天研修中便确定了论文选题并写出开题报告就可见一斑；而热情高则更是令人印象深刻，难以忘怀。

第二次课结束之后，就有老师跑到我的面前告诉了我一个小秘密。说郭老师你猜猜我们给你取了个什么名字，我说猜不出，肯定不怎么好吧！老师们很得意地说：我们叫你“郭大侠”。

给我封这样一个英武威猛的绰号，让我有些分辨不清是褒是贬。我个子矮小、其貌不扬，说起话来也中气不足，我一直觉得“我很丑可是我很温柔”这句歌词比较适合形容我的外形气质，实在是与“大侠”形象相去甚远。因为时间关系我没来得及问个明白，但我很想知道老师们给我取这个名字的缘由。

于是，研修班结束时老师们安排的“谢师宴”，我破天荒地参加了。一方面是因为几次打电话邀请盛情难却，另一方面是我想搞清楚老师们封我这个绰号的理由。

老师们太热情了，频频敬酒，此时我倒真体现出了大侠本色，以开车为借口用茶水一一化解之。期间，不等我主动发问，又有几位老师来通报我那个已经不是秘密的秘密。我问为何封我为大侠，解读者众多，比较权威的解释是：现在许多观念都被颠覆了，在我们眼里，你就是大侠，学术界的大侠……

虽然这样的解释我难以认同，但起码确认了老师们封给我的这个绰号更多地还是倾向于爱称而非贬义。于是，我更加卖力地以茶代酒回敬着各位可爱的老师们。

幸亏我上课很尽力，幸亏我在带队老师、真正的东北大侠赵主任的要求之下送给了老师们几十本书，否则就真对不起老师们对我的这份厚爱了！那天他们在分书的时候，有位老师没有拿到书还生气了，我记着这件事，在聚会时专门给他带了一本。

郭大侠，这是我从老师们那里获得的第一个绰号，尽管我对其是否适合还是持保留意见，但我很喜欢。我会以此鞭策自己，更好地做好自己的工作，更好地为一线老师们服务。

2012 年，我还有幸以“高校指导教师”的身份参加了广东省中小学音乐骨干教师省级培训活动。其实我一共只上了两次课，去四所跟岗学校与老师们交流也就只有那么匆匆一回，但我几乎对每位老师都印象深刻，长相熟，名字熟，只是有些对不上号。所以，2013 年 5 月老师们来华师参加第四阶段的总结交流见面会上，我说再次见到老师们感到很亲切，也不知老师们见到我是否有同感，大家异口同声回答“是”。那一刻，我很开心，还多少有点自豪感。

和老师们交往很纯粹，很自在；为老师们出力很快乐，很满足；向老师们学习很感动，很受用。虽然我们见面少，但通过网络交流，持续八个月以来的点点滴滴都历历在目：跟岗期间几位名师的指导是那么到位和投入，对待学员就像带孩子般地精心呵护；QQ 群里营造着亲人和家庭般的温暖，彼此分享成果与困惑却不乏充满情趣的幽默；结业论文写作与答辩是如此紧张和不安，骨干教师仿佛都变成了刚入职的姑娘小伙……相比之下，我这个指导老师多少有些徒有虚名，没能尽到应尽的责任。虽然我为一些老师看了论文，但没有全部都看，也没有主动催促老师们给我看；由于所看的论文集中在某一个忙碌的时段，所以我也只是把握了一下论文框架和标题表述等大的方面，而没有逐字逐句逐篇地细看。但老师们依然宽容，忽略了我的不称职和偷懒，而记住了我那些微不足道的所谓的指点。

好学生好老师是比较出来的。实事求是地说，我们在校的大学生、研究生与这些骨干教师培训班的学员相比，学习的劲头要欠缺很多；我们的大学专家教授们与工作室的名师们比，敬业的精神更是相形失色。为此，我们应该真诚地发出倡议：向战斗在中小学音乐教育一线的老师们致敬、学习！

在最后的论文答辩会上，有几位老师还给我带来了家乡的土特产和小点心，说那是“千里送鹅毛，礼轻情意重”，我少有爽快地接受了老师们的这份厚礼；还有的老师请我们周末去游玩，共度“六一”儿童节，我也破天荒地接受了她的真诚之邀。因为，盛情难却，在这些可敬可爱的老师们面前，我似乎没有任何理由拒绝他们的这份心意，而且在我心中，他们都已经成为我的好朋友，而朋友之间的交往是不应该有什么顾虑的，是不带任何功利色彩的。

这个待遇你值得拥有

首先要告诉大家一个好消息，中小学和幼儿园教师都可以评正高级教师职称了！

一直以来，正教授是高校教师的专利，中学教师最多只能评中学高级（相当于副教授），小学老师则最多只能评小学高级（相当于中级职称讲师），这意味着，再优秀的中小学教师，在职称评聘方面，都不可能和最平庸的高校教师相比较。而现在的高校，教授是随手一抓一大把，像我们音乐学院大概80多号人，正教授就有20多个。同样是教师，大学教师和中小学教师在职称待遇方面的反差为什么就这么大呢？说心里话，对此，就连我这个大学老师都实在看不过去，着实为中小学老师鸣不平。总体上讲，大学教师可能在科研方面要强过中小学教师，但其在教学方面无论是所付出的辛劳还是所作出的贡献，都是我们大学教师难以比肩的。而教师职称并不是科研的代名词，也不是科研的专属品，教师职称的评定，应该把教书育人放在重要位置才对。

现在好啦，正高职称终于正式开始对中小学教师和幼儿园教师开放了。虽然开的口子可能还不大，正高比例还很低，评审标准可能还不尽如人意，但总算走出了第一步，可喜可贺，国家采取这项政策值得赞扬。不久，我们将迎来国家正式承认的第一批中小幼正高级教师。

其实，广东省两年前就已经尝试评审过正高级中学教师，有十几位老师获得了这一待遇和荣誉，但那还只能算是地方粮票，国家不予承认的。今年，人力资源和社会保障部、教育部《对广东省深化中小学教师职称制度改革试点工作实施方案的批复》（人社部函〔2013〕45号）已经明确提出，从2013年开始，在全国正式试点中小学正高级职称的评聘工作。不仅如此，按照国家关于中小学教师职称制度改革试点工作要求，将建立统一的中小学教师职称制度，即原中学教师职称系列与小学教师职称系列统一并入新的中小学教师职称体系，这意味着小学和幼儿园教师也能够评中学高级了，这样，小学和幼儿园教师也都有可能评正高级职称了。

这次广东省的中小学正高级教师职称评审选取了广州市、深圳市、佛山市作为试点，三个市进行初评，然后送到省里终评，三市进入终评的教师总共有70多人，涉及各个学科。我有幸参加了这次的评审工作，有几点感受和大家分享一下：

第一，中小学教师值得拥有这样的待遇。这次申报正高级职称的老师中50后的占了很大比例，有的已经接近退休年龄，在教学一线辛勤工作了一辈子，为教书育人做出了巨大的贡献，完全应该享受这样的一份待遇。看到有的老师头发花白了，还那么紧张不安地进行着陈述和答辩，我很同情，更是敬佩，相比之下自己也深感惭愧。

第二，教研部门和校级领导所占比例大。现在看来，这明显是一个问题，但实际上这也是一个基本可以理解的问题。因为在中小学，往往是一些成绩突出、出类拔萃的教师后来转岗到了教研部门，或者升任校长，他们无论是教学还是科研成果都比一般老师要强。不过，相信这种状况等过了几年之后会有明显改善，到时，天平会慢慢向基层教师倾斜的，我期待着这一天能够早早到来。

第三，科研成果依然还是评审的关键所在。尽管在制定的中小学正高级职称评审文件中强调教书育人、班主任工作、教学工作、示范引领等方面的重要性，但是，客观地说，最终对评审起决定性作用的依然还是科研成果，包括课题、著作、论文、成果获奖等，有些在教学方面十分优秀的老师就是因为科研上比较弱而被淘汰的。

第四，音体美等副科差距依然十分明显。这次参评的教师中，语文、数学等主课教师占了绝大比例，而校领导一般申报政治学科较多，故政治学科也不少。相比之下，其他学科的教师所占比例要小很多，尤其是音体美副科教师最少，有的学科只有一人申报。这也不奇怪，因为前面谈到科研成果是评审的关键，而音体美教师在这方面无疑是最弱的，而且又不太可能做到校领导的位置。

中小学正高级教师职称评审，这一次毕竟还是试点，所制定的游戏规则不一定合理科学，这的确需要随着时间的推移而慢慢加以完善。可以肯定的是，每个人从自身角度去审视这件新鲜事物，都会发现存在明显问题，但是，我们也不必对此愤愤不平，因为，如果自己在这方面有追求，那就要遵循游戏规则；如果在这方面不在乎，那么再不科学的游戏规则对自己也不起任何作用。

在这里，我想跟我们音乐教师说，在科研方面，其实我们并不是天生的比别的学科老师弱，科研也不是我们想象的那么难，如果我们在职称评聘方面有想法、有追求，那么就一定要在科研方面多加强积累。下面我把广东这次在科研方面的评审条件简单做一个介绍，以便老师们对照自己的条件，并有针对性地进行相关准备。

科研条件一共有四项，但只要满足其中的两项条件就够了。第一项，主持市级以上科研课题并已经结题，这一项特别要强调的是主持而不是参与，另外，主持的子课题之类都不行；第二项是获得省级基础教育教学成果奖，说实话，这一项对于音乐学科，尤其对于没有担任领导职务的普通老师，并不容易；第三项是有 10 万字以上的著作出版（教研员 12 万字以上），我的理解是参与出版著作撰写 10 万字以上都是可以的（不一定是主编甚至是专著），其实这一项并不难，比其他三项条件都要容易，我们每个老师都有教学设计，也都经常写教学反思，把它们整理出来出版最具可行性；第四项，公开刊物发表六篇以上论文，其中有两篇为核心刊物，另外有三篇必须是近三年发表的。这一项表面上看有些难度，但实际上也不是不可能，因为在核心刊物的把握上，评委可以有自己的评判标准。

总而言之，就如我在每次科研讲座中所强调的，我们一线教师的科研最关键的就是要积累，千万别指望等到要评职称时再去搞突击，那是绝对来不及的。平常随便多动一下笔，随便多写几百个字，关键时刻就可以派上大用场了。

最后，我想再次表个态：在科研方面，如果老师们有心去做，有毅力坚持，我愿意一如既往，时刻准备着，为大家提供力所能及的服务。

偷着乐

我自己从来没有参加过论文比赛，自然也没有获过奖，所以也不知道论文获奖是啥滋味，但我多次参与过省里和全国的论文评审工作。评别人的文章，当然也不可能有什么成就感。不过这次参加论文评审，感受与以往却大不相同。

我这次参加的是广东省中小学生艺术展演活动中的艺术教育论文评选。我参加了音乐组的评审工作，一共有两百余篇音乐教育论文参评，要求在一天评完，任务十分艰巨。评委们连续工作了十多个小时，中午吃的是盒饭，晚饭甚至都没吃，一直忙到晚上七点多钟才结束。突然一天不午睡，而且用眼用脑过度，头疼得很厉害，只好不停地擦清凉油以缓解痛感并让自己保持清醒。

虽然累，但感觉好，有成就感，让我偷着乐。据了解，这次参评的论文基本上都是经过区里、市里的比赛而层层选拔出来的。让我没想到的是，其中有多篇论文我很眼熟，有的是标题熟，有的是框架熟，有的是观点内容熟。别误解，那不是抄袭，而是很早以前我就读到过、修改过，而且不是一次两次，有的文章甚至是从讨论选题开始的。虽然我根本就不知道作者是谁，也不了解来自哪个市区，但与老师们交流过的文章，我肯定是记得的。

我有一个习惯，这或许是一个不太好的习惯，就是每一次给老师们提出修改意见并确认我的回信被收到之后，所批改的文章就全部都在电脑上删除了。因为平常看的文章实在太多，不可能一一地保存下来；再则是每删一篇就意味着完成了一篇，这样就不至于堆积太多而让自己乱了套，也好给自己减轻一些心理上的压力。但看过的文章尤其是帮着修改过的文章我一定是有印象的。看到这么多熟悉的文章通过层层选拔脱颖而出，我在为老师们感到高兴的同时，自己也的确体会到了一种很少有过的成就感。

当然，这次的评审绝对是公平公正的。也正是因为有这样一个无法言说的背景，使得我在评审的时候，格外地小心谨慎，尽可能不发表任何倾向性意见，而更多的是听取和尊重其他评委的评判，我不想让自己因此而背上一个“学术不端”的坏名声，因为犯不着。更重要的是，在我看来，特别是有几位从来没有写过论文的老师，他们的文章能够在市里获奖并推荐到省里评审，已经是很成功了（被推荐到省里的论文都至少可以获得三等奖）。所以，这些老师究竟获得了什么奖项，我也没有刻意地去记住，即便想记住，也不可能，因为评审工作自始至终都是匿名的。

回到前些天我们在QQ空间里聊到的那个话题，可能老师们觉得我花这么多时间和这么多毫不相识的人交流，又没有任何物质上的报酬，究竟是为什么？我相信，当老师们看到我这篇日志的时候，应该会理解了。当自己的付出或努力能够换来这样多的成果时，那份精神上的丰厚报酬其实已经远远超过了自己的付出。

我很庆幸来到了广东，也很满意在大家的帮助下自己很快就融入了广东音乐教育这个生机勃勃的大家庭。在这短短的三四年中，我和老师们的正式和非正式讲课交流应该也有十多次了，其中在论文写作方面除了在省骨干教师培训班上的几次小范围交流之外，还在广州、中山、东莞、韶关、顺德有过五次规模较大的讲座。正是通过这样的交流，让我和老师们有了面对面的接触并可能将这样的接触通过网络交流而坚持了下来。或许，我还可以冒昧地大胆预测一下，这次的论文评选活动，上述的几个市就有可能获得比较好的成绩，首先是因为这几个地方的领导和教研员很重视论文写作和科研工作，其次是也有可能在我的鼓动下，部分老师的论文写作兴趣被激发起来了，论文写作的潜能被开发出来了。

在这里，我顺便和大家分享一个关于辅导老师们写论文的小故事。

这事发生在前些天的某个上午，它让我感到有点小尴尬，也有点小委屈，不过我很快地就调整了心态。

一早起来，就有一位老师加了我的QQ，并焦急地跟我聊上了，因为他要参加一个论文和教案评奖，希望我帮他看一看。

下面摘录的是我们聊天的部分内容：

他：郭老师，我想请您帮我修改一篇论文和一篇教学案例，因为本人水平有限，理论水平真不怎么样。但我们这种音乐教育论文评比平常比较少，所以我希望可以拿个奖，我可以给您报酬，好吗？

我：啊？报酬？那就别跟我聊了吧。你是不是猜想着我一直在拿老师们的报酬呢？

他：我不是这么想的，我只是觉得您没有任何义务要帮我看。

我：你这么一说，我的确都没兴趣帮你看了。

他：您不能这样，我也是不好意思麻烦您。

我：因为，十多年了我从来都不收任何报酬，大多数老师和你一样，我也不认识。你是第一个跟我说这话的人。

他：那我不说报酬了，行吗？

我：好吧，你先把文章发过来吧。

他：哈？那是因为我跟您不熟啊，我只是听了您的讲座，很喜欢您，也很想写些东西。

我：算了吧，这次就不跟你计较了，也是因为你不了解我。

……

回顾过往，好像真的是从来就没有老师这么跟我说过，所以，当时我感觉很不舒服，自然跟这位老师说话也不怎么客气了。但我还是很快就让自己平静了下来，毕竟他不了解我，这么说话也没有什么错。想一想，要是在平常我情绪正常的时候，我肯定不会像今天这样板着脸孔跟老师们说话了，我可能会跟他开一个玩笑，对他说：好啊好啊，你打算一篇文章给我多少报酬呢？

我答应这位老师过两天就帮他看（因为了解到不会耽误他参评），说好了看过之后再联系他。然而，想想自己此前说话的口气，挺不尊重这位老师的，顿时又深感抱歉，于是决定放下手中的活，马上看他的教案和文章，并及时将修改建议反馈给了他。最后还在 QQ 上给他留言说：上午交流时我的话有些不太礼貌，还请你原谅！

那几天情绪的确不太好，主要是身体状态不佳，也比较劳累。为了两位朋友的事情跑到外地去喝了两顿酒，且身体受了凉，第二天又一早赶回来，然后就投入紧张的论文批改的工作当中，后来又无法拒绝地在博士生的拜师宴上喝了酒，更是火上浇油，导致身体无法及时恢复。因为论文评审在即，那些天一直在给老师们看论文，吃了感冒药有些昏昏沉沉的，也还是坚持在两天时间里看了十多篇文章，这可都需要提出中肯的修改意见，不能随意应付的。为了赶时间，每天早上我六点钟就起床看文章了。不过，没想到老师们比我更辛苦啊，在我收到的邮件中，就有深夜两点多发给我的，也有凌晨四点多发过来的。想想老师们这么投入，又这么信任我，我还有什么值得抱怨和委屈的呢？

好文章可遇亦可求

相信读到好文章的享受感每个人都有体验过，我有的时候甚至会觉得好文章是可遇不可求的。关于音乐教育话题的文章，看过《谁是你的重要他人》之后，那种心痛之感让我觉得这样的文章可遇不可求；后来看了《青涩岁月里的蝴蝶胸针》之后，我又觉得如此温馨动人的文章也同样可遇不可求。不管是令人心痛还是温馨动人，这样的文章无疑都能够催人泪下而且发人深省，是名副其实的精神食粮和心灵鸡汤。那以后，我就一直期待着哪一天又能再读到类似的好文章。我深知，无论是浅薄的经历还是笨拙的文笔，都让我自己无法写出这样感人的故事，于是就萌发了大范围征集音乐教育美文的构想，因为就如我在“征稿启事”中所说的，我坚信：我们每个人的心中都藏有许多感人的音乐教育故事，每个人的故事都能写出一本厚厚的书。

虽然拙作《守望音乐教育》收录的并非是音乐教育美文，但它的价值就在于能够“抛砖引玉”，我抛出一块块粗糙的砖头必将会引出一个个细腻而动人的故事。果然不出所料，出版才一个月，这一价值就已经初步体现出来。李艳慧和我们分享的《爱是一份阳光雨露》，文字是那样的优美，情感是那么的真挚，令人享受。《守望音乐教育》一书的编辑读了这篇文章后对我说“她读懂了你”，我说何止是读懂了我，那是融入了她自己。赵悦老师奉献给我们的《青春没有逃离》，记录了她作为新教师的一段难忘经历，她坚守在艰苦简陋的山村小学，让自己的青春焕发出别样的光彩，着实令人感动。不管是李老师带给我们的享受，还是赵老师带给我们的感动，她们的文章都在给我们传递着一种积极向上的力量，这最符合我“征集美文章，传递正能量”之初衷。而且我相信，接下来还会有王老师、吴老师、孙老师等等，他们将接过这“正能量”的接力棒，与我们分享更多更美的好文章。

每年我还有机会读到数百篇的学术文章，也时常会有好文章可遇不可求的感受。除了一线教师发给我的修改论文之外，对本科生、硕士生、博士生的毕业论文指导或评阅，客观地说大部分都不可能给人赏心悦目之感，但也不乏出现让人眼前一亮之作，若遇到这样的文章，一定会心情愉悦，甚至让人充满期待。有一年我指导本科生毕业论文，就发现了一个很有灵气的孩子，在我的某篇文章的启发下他找准了一个选题，一篇洋洋洒洒的优秀论文一气呵成。当时我曾问他有没有读研的想法，并表现出我对他的浓厚兴趣，但他有自己的主见，选择了先去工作，这让我多少有点失落。这两天我在评阅某校的几篇硕士论文，又发现其中一篇文章思维很清晰，文字很清新，显示出作者具有很好的学术潜质，我又有一种鼓励他继续深造的冲动。也许他和那位本科生一样也早有自己的规划，但在我看来，好文章总会有，但好苗子却真有些可遇不可求。

从上面的文字应该不难看出，最近一周我的确是心情大好，最主要的原因就是读到了几篇好文章。其实，好文章可能有的是，只是我们的阅读量小，难以有幸遇见；或者是我们的心静不下来，没有去细细品味。

作为《爱是一份阳光雨露》（本书“代序”）的作者，李艳慧老师其实是一位中职学校的心理学老师，她居然把音乐教育的书读下来，并且还写了读后感，这着实令我惊讶。我很喜欢她写的这篇文章，一方面当然是因为她给了我莫大的鼓励和自信，更重要的是如我前面所说的其文字朴实而优美，感情真挚而细腻，读起来让人享受。她说自己是一个在文字选读上有洁癖的人，读完这篇文章，我信了。

好文章可遇亦可求，期待大家的奉献，也等待我们自己去发现。

一天憋不出几个字

我在 QQ 签名档上写了这样一句话："其实我也有一天憋不出几个字的时候。"这是因为这两天我在写领导布置的一个文件起草说明，而且我承诺今天一定要交稿，但写作进度实在令人失望，于是不满之下发出了这样的感慨，既以示警告也可怜一下自己。

当然，这句话我不只想说给自己听，同时也想说给各位害怕论文写作的老师们听，而且需要坦白的是，"一天憋不出几个字"这句话并非本人原创而是剽窃了别人的成果，因为我常听老师们向我如此诉说，我只不过是在此基础上强调"其实我也有这样的时候"而已。

说这句话，我是想和老师们分享这样一个道理：文章写作没有巧，有感而发才是真。我平常在 QQ 空间里写写小日志，那根本就不难，而且很享受，因为都属于有感而发，没人逼我交稿；而要我写八股文似的公文，那绝对是既无兴趣又无感觉，没话找话无中生有，真的很"难产"。且不说我们这些小萝卜头，就是诺贝尔文学奖得主莫言先生在接受采访的时候，也直言有过这种"难产"的经历。专业作家都如此，我们这些当老师的自然就更不用说了。所以，我想对老师们说："一天憋不出几个字"的经历谁都有，这并不可怕，可怕的是遇到一次这样的"难产"就以为自己得了"不孕症"，天生不能写文章，并就此彻底放弃了写作的念头。

有感而发的确是论文写作的关键，为写论文而写论文那是绝对写不出好论文的。我们每天都在从事教学工作，在教学方面每个人都一定会有很多很多的感受，但有时候我们就是不想去把这些感受抒发出来，所以，"有感"还只是写文章的第一步，下一步就是要有"而发"的冲动。冲动从何而来？一个是感受太多从脑子里溢出来了，我们不想让它们白白流失，于是便有了冲动；另一个是评优晋级等外在压力太大，尽管感受还不足以溢出，但我们也要挖空心思把它们掏出来，于是就有了冲动。由此看来，光有写作冲动而没有感受不行，光有感受而没有冲动同样也不行，所以，我们也不必过多埋怨和抨击功利性的写作行为。

有感受，有冲动，其实还不完全够。因为，对我们绝大部分的非专业作者而言，写作毕竟还是一个苦差事，绞尽脑汁的感觉并不好受，既伤身又伤神，这也是我特想提早退休的一个重要原因。最近一段时间，我在修改两个文件和写一个文件说明，整天在家里愁眉苦脸的，就博得了我爱人的深切同情。就是写论文，也不见得都是自己乐意写的东西，但领导布置的工作、朋友们的约稿、每年的科研工作量等等，不想写也得写啊。于是，我又积累了一条可供老师们参考的小经验，那就是要狠狠地逼自己，要逼得自己没有退路，只要不逼得自己想跳楼就行，逼着逼着一不小心就出来了。比如说，今天刚完成的文件说明，就是我在三天前主动承诺今天交稿的，于是到了昨天我必须得拼命了，即便是再“难产”，今天无论如何也得把它“生”下来，终于就“生”下来了；25 号之前还有 3 篇博士论文要评审，我也只是把截止日期记下来，现在根本就不想去看，就假装没有这回事，等时间快到的时候自然也要逼出来的；月底可能还要出趟国，有一个 20 分钟的报告要做，我也准备留到 25 号以后再去突击动笔。我总是时常宽慰自己：这个事情做完了，下个事情又会来，根本不可能有松口气的时候，与其让自己时时刻刻都处于紧张状态，还不如只让自己在某一时刻高度紧张，而且根据我的体会，当人处于高度紧张状态的时候，工作效率反而会出奇的高。

有趣的是，有几位老师看到我的签名留言，突然发现“郭老师也有可爱的一面”，我要谢谢你们的鼓励！不过，说一句这样的话就说我可爱，那说明我这个人也太不可爱了。呵呵，其实每个人都有可爱的一面，所以我在想，作为老师，在我们心中总有可爱和不可爱的学生，这很正常，无须自责。但有一点我们务必要记住：不可爱的学生同样也有很可爱的一面。

老革命遇到新问题

关于论文写作的讲座已经做得比较多了，自感轻车熟路，而且每一次效果都还算不错，主要体现在我的每一次讲座总能够鼓动一批老师对论文写作产生兴趣和冲动，这也是我给自己的讲座所设立的基本目标：不要试图通过一次讲座教会老师们怎么写，而是尽力鼓动老师们去动笔写，我相信只要有了写作的兴趣和冲动，讲座过后再通过网络交流和个别辅导，提高老师们的写作水平那是水到渠成的事，若干实例都充分证明了这一点。因此，昨天我去某市和老师们交流，自然也是信心满满。我早上五点四十起床，顺利赶上了高铁，按照预定时间上午九点准时开始，依照老规矩讲座中间不休息，十二点结束，连续讲三个小时。

在去往学校的路上，市教研员陈老师告诉我，现在找一个理想的培训场地不容易，这一次大概有200位老师参加培训，好不容易找了一间小学，既能容纳这么多人，又有足够的空地用于停车，但教室里没有空调。这都不是问题，人多人少我都不怕，热一点讲课反而更有激情。然而，走进教室，我却有些担心了，因为整个梯形教室都坐满了人，后来者还是另外加的椅子，由于这是间小学教室，总感觉座位之间靠得很近，大家一个个紧挨着坐，头顶上若干台电风扇在呼呼地转，老师们在这样的环境下听课一定很难受啊，他们能坚持三个小时吗？

事实证明这份担心并非多余，我不得不承认，这是我做得比较辛苦的一次讲座，真可谓是老革命遇到了新挑战，纪律问题人人有。我告诫自己，越是环境不利就越要保持好的心态和充满激情：我必须站着讲三个小时，这是对老师们最起码的尊重；我即使汗流浃背，也要把本对着我吹的电风扇掉头转向前排的老师，因为他们比我更热；我需要不断提高嗓门，因为大部分时间里电风扇发出的呼呼声里夹杂着后面老师们的窃窃私语；我要想方设法吸引老师们的注意力并稳住大家的情绪，于是每隔几十分钟就制造一个小高潮，送上我带去的书：一本送给了工龄最长的老教师；一本送给了来自偏远地区的新教师；一本送给了听课最认真（笔记最多最工整）的教师。我还要随时表扬和鼓励老师们听课认真，当教室里能够保持数十秒的安静，我都会感激不尽……尽管整体上看，这次的讲座的确有些辛苦，但我真的除了愧疚之外没有任何的抱怨。因为在这样的环境下听课，人必然会比较浮躁和难以集中精力；因为毕竟还是有部分的老师不要评职称也不图获奖，对论文写作没有需求；因为我的讲课水平还不够高，无法吸引所有老师专心聆听；因为老师们平常很难聚到一起，自然会有说不完的话。

讲座结束之后，可爱而感性的陈老师进行了总结。因为当时有许多老师围着我要签名和交流问题，我没有完整地聆听她的讲话，只记得她用五个词概括了她对这次活动的感受：感谢、感动、愧疚、痛心、反思。当她谈到痛心的时候，她竟情不自禁地流下了眼泪，显然她对这次讲座中个别老师的表现太在意了。然而，我真的非常体谅老师们，能够坚持三个小时不休息、不离场，已经实属不易。故而陈老师对老师们的批评让我更加自责，如果我的水平更高一点，课讲得更好一些，老师们又怎么会交头接耳呢？显然，批评的棒子应该打在我身上才对啊！

大部分老师都已离场，依然还有一些老师在围着我，我很感动，也很知足，因为有这么多的老师对我的讲座表现出了浓厚的兴趣和充分的肯定。这时，只见一位老师挤到我面前，哭着对我说："郭老师，我代表老师们向你道歉来了，对不起！"并向我深深鞠躬。顿时，我的眼泪也差点流了出来。我真想跟大家说：你们冒着酷暑，陪伴了我整整三个小时，我应该感谢你们才对，如果说要道歉，那么该道歉的不是陈老师，也不是你们，而是我，因为我的讲座，不仅让你们受苦受累，还让你们挨了批评。

昨天下午到今天，已经有几十人加了我的 QQ；我还收到了好几篇论文，并一一拜读，也给老师们提出了修改意见。看来，昨天的讲座还是挺成功的，因为我又鼓励了一批老师对论文写作产生了兴趣和冲动，效果可谓是立竿见影。而且我相信，接下来会有越来越多的老师联系我，其中一定会有昨天给予我考验的人。

一个特别的请求

昨天有位老师在QQ上和我交流，我开始还有点跟不上他的思路，以至于一度怀疑可能是他的QQ被盗。我提醒着自己务必要保持清醒的头脑，切勿上当受骗了。以下是本次交流实录：

他：郭教授您好啊！很久没联系了，放假了没？身体还好吗？

我：谢谢。放假了，挺好的。（网名我熟悉，且知道我是郭教授的人一定不是陌生人）

他：我也放假了，您在忙吗？

我：是的，反正有忙的事情。（那一刻我的确在电脑上写东西）

他：哈哈，忙碌永远都是您的主旋律。我有个请求，总之不会让您忙，也不会打扰您的，可以吗？

我：你说吧，没问题。（不会让我忙的请求会是什么呢？除了修改文章或教案设计还会有什么别的请求呢？先听听看吧）

他：真诚的请求，愿您答应啊，要不我会很难过的。

我：什么事情啊？（这般的迟疑，欲言又止，莫非又是QQ被盗，有骗子要借钱或是代为网上支付？此前我可碰到过类似情况的）

他：第一个问题：郭教授您是在华师上课吧？是在大学城校区，还是石牌校区呢？

我：音乐学院是在大学城。（看来不是骗子借钱之类的事情）

他：哦，那您什么时间才去华师上课啊？是九月份开学才在学院那边吗？

我：是的啊。（这位老师是不是想旁听我的课呢？这当然没问题，欢迎）

他：哦，哈哈。那您可以把您电话给我吗？我以人格承诺，不给电话打扰您。如果真有很重要的事情，我先给您QQ留言，征得您同意后才会给您电话。

我：呵呵，不要说得这么严重，没问题。（这么有礼貌的老师，真不该对他如此戒备的。于是我把电话发给了他）

他：哈哈，太感谢啦！

我：你还是没说有什么事情啊？（拿到我的电话号码了，我想也该说正事了吧）

他：就是这个事啊！

我：要电话？这算是什么事啊？（有些不可思议，又是一阵警觉，要我电话？）

他：哈哈，聪明！

我：那行，有事就随时联系吧。（不知道是赞我聪明还是夸他自己聪明，总之不是骗子就行了。但为何要我的电话，又为何要问我在哪里上班？我没弄明白，也不便多问，不过没关系。既然事情说完了，那就准备结束今天的交流吧，我还在工作中呢）

他：那也不行，不可以随便打扰您的。郭教授，我可以给您一个建议吗？可能不是很成熟。

我：你说。（看来不只是索要电话，还真是有别的事情）

他：稍等，我需要整理一下。（利用他需要整理的时间，我查阅了一下此前与这位老师的交流记录。没问题，我此前帮他看过论文的。那就耐心等着他给我建议吧）

他：因为一个人的精力真的很有限。您总不能老这么做好人，总这样亲力亲为地为所有人修改文章。毕竟您的家人真的很重要，您要好好爱惜自己的身体，陪伴他们一直走下去。所以我建议，您在为一些写作能力比较强的老师或者学生无偿修改文章时，要对他们有要求：就是要求他们也要无条件地、诚心诚意地为别人修改文章（那些需要帮助的人，您可以提供他们的联系方式）。如果不放心，您可以最后核审一下，问题不太大就可以了。这样对他们也是锻炼，对您也是减负啊！要保留好自己的精力，把精力投放在最有价值的事情上。虽然有价值的事情太多了，但也要衡量、取舍。眼光还是要放长远些。

我：哈哈哈，谢谢你的关心。（这真是一个很特别、很温暖的请求，也是一个非常有创意的建议。我被感动着……）

他：不知道我这样说，您会接受不？

我：身体上精力上我现在还受得了，没问题。说实话，我若委托别人做这些事，哪怕是自己的硕士生博士生我都不放心，我觉得必须真诚、认真地对待每一个老师。

他：您要求太高、太完美了。

我：不过，你的提议很好，有机会的话我也会委婉提出，希望能够让更多的人参与进来。这倒不是为了减轻我的负担，而是借此让更多的人受益。你说呢？（说真的，如果能够像这位老师说的那样，有更多的人参与论文和教学方案的修改工作，不管是修改者还是被修改者，那都是一个双赢和多赢的结果。不过，点子虽好，实施却不容易，因为没有多少人会像我这样“有文必改，有信必回”的，因为那确实要投入太多的精力）

他：现在身体好，您还没觉得什么。

我：那当然，将来身体差了，我就要培养接班人了。

他：我希望是双赢。

我：真的非常感谢你的关心啊，你让我很感动！谢谢！

他：身体是玻璃瓶。

我：嗯，我会坚持锻炼的。不好意思，我先吃饭去了，下午还有活动呢。回头方便的时候我们再聊啊。（围绕着“保重身体”这一主题，老师只顾说他的。爱人叫我去吃饭了，我便提议结束了这次特别的交流）

他：不是光锻炼就可以的了，我们都是人，都需要休息的。等感觉身体差了，再休息调养就已经晚了。身体就好像电脑，需要日常的保养、维护、爱惜。等坏了才去修理，那么它的功能就会减退，寿命也会缩短了。

（最后这段话是我吃完饭回到书房看到的，他在不厌其烦地进一步论证爱惜身体的重要性。然后他下线了，我却不知道如何回复他……）

直到今天，我都还为这事儿内疚，因为去吃饭而主动终止了与这位老师的交谈，我可能让他失望了。然而，对这位老师给予我的关爱，我心存感激却难以言表，对此，我想他也能够感受得到的。

给实习生的回信

同学：

你好！谢谢你让我分享你的教育实习感受，我很受启发。

从你的来信介绍中我感觉得到，你们学校安排的教育实习是实实在在的，整整两个月的时间，而且你被分到省重点高中实习，每周可以上四节课，机会难得，值得珍惜。

我首先想说的是，你从原任指导老师那里得到的信息是比较客观的，她的感受和主张在一定程度上能够反映当前的高中音乐教育现状及其追求。目前高中学生课业负担重，心理压力大，高中音乐课若能够给学生情感释放和心情轻松的机会，那也不失为一大功劳，而且别的学科还根本做不到这一点。所以，我认为，这也并不是高中音乐教育的无能和价值低下的表现，反而印证了音乐教育具有独特的价值和功能。当然，理想的高中音乐教育应该是：让学生在轻松愉快的教学过程中学习一定的音乐知识和技能，提高其音乐文化素养。这句话的意思是，音乐教学应该是轻松愉悦的，没有这个前提，要想提升学生的音乐素养，让学生掌握音乐知识技能，对于普通音乐教育来说恐怕也不现实。因为，只要音乐课程不是升学考试科目，学生就不可能也没有必要去被迫而无趣地学习音乐知识与技能（这句话的言外之意是：如果音乐课程成为升学考试科目，那么极有可能学生会被迫而无趣地学习音乐）。关于知识技能教学，我一直持有的观点是：音乐知识技能一定要在学生有兴趣的前提下去学，一定要结合学生的音乐实践活动去教，学生没有兴趣且孤立地去教知识技能，不可能获得好的效果。如果为了学习那些我们认为很重要的知识技能而使得学生不喜欢上课了，甚至不喜欢音乐了，那么，宁愿先满足学生的需要和喜好，让他们喜欢上音乐课再说。相信一旦学生喜欢上音乐课了，喜欢上音乐老师了，这时老师教什么、说什么，学生都会喜欢学、乐意听的。

很高兴有百分之七十的同学喜欢上你的音乐课，这说明你的教学是成功的。你按照自己所设定的教学目标和所设计的教学方案去施教，而不是一味地迎合学生的流行音乐口味，还能够有这么高比例的学生喜欢上你的课，那真的很不错了，可喜可贺。当然，你的来信中有一个用词我觉得有必要和你沟通一下，这个问题也是近年来我和老师们交流得比较多的一个老调重弹的问题。你说“有的班级很配合，有的班级几乎没有人配合”，这里“配合”一词，其实体现的是一种教学观念。想想看，如果在音乐课堂上是学生来配合老师，那实际上反映出的状况是：课堂的主角还是老师，课堂的服务对象也是老师，是老师在按照自己事先的设计去教学，是老师在主宰着课堂，而不是学生唱主角，教师主要也不是根据学生的需要和实际情况去教学。这个问题其实很普遍，我认为应该恰恰相反，课堂上，应该是老师配合学生的学习，而不是学生配合老师的教学。在上公开课的时候，因为教学的效果关涉到授课教师是否能获奖什么的，我们请学生配合配合还好说，但在常规的教学当中要求学生日复一日年复一年地去配合老师，以便让老师开心工作，恐怕就说不过去了，对学生的要求就有些过分了，毕竟我们又没有给学生发劳务费。假如我们都树立了“教师为学生服务”、“教师配合学生”这样一种观念的话，那么，当我们感到教学不顺心的时候，首先就不会去找学生的麻烦（埋怨学生不配合），而首先是在老师自己身上找原因。

当然，我能理解为什么你会有这样的埋怨，那是因为你觉得自己做了很充分的课前准备，为教学已经付出了很多很多，所以，你更多的是因学生并不领情而有些失落和沮丧。然而，为什么做了充分的准备学生还不是很满意呢？恐怕，我们还是要反思一下，我们的准备工作在多大程度上是基于学生的需要、兴趣、个性和身心特点的？具体说，我们给高中学生上音乐课，到底在多大程度上是考虑到了高中生目前的特殊处境的？或许我们更多的是在忠诚于教材，然而，我们编写的教材，又在多大程度上是考虑过高中学生的需要和特殊处境的？我总认为，我们的教学如果遇到了问题，我们的老师还是首先要自我反思，而不能一味地把责任推给学生。你的课能够得到这么多学生的喜爱，已经很好了，而依然还有百分之三十的学生可能不是太投入，那就说明你的教学并不是完美的，还有很大提升空间。让所有的学生喜欢自己的教学，这并不是一件不可能实现的事情，我相信你通过教学实践的探索以及和学生的平等沟通，一定会让自己的课更加完善更受学生欢迎。

我在想，你只有两个月的实习时间，完全没有必要让自己背上一个沉重的包袱：即一定要让这些高中学生在你这两个月的实习时间里学到很多你认为很重要的东西。坦率地说，即便你能做到这一点，恐怕也不太可能从根本上改变高中音乐教学的现状或带来多大实质性的影响。所以，我的建议是：你是去实习的，你应该利用这短暂的两个月好好体验教师的感觉，好好体验教学的感觉，多尝试不同的教学方法和理念，多和学生交流沟通，以便为你的研究生学习以及未来可能要从事的教学工作积累更多的感性认识和实践经验。对你来说，这两个月的教学实习里那些成功的教学案例有价值，那些失败的教学案例也有价值（或许价值更大一些）。因此，没必要纠缠哪一节课上得好，哪一节课上得不好，关键是要善于总结经验教训。另外，因为实习，你能够和这些高中的少男少女们聚在一起，这也是一种缘分，你应该首先和他们成为好朋友，而不是去试图建立什么师生关系。

一旦你真正明确了实习的目的，确立了实习的目标之后，我相信对于具体的某一节课究竟应该怎么上，就不会有太大的问题了。所以，我也不准备和你交流具体的教学问题。我建议你先思考一下我提出的问题，我们通过实习究竟想获得什么？

祝你实习快乐，收获多多！

郭声健

2012 年 10 月 5 日

致教育硕士

同学：

你好！你的信写得很解气，有一吐为快之感吧？在学习和工作中，我们每个人都会有委屈和困惑，说出来虽然不一定能够解决什么问题，但总比憋在心里好。

你的来信实际上是既有委屈又有困惑，委屈的是作为教育硕士总觉得有些让人低看一等，困惑的是读教育硕士究竟该如何处理好理论与实践之间的关系。虽然我很难解答好这两个问题，但它们的确都引起了我的共鸣，所以，我乐意和你分享我的感受。

先来说说委屈的事吧。你所讲的三年制学术型研究生瞧不上两年制专业型教育硕士，或者院领导或辈分高的导师所带研究生比普通老师或辈分低的导师所带研究生更有优越感，这种情况的确有可能存在。但是，别人瞧不上也好，有优越感也罢，我们管不着，那是他们目光短浅、夜郎自大，随他们去好啦！关键是我们首先自己不要瞧不起自己，不要老和他们比这些形式上的东西而让自己丧失自信。有的时候，其实别人并不见得对我们另眼相看，是我们自己看低自己，故而有意无意地要从别人的言行举止中去印证自己的看法，其实这是很容易冤枉好人的。就像你说的，教育硕士上课的时候，音乐教育学或课程与教学论的研究生来听课评课，我觉得导师安排这样的研讨形式并没有什么不妥，如果我带了教育硕士，我也可能会这样做，我这样安排的主要动机是为教育硕士提供更专业、更有效的锻炼机会，在这种教学形式中教育硕士是主角，而其他研究生则是配角，我绝不会因为学术型研究生比教育硕士“高人一等”（因为事实上这种情况基本上不存在），就对他们有所偏爱而作出如此的安排。可能是我们教育硕士自己先已经感觉“矮一大截”了，以至于看到他们评课就有点“指指点点的都跟教研员似的”感觉。而事实上呢？或许他们本来就是抱着一种学习的心态来评课的，说不准看到你们在讲台上上课，他们羡慕和佩服你们都还来不及呢。另外，既然是评课，就很有可能让人感觉是指指点点的（我记得当年带本科生实习，每天晚上我都组织学生自己评课，好多同学都被互相评哭了，但同学们的教学水平因此提高得很快），无知者无畏啊，他们不可能考虑得如此周全，这点我们也该理解和原谅，若换了我们去评他们的课，或许他们也会觉得我们在“指指点点”的。而且事实证明，你们教育硕士在教学方面的确比他们要强很多，你所介绍的教学技能大赛就是最好的证明。

你说得很好，也很幽默："其实我们这两个专业都是音乐教育方向的，本应该和睦相处，可是不知道为什么会弄成这个样子，在路上碰到了都会跟有阶级斗争似的谁都不理谁。是我们对自己的专业方向定位出现了偏差，还是我们的不自信在作祟?"要我猜啊，你们彼此之间"紧绷阶级斗争这根弦"谁都不理谁，的确有可能是"我们的不自信在作祟"。心里总想着既然他们瞧不起我们，我们就不要主动去和他们套近乎，以免给人低声下气的感觉。试试看吧，主动和他们亲近亲近，看看效果会如何？如你所说，不管是教育硕士还是学术型研究生，我们都是音乐教育这一个大方向，应该是互相学习取长补短才对。你们的优势是实践，他们的优势是理论，大家和睦融洽，一定会双赢。

其实，谁都会有不自信的时候，谁都有过不自信的经历，因为"山外有山，人外有人"，大家都明白这个道理。不自信也不见得就一定是坏事情，如果我们的不自信能够让我们更好地认识到自己的不足，并因此明确奋斗的目标，获得前进的动力，那么，这样的不自信当然就具有积极意义了。我们常说，骄傲使人落后，谦虚使人进步，不自信的人是不可能骄傲的，合理范围内的不自信也是能够使人进步的，就如你们，那份浅浅的不自信似乎反而激发了你们的求胜欲望。当然，如果我们期盼获得别人尊重却又不去付诸行动，不去努力缩小与别人的差距，那么不自信的确就有可能会演化成自暴自弃和一蹶不振，这样的不自信就不属于合理或可控范围了。

我以前也是很不自信的，中师毕业就做老师了，后来也只是读了一个电大，然后去读研究生，可以想象，与那些科班出身的同学比较，当初的那份不自信会有多严重。但幸运的是，我没有被那份不自信压垮，我选准自己的研究方向，搞差异性发展，我这方面不行就寻求那方面行的去发展，自信心就慢慢地建立起来了。你知道，像我这种出身的人，如果是现在，那就连工作都找不到了，因为现在高校进人一味地强调初始学历必须是985大学或211大学的本科，可我是连本科都没有读过。不过我对这种出身决定命运的说法真有些不以为然，因为我自信了，我反而觉得像我们这种出身不好的人也能够努力拼搏到并不比别人差多少，这恰恰说明我们够厉害。

所以，你们没有什么让自己不自信的。要我说，教育硕士两年能够完成别人需要花三年才能完成的学业，两年就同样能够取得研究生学历和硕士学位，能够提早一年就业，应该更自信才对，更庆幸才对。不要太在乎那些表面的东西，关键是要看自己有没有真本事。

不好意思，这封信才写了一半。这几天实在太忙，等稍微空闲一点再和你交流有关教育硕士的学习问题吧。

祝学习快乐！

郭声健

2012年10月9日

与年轻教师聊困惑

老师：

你好！这段时间杂事较多，没有及时回复你的来信，抱歉。感谢你的信任，让我分享了四千多字沉甸甸的感受。

很高兴你看了《音乐教育书简》，这本来就是为初上讲台的音乐教师写的小书，能够引起你的共鸣我很高兴。从你的来信中不难看出，和小米一样，你也是一位很优秀的新音乐教师，能够一开始就接手初二的音乐课，且受到同学们的拥戴和老师们的好评，这非常不容易。不过，正如你所言，工作快三年的你，此刻的确有可能“从刚就职时的那股冲劲转化到现在的迷茫状态”，“发现自己找不到方向，不知往哪儿走”了，我觉得这很正常，因为这是每个年轻教师都可能经历的“成长的困惑”。

困惑一：有师傅指导还要不要自我创新？

看得出来，你的教学能力的提升在一定程度上要得益于学校“结对子”活动，师傅对你的指点功不可没，你也心存感激。教学是一种非常具有创造性的个性化活动，因为每个教师的性格特点、文化底蕴、技能特长以及教育背景等等都不一样，所以使得教学风格、教学方法等也难以彼此复制和模仿。因而，你在师傅指导下“逐渐寻找到的自己的教学模式”，有可能是带有浓郁师傅风格特色的教学模式。而且对于一个新教师来说，在短短的两年时间里，尤其是在师傅的“传帮带”之下，要想真正形成自己的教学风格并不是一件很容易的事情。为什么“久而久之，我觉得每次上课都没有新鲜感”呢？除了你分析的“什么课都往那个模式套”之外，其实还可能有一个更深层次的问题，那就是这个模式可能本来就不一定很适合你。所以，我想你下一步可能要好好审视一下你现在的教学模式，到底适不适合自己？即便适合自己，也需要不断改进和创新，不断尝试不同的教学形式和方法，慢慢找到和形成最适合自己的教学风格，最好是不要形成固定的教学模式，那样自然就不会去生搬硬“套”了。俗话说得好，“师傅领进门，修行在个人”，工作快三年了，我觉得现在应该是你师傅放手让你自己独立行走的时候了。

困惑二：良好的课堂纪律是不是凶出来的？

纪律问题是一个老生常谈的问题，老师傅们传授给新教师的法宝往往就是你所听到的“要对学生凶一点，学生是看人来欺负的”，“要做学生害怕的老师，要和学生保持一定的距离”等等，我觉得说这些话的人特别不负责任，不仅严重误导了年轻教师，而且也侮辱了学生人格和伤害了学生感情。给新教师这类忠告的人，首先是把师生关系定位为一种敌对关系，而且制定的是“先发制人”战略，假想着教师若不先唬住学生，学生就一定会来欺负老师；其次是忘记了自己作为一名教师培养人的基本职责，即便是问题学生也是我们培养和转化的对象，更何况不守纪律的孩子并不见得就是问题儿童；第三是表现出对自己的教学水平和人格魅力的严重不自信，深知自己在这方面根本就无法吸引学生，因此只能去想别的办法。上面的话我可能说得重了一点，目的是希望我们都能够对课堂纪律问题进行深层次的思考。凶出来的课堂纪律是绝对不靠谱的，必定是得不偿失、弊大于利的，你所描述的经历就很好地说明了这一点：“逐渐我就想着要做学生害怕的老师，要和学生保持距离，这样我才可以控制课堂。……凶了几节课后，我发现自己也受不了了，时不时动气骂一下学生。本来我的个性就比较温和，这样的课堂让我很不愉悦，让我很没成就感，有时甚至害怕上某些班的课。”那么下一步你该怎么办？我觉得除了充分发挥年轻教师特有的亲和力、尽可能和学生建立融洽的朋友式师生关系之外，关键还是要改进自己的教学，尤其是你应该敢于抵制那种所谓的“小组合作教学”——“每个班学生分成九组，每组6个人，大家对着坐，课桌拼在一起”。可以想象得出你们学校这种“小组合作教学”的效果：学生肩并肩地坐在一起，课桌两边的同学彼此对视，你看着我我看着你，唯独不看老师，他们不讲小话或相对而笑，课堂不出现纪律问题那才是奇了怪了。一堂课中的某个环节偶尔这么变换一下座位形式是完全可以的，但整堂课都让学生这么对坐那就不可思议了，这也算是课堂教学改革中涌现出的奇闻趣事吧！

困惑三：辅导学生参赛的出发点是为学生还是为老师？

你的师傅告诉你，“单靠日常的课堂教学是很难提高知名度的，想要做出点成绩应该把重心放在镇里面一年一次的文艺会演”。很显然，你师傅很关心你，他说的也是大实话，于是你克服了自身专业跨度大的心理障碍，组建了学校合唱团，并“亲自一个个去做思想工作，好不容易凑成一个团，几天后又有学生提出一大堆理由要退出”，你“觉得自己那么有热情去做一件事，学生怎么就那么不配合，一人给我泼一瓢冷水”。“直到现在，每每学生说退团我还是有这种感觉，也不知道怎么去解决”。这一席话让我特别能够体会你那种“心凉了一截”的感受，也特别同情你那种无奈和无助的心情。对此，我也不可能给你开出什么灵丹妙药式的良方，我只能和你一起来分析一下这里面的前因后果。首先，你说的“很多好苗子都因为小学的时候也是合唱队员，排练怕了，都不想参加”这个现象值得我们好好思考。合唱本是那么的美妙，但学生都练怕了，这该怪谁啊，又是谁作的孽啊！学生为什么还要去做让自己感到害怕的事情呢？所以我在想，如果你的合唱团的训练不再像小学那样让学生感到害怕，而是让他们充分感到快乐和享受，那么，学生不但不会退团，反而会害怕退团。因此，改进合唱训练方式，尽可能让学生获得合唱的愉悦享受，是你下一步需要用心去解决的问题。其次，通过组建学生艺术社团并参赛来提高教师知名度、为学校争得荣誉，这一点无可厚非，但是，如果这成了我们首要追逐的目的甚至是唯一目的，那就错了。因为，包括课堂教学和课外活动在内的一切学校教学活动，其根本出发点是学生，其最直接、最重要也是最终极的目的是培养学生。如果我们把提高教师知名度和为学校争得荣誉凌驾于培养学生之上，甚至无视学校和教师的基本职业操守，让学生一味地为学校和教师追逐功利目的服务，那学生有什么义务来配合我们？自然，学生不积极配合老师、不主动参加活动也是情有可原的了。因此，在合唱团这个问题上，不是说教师和学校不能从中获取名利，但绝不可本末倒置。你现在感到很迷茫，不知道合唱团的活动如何继续开展下去，或是另外找一个什么突破口。对此，我想说的是，正如你在信中谈到的，“歌唱原本是一件很愉悦的事情”，当你把原本的歌唱愉悦真正带给每一个合唱队员的时候，我相信，退团现象就不会有了，学生也会变得积极主动，二等奖也一定很快就变成一等奖的，知名度也就随之而来了。如果开展活动的出发点和初衷不改变，恐怕找任何其他的突破口都是很难取得成功的。

至于你在信中提到的其他方面的问题，在我看来那不算是什么问题，你就尊重和听从你自己的心灵召唤吧。不喜欢做的事情如果不做也没有关系的话，那就坚决不做，不要看别人做了自己也要做，不要听别人说要做自己就去做，尤其是千万不要因为别人的片面评价而怀疑自己的能力，甚至动摇自己的职业选择。而那些让你感到很享受也很有成就感的事情，我相信你一定会继续做下去的，虽然那些事情并不是你分内的工作，但那会丰富你的人生经历，积累你的人生财富，同时也有利于你反思教学行为，更新教学观念，提升教学水平。

最后，祝你在新的一年里工作快乐，不再困惑。

郭声健

2013 年 1 月 11 日

“破茧”之悟

思怡同学：

你好！特别高兴收到你这封来信，因为我非常认同你的感受，的确如你自己所说的，这应该是你“破茧的一次大转变”。虽然信写得乱了点，但表达的思想观点是清晰的。为了节省时间（因明天又要出差）和尽量少说废话（有网友如此批评我了），我就针对你信中的若干问题进行直接答复。

1. 我一直是不太想去听本科生的课的，因为总感觉他们讲的东西太浅，讲不出什么深层次的内涵来……我的导师说过，研究生讲课要比本科生讲得更有深度、更有内涵才行。

中小学音乐教学不是写学位论文或做学术报告，不是谁的学历高谁就讲得深刻的，而且也不应该去追求什么深刻。我不太认同你导师的观点，对中小学音乐教学而言，比内涵的深刻更重要的是音乐的享受。我做教授和博导已有十多年，但要我去中小学上课，肯定是不行了，这也是我一直强调真正的教学专家是一线教师的原因，如果去中小学课堂上讲什么深刻，那立刻就会被学生轰下讲台。教学能力和学历层次不一定是成正比的。所以，你去听本科实习生的课，很好！

2. 在我看来，备课时最费脑细胞的地方：比如每个教学环节的连接，怎样设计才能在逻辑上更加严密，怎样讲才能更有深度，让高中生觉得不肤浅。因此，每次备课我都要去知网下好大一摞子的文献，一点一点地研究，再来确定这节课的目标和知识点。但是，听了本科生的课，感觉好像我遇到的这些难题在他那里都不是什么难题。

为什么我们觉得教学很累？因为我们的前期准备耗费了很多精力，但教学实效却并不如人意。就如你所说的，教学设计伤了你太多脑细胞，我们过分关注环节的连接、逻辑的严密、拓展的深度等等，力图让教学设计没有漏洞、无懈可击。可是我一直都不太赞成这样的做法。要知道，教学的本质是师生的交往，音乐教学的特点就是即兴创造，教学不是设计，不能像设计产品一样地把大量时间花在案头上；教学也不是教师个人表演唱独角戏，而忽视了了解学生这一教学活动的主体，忽视了备课过程中和学生之间的心灵对话，我估计教学设计得越天衣无缝漏洞就会越大。为什么本科实习生在教学中好像并没有遇到你所设想的那么多难题，估计就是因为他们没有你那样的缜密设计，他们的教学可能更随意一些。

3.（本科生）这样中规中矩的课没什么问题，但是我反问自己：我会这样上吗？我心底的声音是：绝对不会。我又反问自己，为什么不会？我觉得这么上太大众，没什么特别之处。我又问自己，一定要上得特别（或者有深度）才叫好吗？我不知道怎么回答自己了。

没有什么问题的中规中矩的课为何就不能上呢？没什么特别之处的太大众的东西就一定不好吗？这不是你一个人的困惑，而是很多老师共同的困惑甚至是误解，所以你不知怎么回答自己也在情理之中。现在有一种倾向就是为创新而创新（更准确地说是为出新而出新），把很多教育规律性的东西都推翻了，这不好！理想的音乐教学应该是真实自然、朴实无华的，追求形式上的花哨和与众不同或许能够一时受宠，或去获个奖项什么的，但生命力绝对短暂。

4. 我一直的观点是：放音乐可以，但是每次放音乐之前都要提一些问题来引导学生听音乐中的某个要素（或者是听出我要讲的知识点），而不是让学生盲目地听，听完了似乎什么都没留下。就是基于这个观点，我上课听音乐之前都会给学生布置一些问题，如听某个节奏型，听有几个乐句等等与音乐本体有关的问题。

关于这个问题，学生写的纸条已经充分表达了我的观点。“老师，你能不能让我们就静静地听音乐，不要每次都问一些问题，我们都没有办法好好地欣赏音乐了。”是啊，我们自己在欣赏音乐的时候会先让别人给我们布置几个问题或者说我们给自己先设想几个问题去听吗？绝对不会，那么己所不欲勿施于人，尽量让学生没有任何包袱、安安静静、轻轻松松地去欣赏音乐吧！而且聆听、欣赏音乐本身就是目的，“学生没办法在冗长的音乐中找出那个知识点”那又何妨？当你“把音乐截成一个个小的片段，这样更方便学生集中注意力带着问题来听”时，学生的纸条又来啦：“老师，你放的音乐太短了，放音乐的时间太少了。”是的，学生说得很对，音乐已被你截成一个个小的片段了，从某种意义上讲，那已经不是在欣赏音乐了，而是在肢解音乐了（说得好听点是分析音乐）。还是记住一点吧：我们的中学生不是大学里读书的我们，我们是搞音乐专业的，他们则不是，千万不要用我们专业老师上课的那一套专业化模式去对付我们的学生。

5. 可以说，没有任何一个理念是完美无缺的，也没有任何一个理念是一文不值的，对于应该把音乐中的什么教给学生，每个音乐老师心中都会有自己的答案，所以无所谓对与错。在实践面前，一切理论的条条框框都不那么完全正确了。

你的上述观点我基本同意。特别是对你这种冷静、辩证的思维方式我很欣赏。

6. 教学理论中说必须要有教学目标，但是在实践中这节课我没有什么特别的教学目标，可以吗？答案是可以。没有什么知识点可以吗？可以。我就是想用音乐感染学生，一节课就只是完整地听了几遍《梁祝》可以吗？可以。

上面的话我不完全认同。每节课都应该是有而且也必须有教学目标的，不能理解为没有传授知识点就没有教学目标了，知识的传授不是目标的全部。另外，如果一节课只是让学生完整地聆听几遍《梁祝》就能够充分感染学生，当然可以。但如果学生不能够被充分感染，或教师对知识点的讲解不仅不影响学生欣赏而且更有利于学生的欣赏，那么教师的讲解毫无疑问是需要的。为了传授知识而影响学生对音乐的欣赏不行，但反过来一味放弃传授知识同样也不行。

7. 如果怎么上（课）都没有绝对的对与错，那么专家的评课似乎又是没有多大意义的，每个专家都是抱着自己的理念来判断别人的理念对或不对，这是没多大必要的。

专家的评课当然还是有意义的啦，起码他从自身的角度对教学进行了理性思考，这也必然会给予我们一定的参考和启示。但是，要记住一点，专家的观点依然只能代表其个人，专家的观点不等同于真理，专家绝不是真理的化身。这一点，专家们自己要清醒，我们基层老师同样也要清楚，切不可盲从，当然也不必不屑一顾、刻意排斥。

8. 既然前一个问题已经让我说成了“教无定法”，也就是说教师不必再因为某个教学环节不被专家认可而纠结，那么教师最应该把精力放在哪里呢？教师不必太纠结教学了，那应该纠结什么呢？

教学的目的（也包括实习的目的）绝对不是为了获得专家的认可，否则的话，那不仅是教师的悲哀，更是学生的悲哀。教师的精力当然不要放在获得专家好评上，而是要放在教学本身，要放在学生身上。教师不要纠结教学（设计），什么都不用去纠结，一心扑在学生身上就好，为什么非得去纠结什么呢？

9. 通过这次实习，我发现，比起教学，教师的信念（肩负着育人的重任）更重要。尽管比起家庭教育，学校教育还比不上家庭教育对学生的影响深，但是我也绝对不允许自己用任何一种方式伤害学生。就是抱着这样的信念，每次上课不管自己有多不舒服，都会一直保持微笑，对学生的问题也是有问必答，哪怕是马上答不出来的问题，也会回去查完资料再回答。从而我发现：只要你真心地爱学生，用诚心、耐心对待学生，你自然会努力、认真地备课，因为你不会允许自己浪费学生宝贵的课堂学习时间。如果你真的努力、认真地备课，并且一直做下去，无论你信奉的是哪种教学理念，你都会找到适合自己的教学方式，如此良性循环下去，这个老师在未来也绝对差不了。……我想到这里，慢慢已经不再为哪里讲得好哪里讲得不好而郁闷，再好的方法也会有学生喜欢有学生不喜欢，再好的理念也不可能万能，纠结这些只能慢慢走入自己设置的牢笼中而无法自拔。那些名利、那些好的评价不好的评价，都让它们随风去吧。只要树立崇高、持久的教师信念（教书育人），一直坚持走下去，无论以后走到哪里，我们每个人都会成为一名合格的、优秀的人民教师。

你讲得好，更是做得好！你用你的实际行动确证了我近几年与老师们讲课交流中始终贯穿的一个观点：信念比理念更重要！谢谢你。

10. 这就是我今天的思考，自己都感觉乱乱的，不知道说没说清楚，无论对与不对还是想和郭老师分享，这也算是我“破茧”的一次大转变吧。寝室同学说我的想法转变很大，我也不知道转得对不对，但是至少让我比以前轻松了很多，放下了很多过去自己给自己加上的包袱。总之我想，也许要理解“教师”这两个字的内涵，想对得起学生叫你的那两个字——老师，我可能需要用一辈子的时间来体会和思索。期待郭老师的再次指点……

祝贺你的破茧大变，谢谢你的分享。我没有任何能够指点你的东西了，相反我应该向你学习，也期待自己能有你这样的“破茧之悟”。

一位音乐支教者的来信

这位来信者的网名很雅，叫“一别经年”，是海南师范大学音乐学院的大四学生。她曾经想报考我的研究生，但当她面临支教与考研的两难选择时我建议她选择前者，这封信就是她在支教时写给我的，从她的描述中我们不难看到我国农村地区落后的教育现状，以及一位音乐教育支教者的积极进取。

郭老师：

您好！

我被分配到海南临高县的一个小镇上当中学老师，来到这里已经一个星期了，本来有很多的感受想要跟您交流，可是一直都很忙很累，终于等到了周末，我想我该把这一周看到的和感受到的东西做一个总结。

老师您跟很多一线老师都交流过，对中学音乐教育很了解，但是海南是一个比较特殊的地方，来到这里我才明白它的神秘里有很大一部分是因为落后，不管在物质上还是精神上。他们这边的人对教育不重视，听老师和校长说我所在的中学算是这个县比较好的了，在乡镇中学一级来说，是数一数二的。可是，如果拿他们学校和我上初中时的学校比，真的很多方面都差很远，这些特殊的地方到底在哪里，让我一一跟您说来。

我刚来到这里的那天下午，校长把我们支教的同学安排在校门口的一栋三层楼的二楼住，这里原来不是教师宿舍，但是因为只有这间空房，所以就在这里住下了。没水没卫生间没洗澡房，我当时确实有些沮丧，可是想一想这些困难都是可以克服的。后来发生的事让我很惊讶，我在二楼阳台坐了一个下午，居然只看见一个穿布鞋的学生，其他人全是穿拖鞋！学生一来上课踢踢拖拖全是尘土，声音听上去也很懒散，后来的一个星期我睡午觉都是被学生回校上课的拖鞋拖地的声音吵醒的，这是特殊的第一点。

第二点特殊的地方是学生的学习成绩出奇地差。这个学校的老师和校长说，他们学校每个班有一半以上的学生数学考 10 分以下，所有科目加起来 100 分以上的同学不到一半……更可怕的是和他们县其他乡镇比较这算是好的了。我第一次去上课的时候叫同学们拿出纸笔写个简单的自我介绍交上来，居然有很多同学没有纸也没有笔，抽屉是空的！

刚来的第二天我去听另一个音乐老师上课，我坐在最后面。可悲的是一节课我没听清老师的一句话，全是学生的吵闹声，老师几次叫同学们安静，可是没有一个人当回事，只有前排的几个女生在回答老师的问题，这也是很特殊的一个地方。看到这些，我的心情非常沉重。没来之前，我很期待下乡支教，幻想着学生有多么纯朴，多么热爱学习，可是这个时候，我开始害怕，怕我荒废了这两个月，怕我没办法实施我设计的课堂教学而只能看着他们打闹，更怕每一节课都会是40分钟的煎熬……

过了几天我开始上课了，怀着忐忑的心情走进了教室，先自我介绍，再让同学们做一个简单的小卡片交上来向我介绍他们自己。我计划这个环节是10分钟，结果很多同学都不会写，竟然花了20多分钟，最后做一个分组音乐接龙和音乐知识问答的小游戏。我尝试用一种朋友式的口吻和他们交流，效果还不错，教的9个班里面，有8个班都顺利愉快地上完了第一节课，虽然不像我们以前上课那么安静，但大家都配合得蛮好。上完这一周课后我才发现，虽然这里的大部分同学都不爱学习，但对于音乐还是非常热爱的，他们很多人都跟我说那节课很有趣，在他们写给我的卡片中我看到很多同学都说我成了他们的新偶像，他们很喜欢我，而且很多同学下课后都来找我学唱歌、聊天、说心事。我从同学们口中了解到，他们以前的音乐老师都是拿着音响到教室里放歌，然后一句话都不说就坐在那里玩手机……学生问我为什么不拿音响去放音乐，我说“我不是音乐播放器，我是音乐老师”。在同学们的要求下我每天下午五点到六点都教他们跳舞，练基本功，没想到2天内就有50多个同学报名参加，由此可以想象乡下的同学们对新事物的渴求。最后我忙不过来就只接受了初三的同学，因为他们有的想考特长生。在训练的时候，每个同学都很努力很用功，跟上文化课完全不一样，艺术的魅力真的是很强大。

很多同学要求我上课教流行歌曲而不要教课本上的音乐，他们觉得很难听。可是我看了他们的课本，其实欣赏内容都是一些很好听的西方乐曲，像《沃尔塔瓦河》、《自新大陆》等，可是他们不喜欢，这点让我为难了……

在这里，受过专业训练的音乐老师很少，我去听课，有的老师连基本的附点节奏都搞错了。而且音乐老师也很少，我一来到这里，带了八年级和九年级的所有班级，而且还要课后辅导那些想考声乐舞蹈的特长生，竹竿舞比赛以及元旦晚会这些任务也都交给我了，“压力山大”呀……

因为想说的话很多，所以邮件写得有点乱，不过老师您能明白我的意思就行。还有很多情况和疑问我一时没有组织好语言，我会跟您保持联系的，不要嫌弃我哦。嘿嘿……

以下是我的回信：

一别经年：

你好！

很抱歉由于这几天太忙，根本就抽不出时间来给你回信，幸亏提前向你解释了，否则你一定会抱怨我没有及时回复的。不过，你这封信我读了好几遍，感觉很特别，心情也比较复杂。于是我征得了你的同意，决定把你的信上传到我的空间，让大家一起分享。

记得九月份的时候，你曾告诉我，十月份开始的两个月支教和明年一月的研究生考试，实在难两全，希望我给你一个建议。我的建议是这样的：还是去参加顶岗支教吧，在支教的过程中也可以利用空余时间备考，至少时间上也不会耽误一月份的考试，研究生万一没考上，可以再考一年。但支教的经历很难得，应该及时把握，而且有了这两个月的支教经历，或许你对未来的考研目标会有更全面的认识。

给你建议之后，我一直在担心是不是误导了你，因为没有收到你进一步的消息。读了这封信，我悬着的心终于放下了，我觉得我的建议没有错，你的选择是正确的。当然，我同样期待着你考研成功，两全其美。

这封信给我的感受，可以用两个“惊”字来概括。

第一个惊是惊讶。正如你说的，我跟一线老师有交流，也大致了解农村音乐教育的现实状况，而且30年前我还在国家级贫困县里落后的乡村学校当过老师。然而，你所描述的支教学校今日之场景，真让我感到吃惊。当地的教育和孩子，其物质条件如此的乏，学生成绩如此的低，学习风气如此的差，这一切都超出了我的想象。自然，我们没有能力去改变，但对农村教育的忧思、对孩子们的同情，至少能够让我们更加明白自己的责任，更加坚定教育的信念，更加珍惜拥有的一切。而对于你来说，目睹和经历了如此落后的教育现实，相信对你未来的教师生涯会产生更重要而积极的影响。

第二个惊是惊喜。我虽然没有见过你（准确说是在讲座时见过却对不上号），但在我的想象中，你是一个文静甚至有些怯弱的女生，所以，在你的信只读了一半的时候，我真的很担心你能否应付得了教学的场面。然而，这份担心显然多余了，你在最短的时间里就成了学生的新偶像，受到了学生的热捧，真是令人欣喜。我想个中缘由你是最清楚不过的，跟孩子们唱歌跳舞玩音乐，和孩子们聊天谈心交朋友，这样的音乐老师谁不喜欢？不仅如此，你还深深感受到孩子们对音乐情有独钟，虽然他们不爱文化课程的学习，但对音乐却非常热爱，“艺术的魅力真的是很强大”。我想，这样的一份感受，对你这位准音乐教师来说，无疑是前进的动力和自信的源泉。

最后我想对你说，有了如此美妙的开端，还有什么困难能够拦得住你的呢？别“压力山大”了，轻轻松松、快快乐乐地与孩子们一道享受这难得的两个月支教生活吧！

没有多媒体教学能否玩得转

前不久，一位老师通过 QQ 向我求助。她说学校指派她到乡下学校去上示范课，可那里没有多媒体，而自己毕业后工作这些年从来都没有离开过这东西，因此感觉六神无主，脑子一片空白。我说，你歌唱得很好（我听过她的录音），完全用不着依赖多媒体的。她说，以往她上课很少教孩子们唱歌，更多的是分析音乐风格。我问，你是学流行音乐的，平常玩哪些乐器呢？比如说吉他之类的。她说就是钢琴，可乡下学校偏偏又没有钢琴，真不知该如何下手，似乎什么都瘫痪了。她还说，其实她知道这是一次很好的挑战自己的机会，她也很珍惜和乡下孩子打交道的机会，可没有多媒体，压力实在太大了。

我安慰她说，你先别吓唬自己，搞得自己没自信，这本不是什么挑战，而是对教师起码的要求。学生是最喜欢唱歌的，而这刚好又是你的主专业，用自己最擅长的方式去教学，一定会成功的。其实，没有多媒体的课才最真实自然，更体现教师水平，也更让学生感觉亲切。最后，我们约定在教学内容确定之后，再具体讨论教学的设计。按照时间推算，这位老师的示范课应该上过了，后来我们没有再进一步交流，说明她跨越了自己的心理障碍，我也相信她的示范课上得很成功。

是的，我们的音乐教学已经太习惯依赖多媒体了，没有了它，我们就会傻了眼，觉得教学寸步难行。然而，如果我们从一开始就没有它，可能情形就完全会改变，或者如果我们习惯用过之后突然没有了它，反而能够极大地激发出自己的教学创作潜能。暑假我在某地国培班讲课，上课前几分钟启动多媒体，结果就是不工作，当时我不仅没有任何的担心，反而庆幸自己终于碰上了一次这样的机会，因为这些年我也习惯依赖多媒体课件了。所以，我叫那位汗流浃背的管设备的老师别弄了，我自己讲就行。同时我跟老师们说，我倒是很期待这样的考验，没有课件看自己讲课行不行，因为那才是最体现自己能力的教学，今天机会终于来了。不过后来多媒体运转正常了，考验自己的小算盘没有打成。

今天要和大家分享的还是前不久给我来信的那位叫“一别经年”的顶岗实习生，从她的上一封信中我们了解到海南某地农村教育的极端落后现状。可以想象，她所在的顶岗实习学校是不可能有什么多媒体的。那么，她又是怎样进行教学的呢？请看她给我的来信：

我们这边没有多媒体教学设备，所以同学们上课不能欣赏到美丽的图片和丰富的视频，只有一个古老的录音机用来播放音乐，所以一堂音乐课很难通过视觉、听觉，以及知识的结合使之变得生动有趣。但是为了同学们不带着上数学、英语课的心态来上音乐课，我决定每节课在课前用5分钟的时间和同学们玩各式各样的游戏，让游戏为他们带去欢乐。在游戏里我设计了很多与音乐相关的环节，我为我的这一创新而窃窃自喜，相信这一招一定会有很好的效果。

然而，上课的时候我遇到了难题，因为时间的限制，我的游戏不能让每一个同学都参加，我只是把他们分成几个小组，每个组派代表参与活动，结果我发现孩子们很害羞，有的班甚至没有人愿意玩，不管是同学推荐还是老师指定都不愿意。我突然感觉很委屈，因为我熬夜为他们设计游戏，只为博得大家轻松一笑，可未曾想到他们并不领情，导致我非常尴尬地唱了好几出独角戏。我本以为是学生不愿意玩游戏，就跟他们说那就取消这个环节了，可这时大家都一致反对。此时我才明白，原来大家心里是非常向往欢乐课堂的，只是处于青春期的孩子比较腼腆，他们不习惯，也不敢在众人面前表现自己。我意识到作为一个音乐老师，必须去帮助他们，去激发他们的表现欲，让他们自信起来，而不是沉湎于自己的委屈与埋怨。于是在后来的班级里我都会告诉同学们游戏很简单，老师会和大家一起玩，而且我先做示范，有意出个“丑”给大家看。终于一轮两轮下来，课堂越来越活跃，欢笑越来越多……

其实，我和这位顶岗实习生交往并不多，但有限的几次交流，让我对她的印象特别好。面对艰苦的生活和落后的教学条件，她总是那样的积极乐观；遇到困惑的教学难题，她总能创造性地找到解决的办法。在她的信中，我很少看到抱怨、失望、沮丧等消极情绪，作为一个大学生，这一点尤其难能可贵。因此，像教学中没有多媒体设备这样的问题，在她看来，遗憾的不是令她教学无助，而是学生不能欣赏美丽的图片和丰富的视频。像这样的老师，一定会深受学生喜爱的，于是便又有了下面这感人的一幕：

星期四的时候，我可能是水土不服或是吃错了东西，生病发烧了，孩子们不知道从哪里得到消息一拨一拨地来看我，有的还用零花钱买了水果什么的，我让她们自己拿回去吃，她们死活都不愿意，有的同学还哭着对我说：老师你都憔悴了，给我们上课辛苦了！他们走后我真是感动得一塌糊涂，我才来了两周而已，居然得到同学们这样的厚爱，这群可爱的孩子们，都是真心实意地关心我，我以后得更加努力了。付出一些辛劳，换来满满的爱，还有什么买卖比这更划算……

明天我又要跟我亲爱的同学们见面了，希望是更好的一周，希望我会有更大的进步。

换一双眼睛看纪律

最近两天，我收到了老师们发给我的几封信，大家不约而同地谈到了课堂纪律和管理问题。关于这个问题，其实我在书上和日志里都谈过，我的一个基本观点是：音乐课堂应该充分利用学生对音乐的喜好和音乐教师自身的魅力来杜绝纪律问题的出现，而一旦出现了纪律问题，再去强制性管理就比较难了，因为这不是音乐老师的管理水平问题，而是学科特点和学科地位的问题，可以说，是学科特点和地位使得音乐老师不太可能成为课堂管理的强者。我想，今天如果我再拿这些话重复来说，那便太对不起这几位老师了。所以，我想站在学生的角度来尝试解读一下老师们提出的问题，让我们换一双眼睛来看看让老师们纠结乃至沮丧的课堂纪律。

甲老师：这是一节纯粹的纪律课。三（2）班，我首先把上节课没竞赛完的小组完成，评出分数。接着开始复习歌曲，提高学生乐感等能力。唉……课上不下去，于是全班练坐姿了，刚好是最后一节课，很好惩罚学生，一个个安安静静的！唉……看来需要惩罚！

学生：好不容易盼来的一堂音乐课，竟然变成了一节纯粹的纪律课，早知如此，就应该逃课。其实难受的不只是老师您，我们做学生的比您更难受。全班练坐姿，受惩罚，我们是给足了您面子，所以一个个的确变得安安静静了，但您千万别误解，以为这是一个好办法。我们可以给您一次面子、两次面子甚至三次，但时间久了，我们就不再奉陪了。您或许是为了自己教学的轻松才如此期盼安安静静的课堂吧，但我们并不这么想，其他的课堂上我们已经够安静的了，更准确地说是够压抑的了，因此我们期盼的音乐课堂应该是热热闹闹的，而不是死气沉沉的。

为什么您的课上不下去，您用省略号省去了具体的情节。但我猜想肯定是说我们在吵吵闹闹的，您没有办法讲下去。那为什么我们会吵闹呢？我想您自己也是过来人，其中的原因也多少应该清楚一些。当我们在音乐课堂上感受不到所期待的那份享受和快乐的时候，您说我们还能做什么？您会说您苦口婆心传授的那些知识技能很重要，即便很枯燥我们也得学；您会说您想尽办法提高我们的乐感很重要，即便很乏味我们也得学。但我们却并不这么认为。您不妨回忆一下自己的学生时代，您现在是一个音乐教师，肯定是从音乐学院毕业的吧？那您敢说您的专业基础和乐感是中小学课堂上给予的吗？还不也是后来参加什么高考培训班、找辅导老师补习，然后考上大学之后又经过了四年的专业化训练，才成为音乐老师的？所以，希望您能够理解我们，我们中的绝大部分同学将来都不会像您一样去做音乐老师的，我们可能去做生意，去做科研，去从政，去从军等等，在您看来非常重要的东西，对我们来说并不重要。比如说现在，我们认为重要的就是升学考试科目，没办法，考不好就上不了好学校，至于音乐美术课，我们真的不求学到多少知识技能，我们最需要的是获得艺术的快乐享受，尤其是在其他课程都“压力山大”的情况下，我们希望音乐美术课能够让我们获得身心的解放。当然，我们中间也会有个别人去学音乐、参加艺术考试，但这些人会像您当年那样，自己去找老师学、去上培训班学的，这点您绝对放心好啦。

我还要跟老师交流一点，其他文化课程我们没有兴趣也得学，老师的课上得不好也得听，老师再怎么批评我们也得接受，这是没办法的事情，因为我们需要提高考试成绩；而在音乐课堂上我们就不想如此被动挨打了，如果我们感到不快乐，那我们就不学，但如果我们感到上音乐课很快乐，或者音乐老师我们都很喜欢，那么老师您教的任何东西我们都会乐意去学的，而且肯定学得又快又好。但音乐课堂上老师要是来硬的，其实我们一点都不怕。您想想，如果我们觉得音乐学起来不快乐，又可以不要学，那我们有什么必要委屈自己，又有什么理由怕老师呢？

作为学生，有句话不知当讲不当讲？老师您如果遇到了纪律问题，最好不要一味地把责任推给我们学生，而应该反思一下您自己的课究竟上得好不好，值不值得我们学生认真去听，如果您的课非常有吸引力，我们又怎么可能在课堂上讲小话、开小差？

乙老师：总是难以掌控课堂，音乐老师的魅力究竟在哪里？

学生：这个问题我看老师您是明知故问，因为您比我们当学生的时间要长得多啊，您做学生的时候难道没有想过这个问题吗？或者没有这方面的感受吗？不可能吧。

我是个学生，见识短浅。依我看，文化课老师的魅力在于学识渊博，风趣幽默；体育老师的魅力是英俊潇洒，精力旺盛；而音乐老师的魅力则是气质高贵，温柔可爱。我们想象中的音乐老师首先是漂亮的，而长相是先天的我们无法改变和苛求，但作为艺术教师，美丽高贵的气质是应该具备的，要让我们学生一见到音乐老师，就能有一种美的享受。最为重要的是，音乐教师应该是温柔可人的，对学生是贴心贴肺的，性格是乐观开朗的。如果音乐老师动不动就发脾气，骂学生，那么，在我们学生心目中不仅不再有美的印象，而且会觉得比其他课程的老师要丑好多。

所以要我用一句话来概括，音乐老师的魅力就在于美。其实，在音乐课堂上，有时候同学们吵吵闹闹的，那是大家很开心，一开心就放肆了一些。还有一种可能是同学们很喜欢音乐老师，在想方设法吸引老师的注意力。可是，只要学生一说话，老师您就不分青红皂白地批评，让我们高涨的情绪一下就降到了冰点，这时我们可以不再说话，但是也可以不再听讲，让您去自说自话吧。

丙老师：前两天，我们实习小组开了一个实习总结汇报会。在会上，一个本科的实习生（教初二年级）提到一个问题，是关于课堂管理方面的。她说在课堂上压不住学生，前面的学生不说了后面开始说，她走到后面，结果后面的不说，前面的又开始说，她问指导老师这种情况怎么办。指导教师说，这种情况随时会发生，在一堂课上要随时对学生进行管理，一节课45分钟要拿出来15分钟的时间管理课堂。指导老师强调，教师有义务规范学生的课堂行为，教师在传授知识前要先育人，育人就包括规范学生的行为。

学生：作为学生，虽然我们的民主意识并不强，但这个道理我们都懂：学校不是监狱，老师和学生的关系也不是狱警和犯人的关系，老师和学生都是享有平等权利和义务的国家公民，只不过是年龄上有些差距而已，任何一方都无权压迫另外一方。所以，这位老师说“压不住”学生，这话听起来会让同学们特别反感。在我们国家，虽然我们不可能因为您教得不好把您轰下讲台，但是您也不可能因为我们不守纪律而把我们赶出教室。哪里有压迫哪里就有反抗，这里被压下去了，那里又会站起来的，大至整个世界小至学校教室都是一样的道理。我们至多就是讲点小话做点小动作，还不至于压迫老师，但老师也不要试图用高压的手段来对付我们学生。

指导老师您说，每节课要拿出15分钟来管理课堂，我觉得有些绝对化了，那只说明您的教学还不够好，您对自己也不自信。难道我们就不管课好不好听，在45分钟之内一定要发疯15分钟？如果您的课上得很有趣，我们每一分每一秒都被您吸引着，您还需要这15分钟来整风吗？如果您的课上得很乏味，我们时时刻刻都有可能犯纪律，您觉得这15分钟够用了吗？

关于育人的问题，我们不太懂。我所理解的育人就是要让我们学生都学好，这好像跟传授知识分不开的啊，怎么说要育人在先呢？整个教育过程都应该是育人的过程吧？育人的确包括养成学生良好的行为规范，但我觉得这不是老师用压制的办法所能实现的。良好行为规范的养成是潜移默化的，对我们学生来说，教师您就是最好的榜样，所以，要想育好人，教师您首先要做好自己，您若动不动就批评我们，估计我们也很难被您教育好。

丁老师：我之所以不太管理课堂纪律的原因是，我认为如果在教学的某个环节中出现纪律不好的现象，正说明了我的这个环节存在着问题，可能不够吸引学生，我会把这个环节记下来回去改。如果哪个环节学生听得很认真我就知道，原来学生对这个部分感兴趣，下次我就多在这个环节上扩展一些内容。我觉得，学生纪律不好并不是坏事，肯定是我的教学有哪些地方不能够满足他们的需求，这也正好能够反映出我教学中的缺点。我一直觉得纪律不是管出来的，教师的个人魅力、学生喜欢的教学内容、能够吸引学生的教学方法、引人入胜的教学设计才是保证纪律的法宝。如果一味地在讲台上“吼叫”、用命令式的语气强迫学生听讲，教学的艺术性就无从体现了，实际上也反映出了老师的无能。

学生：“纪律不是管出来的，教师的个人魅力、学生喜欢的教学内容、能够吸引学生的教学方法、引人入胜的教学设计才是保证纪律的法宝。”老师您说得太好了，其实我前面说了这么多，就是想要表达这个意思。如果我们的音乐老师都能够像您这样思考问题的话，那我们做学生的就太幸福啦！

其实我们不是天生的捣蛋鬼，纪律问题本来应该是不存在的。当然，纪律问题之所以总是存在，我们学生自己肯定也要承担责任，比如说在叛逆期我们的行为就比较逆反，但我们也不想有叛逆期啊，就如老师您不想有更年期一样。可这是自然的生理心理规律，不是由我们自己决定的。如果老师能够对我们多一点理解，多一点体贴，那么，我们那些叛逆的行为就会收敛很多。除了我们自身应该承担责任之外，我们希望老师们都应该向上面这位老师学习，多一点自我反思，因为，老师您也不可能是天生的优秀教师，您也不可能是完美无缺的人。只有老师您和我们学生双方共同努力，纪律问题才有可能真正得到解决。

我们理解老师备课辛苦，所以在课堂上遇到纪律问题就特别烦躁。但是，老师您备课主要是为了自己，还是主要为了我们学生呢？具体说，是为了您自己好教、教好，还是为了我们学生好学、学好呢？教和学两者是密切关联的，但肯定不是一回事，如果老师您备课的时候多想想我们，可能情况就大不一样了。即便在课堂上发现教学设计存在问题，您也一定会像这位老师一样及时完善的。

最后我还想说一点，老师虽然您不是我们的父母，但您起码年纪比我们大，遇到我们调皮捣蛋时，您就不要跟我们一般见识了，也不要跟我们斗气了。毕竟我们是学生，您是老师，我们一个班有几十个人，您只有一个人，赌气也好、发飙也好，一个人受几十个人的气，肯定对您的身体和心理都不好。

戊老师：501班的学生是一群非常活跃、热情的孩子，每次走进教室，我都会报以灿烂的笑容。今天我要给他们带来经典动画片《蓝精灵》的一首主题歌《可爱的蓝精灵》。我走上讲台，相互问好后进入主题。我用聊天的方式和他们拉开了话题。我聊了我小时候最喜欢看的木偶剧和现在当妈妈了还喜欢与孩子一起欣赏动画片的情景。一提到动画片这个话题，大家顿时七嘴八舌地说起自己喜欢的动画片，课堂马上陷入一种混乱状态之中。

我差点乱了套，但我没有着急叫他们静下来，因为这时叫也叫不停，我干脆让他们痛快地说个够……然后我把问题写在黑板上：什么是蓝精灵？请同学们举手回答，这时大家都静下来了。我立即弹唱了《可爱的蓝精灵》，要求他们边听边想问题，这首歌对于他们来说并不陌生，基本都会唱，于是我把话题转入了回答问题和讲述蓝精灵故事并要求同学们听后复述故事。我讲完之后并没有立即叫学生复述，而是给出一个节奏训练，这时孩子们的心都被我给牵住了……大家拍打得很起劲，接着我们开心地唱了这首歌。唱完之后，我请同学们在旋律中寻找相同节奏的乐句，然后唱一唱，孩子们又一次认真地寻找着……找出来唱一唱，发现旋律中有变化记号，我们又一起解决了歌曲中的变化记号。接着分组演唱，不用唱的拍节奏和唱旋律，轮流来……

不知不觉中，下课铃响了。“老师再来一次再来一次”，学生大声叫着。我便继续弹着琴，孩子们开心地唱着，窗外围着的别班同学，也都跟着唱了起来……

学生：哇，老师您真可爱，您的描述真让我有身临其境的感觉，这就是我们期待的音乐课啊。当我们闹腾起来的时候，您没有立即制止我们，而是让我们痛快地过了一把瘾；当我们开开心心地唱着儿歌时，您还把一些音乐知识巧妙地融进了歌唱活动当中，让枯燥的知识变得有趣味，让我们学起来也很受用。

可以想象，如果老师您在我们闹腾的时候，试图立即压制住我们，或许我们都安静下来了，课堂纪律也变好了。然而，好纪律的代价就是老师和学生再没有好心情投入到音乐中去了。

什么是好的音乐老师？根本就不需要分心去处理课堂纪律、能够全身心投入到音乐教学中去的老师，那一定是个好老师！其实，这样的老师有很多很多的……

这份愧疚很珍贵

这个小故事是不久前上海的程珊老师讲给我听的，我想在这里和大家分享。

我和程老师只见过一次，那次我在上海开会，她专门跑到机场去送我。虽然只是一面之交但彼此交往已经有好几年，她取得了什么成绩、有什么困惑甚至面临什么选择都乐意跟我说，所以，我比较了解她，也很欣赏她。在我眼里，她是一个很上进、很敬业、很有素养的优秀年轻教师。

程老师在某高中任教，在2012年度课程结束前的最后一节课上，她做了一个“学年艺术（音乐）期终问卷调查”，请学生回顾这一年的学习感受，以便老师更好地反思和改进今后的教学。调查的结果令人欣慰，几乎所有的学生都对程老师的教学给予了称得上是“赏心悦目”的评价。这个问卷的最后一题是“老师，我想对您说（对老师的想法、意见、建议）”，许多同学都在这个问题下面写下了感恩、祝福、鼓励的话语，但其中，有一位没有留下名字的同学写的是“You can't see me”。就是这样一句话，让程老师感到无比的愧疚，久久难以释怀。调查结束的当天晚上她就写下了一篇不亚于道歉信和检讨书那么深刻的教学反思，第二天一早又忍不住向我诉说着她依然心痛的感受。

通过和程老师交流并品读她发给我的文字，我理解了这句普通的英文句子为何会对她产生如此大的心灵冲击，并深深感受到一位年轻教师的这份愧疚又是何等的宝贵和值得珍惜。

时间要回溯到2012年9月，程老师任教学校的高一艺术（音乐）课由学生自主选择老师。在前面的两周，两位老师在全年级各个班级上课，根据这两周的教学情况，学生在第三周做出选择，结果是全年级400个左右的学生中有330余人选择了程老师。这一结果在让她感到幸运与自信的同时更是压力倍增，她在心里默默地发誓一定要好好上课，一定要对得起每一位信任她的学生。她还乐观地设想着：美国作为一个国家都能提出“不让一个孩子掉队”的口号，我只面对300多个学生更应该做到“不让一个孩子失望”。她是这样下决心的，也是这样付诸行动的，在这一年的艺术教学中她尽可能地关注到每一个孩子，努力做到让所有的学生都参与到课堂活动中来。可是一句“You can't see me”无情地告诉她，她至少让这个学生失望了。她说：“或许我从来没有与他有过语言或眼神的交流，或许是我对他的关心还远远不够；他可能比较自卑，需要我的鼓励，也可能比较高傲，需要我的肯定；甚至可能坐在教室的某个角落里足足等待了一年，期待着我的关注，可是直到课程结束前的最后一分钟，这份一直期待中的关注都没能等到……”一想到对一个如此信任自己的学生有这样的一种辜负，程老师心里备受煎熬，她希望能有机会弥补自己的过失，于是想听听我的建议。

我非常理解程老师的心情，安慰她说：“你不必把责任全揽在自己身上，一个再优秀的老师也不可能做到尽善尽美，不可能让所有的学生感到满足，而且每个学生对你的期望值都不相同，他们越是喜欢你，看重你，对你的期望值就越高，对你的言行举止就越敏感，就越容易想入非非，进而越容易感到失落。当然，这个学生失望了，甚至不排除心存怨恨，作为老师必须设法弥补，不能让自己留下遗憾，更不能对学生造成伤害。虽然你不再给他上课，但如果有可能的话，还是要尽量找到他并当面或书面表达你诚恳的歉意。如果无法找到，则可以通过某种合适的方式（如在 QQ 空间里写上一篇日志）传达你此时此刻的愧疚心情。既然这个学生如此在乎你，相信他还会继续关注你，你的这份愧疚一定能够传达给他的。”此外，我还建议程老师在未来的教学中，也可以与新同学坦诚地分享这个案例，一方面让自己时刻保持警醒，同时也让学生理解老师的心情。

正如前面所说的，一个再优秀的教师也不可能做到让所有的学生都满意，但我们每一个老师都必须朝这个方向去努力。因为老师对学生无意识的忽视有可能造成学生一辈子的失意，而老师对学生哪怕是一个眼神的关注则可能为学生的整个人生增添动力。在我看来，作为一名年轻教师，程老师一直在为此努力，因而当她得知有这么一位同学因为没有受到老师的关注而失望的时候，她是如此愧疚与自责，这充分表明她把每一个学生都装在了自己的心坎里。这也是我认为程老师的这份愧疚如此珍贵的最重要原因，而且相信这样的一份愧疚一定能够让她更加成熟和富有魅力。

我知道，这位在音乐课堂上失落的同学是不可能看到我写的这篇文字的，但我期待并相信他很快就能够收到程老师如此真诚的歉意，也相信他一定会原谅深受学生信任和爱戴的音乐老师。因为，程老师不仅热爱所有的学生，也一直在关注着他！

后来，程老师听取了我的建议，在她的 QQ 空间里发表了“致高一某位同学的信”。信是这么写的：

亲爱的同学：

你好！首先我要感谢你在 2012 的 9 月非常信任地选了我的课，让我们有一年的时间相伴。到延安中学后全年级330位同学在第一时间的选择，成为我工作的最大动力。我告诉自己，必须认真对待每一节课，要对得起每个给予我信任的学生。可是，在老师前不久做的一份调查问卷中，你留给我的“You can't see me”这句话让我知道，这一年我让你彻底失望了。

老师的记性不够好，十个班的同学能叫上名字的不多，但是绝大多数同学的举动都收入到了我的眼中。我很清楚地知道自己对于每一位同学的喜爱都是一样的，或许因为我们教室是合唱阶梯座椅，坐在前排的女生关照得多一些，后排的男生关注少一点，所以造成课堂各种机会上的不均等，以前没有意识到这个问题，是你的留言给了我警醒。

在高一第二学期的所有课程结束之后，班级每位同学都需要参加戏剧展演，我看到一些我并不熟悉的同学也表现得非常优异，我和全班同学都为他们喝彩。那一刻我想，表现力这么丰富的同学，竟然是在最后一节课才发现，真是非常遗憾的一件事。我想，可能你就是这些优秀学生中的一员，坐在教室的某个角落里，为了获得表现的机会，为了让老师关注到你，等了整整一年……直到最后一分钟。在收上这份调查问卷时，老师才意识到自己对一个充满期待的学生有了怎样的一种辜负。

真是非常抱歉，毫无疑问你是一位热爱艺术的孩子，因为你对这门课程抱有希冀。我期待你在今后的路上继续热爱艺术、喜欢音乐。如果我早一些知道你的感受，一切都会不同，但是，没有如果。所以，很抱歉，这一年的时光不能重来，我只能请求能够得到你的原谅，尽管这份原谅对我来说很奢侈，因为一年的时光已经过去。除了抱歉，我还需要感谢你——一位到现在我还不知道姓名的同学，谢谢你给我敲响了警钟，让我意识到了自己的问题，请相信我一定会在以后的教学生涯中不断改进，力争让所有的学生都不对我失望。

不知你是否能看到这封信，如果你能够看到的话，希望你能和我联系，我想当面向你表示歉意。最后，老师祝愿你一切顺利，学业有成，做一个爱乐、尚美、善良、丰富、高贵之人！

程珊

2013年6月13日

被学生围抢的新人

我很幸运，能够经常收到老师们的来信，自然也就有更多的机会分享老师们的快乐和成功。

昨天我收到了一封自称是“音乐教育界新人”的信，因为这几天我一直在外面忙碌也没有及时查阅。刚刚我打开了她的邮件，看得我后悔得直跺脚，早点看过该多好，就会让我早开心。

其实这位“音乐教育界新人”是我们学院今年的毕业生，现在广东某高中学校任教音乐。我有幸教了她一年，也算是她正宗的老师了，自然对她比较了解，她做任何事情都很认真执着，我对她印象不错。前不久她就给我写过几封信，与我探讨第一节课该怎么上，并说她把我的《音乐教育书简——中小学音乐教师入职读本》都翻了好几遍。她对第一节课如此重视与投入，当时我就坚信她一定会深受学生的喜欢。果不其然，才上三周的课，她就成了被学生围抢的音乐老师，连我这样的老教师都忍不住有些嫉妒了。

她的信比较长，有两千多字，依照第一周、第二周、第三周的时间顺序为我描述着她的工作感受。读她的信我很轻松，没有丝毫的压抑或担忧，因为信中字里行间总是充满了乐观与自信，她是不折不扣地在和我分享着她的成功。虽然在教学过程中不可避免地也会遇到某些问题，但她总能够保持一种积极向上的乐观态度，我想，作为一名新教师，没有什么比能拥有这样一种心态更重要的了。

下面这段话是她对自己入职前三周的一个有趣的总结：

上课已有三个星期，我已经跟学生打成一片，我能够感觉得到绝大部分学生都很喜欢我，故而出现了“抢音乐老师”的状况。第二周的星期五，上完1班的音乐课后，同学们拉着我的手叫我留下来（因接下来他们是一节自习课）；这一周快上自习课时路过其他的班级，他们也都纷纷欢呼着要我去跟他们一起玩；今天见到一个男生，一见面他就给我行了一个大大的“绅士礼”，真让我受宠若惊，却又不知所措……

我总是说，我们不要太在乎音乐学科和音乐教师在学校中的弱势地位，因为老师的地位归根到底还是要看他在学生心目中的地位，一个深受学生爱戴的老师是无比幸福的，其地位也是至高无上的。我们不要怀疑自己的这份职业，它是否有地位完全取决于我们自己。我们既有可能成为一枚像尤金妮娅那样被学生狂热爱恋的“蝴蝶胸针”，也有可能成为一个像长辫子老师那样害人不浅的“重要他人”；我们既有可能遭学生拥堵围抢，也有可能被学生嗤之以鼻。这一切也完全取决于我们自己。

我是老师，我要做前者，我期待被人抢。我是这位“被学生围抢的新人”的老师，我为有这样的学生感到骄傲，她被学生围抢仿佛让我也体会到了那种被抢的快乐。于是，我给了她这样的回复：

感谢你让我分享你的感受，看你的来信，我感觉特别开心，因为你的马到成功，也因为在你身上我也多少看到了自己的教学成果。

从你的来信中，我发现其实你根本都不需要再问我什么问题了，如果你问了我问题，我肯定也答不上来，出不了什么主意，因为，你身处其中，感受真实，自然对于任何问题你都能拿出比我更高明的办法来。

作为一名教师，能够被学生抢，那是一件多自豪和光荣的事情啊。我也希望有人抢我呢。这都是你全身心投入这份工作、热爱音乐教育事业的结果。

其实，工作辛不辛苦，主要不是取决于工作量大不大，而是决定于自己对这份工作的热情、投入和热爱，如果爱这份工作，作为教师如果爱学生，那么，没日没夜地工作（只要身体吃得消）也不会感觉到辛苦的。

为你在这么短的时间里就成了被抢的对象而高兴！继续前进！

当老师的最大好处

今天上午通过微信，我和一位几年前毕业、现在在某大学做行政工作的学生进行了一次有趣的对话，话题是关于他是否要从行政转岗做教师的事情。

一般而言，我会鼓励学生做学问当教师，而不是干行政，但任何事情都要具体问题具体分析。在我看来，这位学生根本用不着为此有任何的纠结，因为对他而言，做行政显然比做教师前景更好，原因不便在此细说。可是，他目前看到的只是做行政要天天坐班，当老师自由自在；看自己整天烦恼，看别人开开心心。

我：看别人过得挺好，那是他们没必要跟你诉苦。你是没有体验过搞教学和科研的压力，一旦走上这条路，你就不会这么想了。

他：当教师的话，万一不行就上点课，干一辈子讲师。

我：当身边的人都是教授、副教授，你当个讲师能过得安心踏实？

他：学校里能转的都想转，因为搞行政为别人做事，当教师为自己做事。

我：说说看，搞行政怎么为别人做事？现在几十个教授去争一个处长的位子，你以为教授们都是傻子，或都是在争当活雷锋？当教师又怎么为自己做事呢？

他：上课能为评职称加分，写篇文章能挂自己的名字。

我：原来你还是不满足于做一辈子的讲师哦。上课加分那是课要上得好，写文章挂自己的名字那要写得出。你真以为当教师不去坐班就可以天天在家里打麻将？

说到这里，他似乎有些摇摆。我趁热打铁跟他说，如果他能够做一个像我这样的教授那还行，可是有几个像我这样的傻瓜，放弃坐了多年的处长（总编）位子而甘愿做一个普通老师。还是要先给自己定好位，先想想自己到底能够成为一个怎样的老师，自己未来做处长和当教授哪个可能性更大。下面的话我没敢说出口，太庸俗：当处长只要搞定一个人（校长），当老师可要搞定成千上万的人（学生）。怪我没把话说穿，这些话似乎还是说服力不足，他又开始反复了：

他：你不知道现在的工作好烦的。家又远，天天跑，还这个管那个管。

我：是啊，肯定烦，因为没有直接当处长。不过也不妨再想象一下，当教师万一写不出文章，教学又不受学生欢迎，那种烦可能才是让人绝望的烦呢。

他：一针见血。

他的“一针见血”，表明认可了我的观点，表明他差不多要被我说服了。果真如此，他开始愿意看到做行政的好处了：

他：做行政唯一的好处就是回家不用想工作上的事。

我：对！那你知道当老师最大的好处是什么吗？

他：自由。（要在平常，我会马上说“答对了”，但今天不能这么说）

我：你真以为当老师就会有大把大把的时间玩啊？不是的，你答错了！让我告诉你吧：当老师最大的好处就是整天都让你想着工作上的事!!

本次师生对话到此结束，效果明显，基本上打消了他转岗的念头。

“当老师最大的好处就是整天都让你想着工作上的事”，这可不只是一句幽默的话，而是我的切身感受。我这几年课不多，每周平均也就六节课上下，另外还做点小课题，想想我这样的工作量，真是幸福死了，完全可以有大把时间游山玩水、尽情娱乐、锻炼身体。然而，事实并非如此。

其实我很焦虑，不为别的，就为工作。手上的课题总拖着没法结，没有成块的时间写文章或整材料；老担心硕士生、博士生毕业论文写不好，影响学生毕业是大事；至于发表文章或出版著作，那就不勉强自己了，大不了不再上进，就这样混到退休。可上面这些都是自己的本职工作啊，连本职工作都做不好，怎么不让自己焦虑？

然而，事情远不只这些，很多不属于自己工作范围的事情都必须得做，而且要做好，因此，自己的事情就只能马虎一点，拖沓一些。广大一线教师以及外校学生的要求必须要无条件满足吧，人家如此信任自己，绝对不可随意应付的；教育部布置的包括起草文件等重要事情也必须无条件接受吧，虽然那既无名又特伤脑细胞，但于公于私都是我应尽的责任；朋友请我去讲课那也必须得给面子吧，更何况这也是和一线教师或大学生难得的当面交流的机会；还有诸如评一下课题、写一个鉴定、开个会、写个序等等，这些事情都得做才行。如此一来，本来很充裕的时间，突然就变得很紧张了，只能委屈自己的事情往后拖，这必然让自己整天想着工作上的事情……好在再怎么忙，记流水账、写小感受的时间我还是留给了自己，这可是我对自己感到最满意的地方。

我和爱人都在高校工作，我当教师，她做行政，我羡慕她回家之后不再想工作，她同情我甚至没有星期天。我决定，若我那位学生再三心二意，我就举我们家的例子来吓唬他。

对了，还要补上一句：当老师的第二大好处是天天都把工作带回家！

国培讲座开场白

一

时间：2013 年 7 月 27 日

地点：湖南第一师范学院音乐系

老师们好！

你们放弃与家人旅游度假的机会，在如此炎热的气候“烤焰”（考验）下参加国培学习，令人钦佩；我为能有机会和你们一起分享音乐教育的热度，深感荣幸。但愿我今天向大家所做的交流汇报不至于太沉闷枯燥而让你们更感燥热，若能够为老师们带来一丝清新与凉意，我将心满意足。

我比较喜欢轻松自由、随心所欲地与老师们分享音乐教育的小故事、小感受，就像我在 QQ 空间里发表的小杂文一样，有感而发，随意而写，用心交流，贴近实践，因而受到老师们的鼓励和欢迎，而我自己也很有成就感，比在刊物上发表文章甚至出版著作让我更有兴趣，也更能体现自身的价值。

就如大家所看到的，7 月 24 日在 QQ 空间里发表的《总有一件事情能够让学生记住》，显示阅读有 500 多人，转载与分享 20 多次；7 月 25 日写的《没有第二次机会给学生留下第一印象》，显示阅读有 700 余人，转载与分享 70 多次。若算上转载后的阅读量，两三天之内这两篇文章至少有数千人阅读，这就是网络的力量与神奇。

当然啦，我能写出这些文章，提出某些观点，自己却不一定能够做好。不过我在写作的过程当中也在不断反思：在我 20 余年的大中小学音乐教学生涯中，我有什么样的事情让学生记住了呢？我给我每一届、每一班的新同学留下的第一印象是好还是坏呢？具体联想到今天的讲课，我又有哪件事情可能会让老师们记住？我会给老师们留下怎样的第一印象？于是，我有一个小小的请求，想请老师们先给我一点点时间，允许我在讲课开始前做一个小小的活动。

在座的老师当中有一位网名叫雯雯的老师，昨天在我的 QQ 空间里留言说期待我来讲课；另外，今天还有几位是远道而来或就近顺便来旁听的老师，他们都是从网上得知我回长沙讲课的消息的。不管是给我留言还是前来旁听，你们都用你们的方式给我传递了力量，所以，我想送给为我留言的雯雯老师以及远道而来的尹斌老师一本书。这本《守望音乐教育》记录了我这些年来的音乐教育心路历程，今天送给你们两位，应该比较准确地表达了我对在座各位音乐教育守望者们的敬重与感激之情。

……

活动结束了，不知老师们是否记住了这一刻，也不知道我留给大家的第一印象又如何，但我努力过，没遗憾，不后悔。

注：实际上我没讲得这么顺溜，我的口头表达能力远比文字能力差，是我根据大意整理加工出来的。之所以要记录下这个开场白，是想表明我平常在空间里写的那些小感受其实受益的首先是自己，它能促使我常常反思和改进自己的教学。为此，我很期待有更多的音乐教育同仁能够加入到写作的行列中来，养成思考和动笔的习惯，以便让我们有更多的机会来彼此分享关于音乐教育的心灵感悟。另外，课间休息的时候，我还把书送给了这次参加国培学习的两位年龄较大的老师，以表达我对他们长期坚守音乐教育阵地的一份深深敬意，希望他们能够喜欢我的小书。

二

时间：2013 年 8 月 1 日

地点：湖南怀化学院音乐系

老师们好！

每次讲课都会有主持人对讲课者进行一番介绍，从不例外，我们似乎也习以为常。可是我总觉得和我们一线老师交流，这种“隆重推出”式的介绍人为地拉开了我和老师们之间的距离。所以每次听领导介绍我时，我都只是无奈地、尴尬地笑一笑，表情很不自然。不是说介绍的内容有多夸张和虚假，而是实在没有这个必要。课讲得好不好，听课者认真不认真，跟讲课者的头衔和名气没有任何关系。如果被隆重推出而课却讲得很糟糕，反而会给听者留下沽名钓誉、徒有虚名之印象，实在是有些得不偿失。

为此，今天我要重新再做一个自我介绍。归纳为五句话，大致内容如下：

我是一个没有任何行政职务头衔的普通老师。我曾经也有过多年的行政工作经历，那的确能够获得更多更便利的资源，也更显自己有影响有地位，但还是做自己最喜欢的事情好，“若为自由故，二者皆可抛”。自到华南师范大学音乐学院工作以后，我虽然是一名普通老师，却赢得了珍贵的身心自由。可以说，在广州这四年是我人生中最快乐、充实的四年，过着一种简单的生活，自由的感觉真好。

我是一个农村小学音乐教师出身的教育学者。我18岁中师毕业成为音乐教师，曾在农村乡镇中小学任教十年，后来考研读博进入大学工作。从小学一年级到博士研究生我都教过了，这一直是我引以为荣的地方，也是我对一线教师特别有感情的原因。多年的中小学音乐教师经历让我切身感受到：一线音乐教师地位较尴尬，工作也辛苦。我要做一个名副其实的“草根教授”，努力为大家做点什么。

我是一个愿为音乐教育守望终生的“痴心恋人”。年轻时我痴迷歌曲创作，博士在读时我在教育行政部门兼职，毕业后我做过刊物编辑记者，后来又当过多年大学出版社总编辑。虽从未完全脱离音乐教育，但体验过不同岗位之后，我最终还是坚定地回归音乐教学课堂。因为，音乐教师的职业幸福感其实挺高的，我要让自己的生命融入音乐教育，用毕生的精力谱写育人乐章，做音乐教育永远的守护者。

我是一个拥有众多音乐教育好友的网络新辈。我的Q龄不足四岁，空间也才开通一年半的时间，但QQ好友已超过一千五百人，空间点击率也达十万余次。一个网络新人拥有如此众多好友，这是音乐教育的魅力体现和慷慨恩赐，更是共同的追求让我们聚到了一起。我将倍加珍惜这笔无价的财富，通过网络空间传递正能量，永远坚持“有文必改、有问必答、有信必回”，以此报答大家对我的支持和信赖。

我是一个追求音乐梦想励志男孩的幸福父亲。我儿子在武汉大学测绘工程专业本科毕业，此前没有接受过任何音乐专业培训，但他怀揣音乐梦想与不懈追求，凭借音乐天赋兴趣和对音乐的突出感悟，通过参与音乐实践活动的“野路子”学习，积累起音乐发展能量，大跨度专业转型，被著名现代音乐学府美国伯克利音乐学院录取，书写了一段传奇，为反思与完善音乐教育的理念与现实提供了经典案例。

这就是我：一个没有任何行政职务头衔的普通老师，一个农村小学音乐教师出身的教育学者，一个愿为音乐教育守望终生的痴心恋人，一个拥有众多音乐教育好友的网络新辈，一个追求音乐梦想励志男孩的幸福父亲。

共鸣就是希望

应西华师范大学音乐学院的邀请，我参加了该院建院20周年的庆典活动。活动是以“高校音乐专业学科建设与课程改革研讨会”的形式举行的，四川省内所有音乐院系以及部分来自重庆相关院系的领导专家们出席了这次研讨会。虽然我去得很勉强，但收获却很意外。

这是第五次到西华师大了。第一次去算是正式讲学，另外三次去是给国培班老师授课。去得实在太多，我自己都有些不好意思了，所以这一次本来是很想推脱的，但一来二往地感情深厚加之心太软，实在拉不下面子。院领导联系我时指派的任务是一个小时的主题发言，我也就依此做了相应准备。

尽管这些年在外讲课比较多，但更多地还是和中小学老师或大学生交流，真正面对几十所高校的领导专家发言，这种机会很少。在这种场合下该讲什么呢？大家都是学科建设方面的行家里手，我一个普通老师怎么能够在他们面前班门弄斧？但是既然答应下来，那么我就讲点自己感受最深的东西吧。于是，我准备了一个题目叫“入职教育课程建设与教师教学担当”。我给自己发言的定位是：以一名高校普通教师的身份，向与会领导专家提出一个问题、汇报一个想法、分享一个案例。所谓提出一个问题，即音乐专业学生的入职教育问题；汇报一个想法，即关于入职教育课程建设的构想和对教师教学担当的呼吁；而分享一个案例，就是分享近期我上大一新生课程的感受。

坦率地讲，虽然我认真做了准备，但我并不指望能够得到大家多么肯定的评价，因为在当前中国高等教育大背景下，谈什么关注学生需求、关爱学生心灵、关心学生成长等，显然都有些不合时宜，甚至有可能让人耻笑。但是，我想既然要我发言，那我就要说真话，而且要站在大学生的角度来说点实话，而绝不要漠视学生的存在来高谈阔论什么学科建设与课程改革。

直到开讲前一分钟我才得知，开幕式之后的时间都留给了我，原计划一个小时的时间临时延长到两个小时。这我倒是不担心，因为有感而发的东西既可长说也可短讲，两个小时其实不长不短刚刚好。时间过得很快，在与会代表们热情的掌声中我结束了自己的发言，坐回到了听众席。

在主持人总结陈词的时候，我习惯性地拿出一颗巧克力来以防低血糖发作。坐在我旁边一位来蹭课的大一学生悄悄对我说：“郭老师，今天来听您的讲座真幸运，您好有爱心啊，做您的学生真幸福，我将来一定要争取成为您的学生。”然后，她也从包里掏出一粒糖递给我，我说我有吃的谢谢啦，她便很自然地把糖放回到自己的包里。大概一分钟之后，只见她又把糖掏出来，很认真地对我说：“郭老师，您今天带给了我一份感动，我还是想要把这颗糖送给您……”见她如此真诚可爱，我当然快乐地收下了这份甜蜜的礼物。

会议散场的时候，很多老师都走到我的面前，不吝赞美之词，肯定和鼓励了我的发言，并纷纷要了我的联系方式。晚宴上，又有许多领导来向我敬酒，我特别记得有一位领导对我说，听了郭老师的报告，我非常感动，终于找到了知音……

毫无疑问，我这一次本不自信的发言竟然意外地引起了强烈的共鸣，这让我特别兴奋。我兴奋的主要还不是我个人得到了大家的认可，而是我没想到其实还是有那么多的人投入到教学工作，心系着我们的学生。我突然觉得，是不是我之前太过悲观。可不是吗？只有志同道合者才能够彼此产生共鸣的。我深信：当我们有越来越多的人意识到只有首先做好自己才能慢慢改变环境时，我们的教育大环境就一定会逐步得以改善。

有共鸣就有希望。在教育面前，让我们每个人都能有所担当。

永远的鞭策

这次去西华师范大学参加学术交流活动，参会者主要是高校领导和教师，但还有一个特殊的群体也聆听了会议，那就是国培班的中小学音乐骨干教师（其中部分是中小学校长）。会议那天刚好是为期三年的骨干教师培训班结业日，我也因为他们而有幸连续三次去西华师大学习交流，这一次尽管不是专门为他们讲课，但是因为他们的到场，就如我在开场白上说的，我感觉见到了亲人，他们就是我的坚强后盾。

的确如此，能够连续三年都有机会见面，这是缘分。尽管每一次都十分短暂，甚至有时候还来不及打个招呼，而且大部分老师我也记不住名字，但是彼此之间依然结下了深厚情谊。这一次，可以说是老友重逢，故当我看到他们在场的时候，心里顿时踏实许多。

然而，令我又有些担心的是，这一次我讲的内容不太关乎中小学音乐教育，而是高校课程建设方面的话题，我觉得这最后一次的交流，竟然让他们听自己不感兴趣的东西，这实在有些太委屈他们了，而且我也担心由此会给他们留下不好的印象。

但是，我很幸运，一路走来，总是有人不断地给我鼓励，不管我做得怎么样，大家都能够理解我的用心，宽容我的能力，这一次也不例外。那天晚上我和几位国培班的老师一起喝茶，就让我深深感受到了老师们传递给我的正能量，之后又收到他们的短信或留言，也无一不是给我信心和力量的，无一不是让我感到温暖和幸福的。下面这篇由国培班任智歆老师熬夜写的日志，就是最好的例证。任老师是四川省绵阳江油市青莲镇中心小学的校长和兼职音乐教师，她告诉我说，在他们校园的醒目位置一直悬挂着这样一条标语："安安静静从事教育，安安心心经营课堂。"说得真好，如果我们都能够达到这样一种"静心"的境界，那我们的教育会多有前途，我们的孩子会多么快乐。

此前，我曾提出过"教学即分享"的观点，我认为教学应该是教师充满人文情怀地与学生分享自己所掌握的知识，与学生分享自己的学习方法与人生感悟，而不是居高临下地单向、单一地向学生灌输知识和技能。今天，我还想进一步提出"教学即享受"的理想，我们不应该只知教学而不会享受，我们不应该把教学理解为是一种燃烧自己照亮学生的蜡烛行为，而应该把教学看作是一种教师实现自我价值与追求卓越的个体活动。在当下，我们尤其要学会享受教学，要勇于追求教学享受，要把教学看作是一种享受活动，既要享受充满创造性的教学过程，也要享受充满成就感的教学结果，还要享受人世间最纯真美好的师生关系。

虽然任老师的这篇日志美化了我，让我感到很惭愧，但是它对我内心的解读是很准确的。很显然，我现在还没有做得那么好，但是我正朝着这个目标在努力，而在我前行的路上，我不能没有老师和同学们给予我的激励和动力。所以，我要把这篇日志收藏起来，让它成为我永远的鞭策。

做一个纯粹的老师

——有感于郭声健老师的讲座

任智歆

今天，在西华师大的最后一次国培专家讲座上，我有幸再一次走近郭声健老师，聆听了他的讲座——“入职教育课程建设及教师教学担当”。两个多小时的时间，我的心从未如此宁静而又波澜起伏，郭老师的许多话语，让我似遇知音，内心更加坚定了曾经犹疑过的想法，感觉浑身充满了力量。

虽然他谈论的是高师音乐教育的一个新课题“入职教育”，但就我的感受来看，其中的思想、意识及他对教育的感怀，对我们每一个从教者都深有启发。

从郭老师与大学生张晓敏同学一年之久的书信往来这一事例中，我们感受到的是一个充满爱的感性而鲜活的老师！他是如此关注孩子们的心灵成长，如此细心呵护每一个孩子的自尊，疼惜他们，用心帮助他们真正地成长。就是这样一位大学教授，他把他的学生称作“孩子们”，他用心阅读着孩子们的每一封书信，并从中提炼出每一个孩子的特点；当学生对他提出质疑时，他不仅不生气，还耐心倾听，用真心换取学生的信任和尊重。从他精心准备的第一堂课，到他与孩子们的每一次交流，无不流露出人性中最光辉的真善美。难怪老师们、同学们会亲切地称呼他“草根教授”、“童心十足的热血教师”。

他谈到的“教学勇气”、“关注心灵”、“教学担当”等观点都令我耳目一新，似清风拂面，于纷扰中让我们穿越时空，回归到最本真的教育。一个当了10多年博导的教授，正在思考着如何放弃一些东西而全身心做一个纯粹的老师，走进课堂，潜心教育，钻研教学，这，又需要怎样的一种情怀、一份担当、一份舍得？

低调的郭老师通过朴实的讲述让我看到一幅幅温馨和睦的师生交流的

画面，在他平实的语调下，其实是在用生命的激情演绎着华美的“以德化人”、“以情动人”、“以心育人”的篇章。

感谢您，郭老师！您让我更坚定了走进课堂的决心，提醒我要更关注学生心灵的成长，也让我更加坚信：付出爱，是幸福的；阳光，一定会照进心灵！

2013年11月9日凌晨1点14分于南充

三、享受教学研究的理性沉思

我总认为，所谓先进的教育理念实际上都是最朴实的教育道理，
它们更多来自于实践的探索而不是理论家们从脑袋里拍打出来的，
真正的教育家头衔应该当之无愧地戴在优秀的一线教师身上。

我还认为，最优秀的教师并不见得就是那些在当前体制下评选出来的为
个人和学校争得过多少荣誉、获得过多少奖励的人，
而是那些真正一心扑在学生身上，
能够让每一个学生都充分发挥自身潜能和健康快乐成长，
通过不断探索研究形成了自己的教学理念、风格与特色，
并为广大学生及家长所爱戴的人。

访罗恩

这几天我一直在认真研读《罗恩老师的奇迹教育——点燃孩子的学习激情》(罗恩·克拉克著，李文英等译，中信出版社2012年5月出版)，尚未读完，却已经急不可耐地要向大家推荐和分享。

首先，让我们来认识一下这本书的作者和主人公吧。罗恩·克拉克，大学毕业后周游美国55个州及世界其他地区，23岁开始在家乡北卡罗来纳州的一所乡村学校任教，5年后来到纽约市哈莱姆区，取得了巨大的教育成就。年仅28岁就获得"全美最佳教师"的殊荣，美国著名脱口秀主持人奥普拉赞誉他为"最了不起的人"，美国前总统克林顿三次邀其做客白宫，他的故事被好莱坞搬上大荧幕，令全世界教育者为之鼓舞。2001年当选美国年度教师。他创作的畅销书《55条班规》和《教育者的11项卓越品质》在全美引起轰动。他用稿酬创办了罗恩·克拉克学校，希望为全美乃至世界教育提供一份范本，如今他的学校已经成为全世界教师的进修圣地。

本来，这个假期我还有许多既定的任务没有完成，但沾上这本书之后，我下决心放弃其他的工作，而专心享受这样一本对于教育工作者来说很难得的书。这的确是一本值得一读的好书，作者写得很棒，翻译也很不错，尤其是书中那一个个感人的教育小故事，读起来让人感到很有趣、很快乐、很受教，也很容易让读者入境生情，不时拍案叫绝。读了这本书，我们会更清楚什么是真正的教育，什么是老师真正的成就感，谁是最优秀的老师，谁是最幸福的学生，谁又是最称职的家长，怎样才算是为了学生的一切和一切为了学生……

其实这本书中渗透的很多理念我们都耳熟能详，甚至也经常挂在我们的嘴边上，写在我们的文章里。但我们往往是说一套做一套，或想到要那么去做但实际上又做不到，而且还常常能够为此找到让自己心安理得的若干借口，把自己本应承担的责任推脱得一干二净。

我总认为，所谓先进的教育理念实际上都是最朴实的教育道理，它们更多来自于实践的探索而不是理论家们从脑袋里拍打出来的，真正的教育家头衔应该当之无愧地戴在优秀的一线教师身上。不过，我又认为，最优秀的教师并不见得就是那些在当前体制下评选出来的为个人和学校争得过多少荣誉、获得过多少奖励的人，而是那些真正一心扑在学生身上，能够让每一个学生都充分发挥自身潜能和健康快乐成长，形成了自己的教学理念、风格和特色，并为广大学生及家长所爱戴的人——无疑，罗恩·克拉克就是优秀教师的最典型代表。

这本书，可以说是由一个个感人而富有启迪的故事所构成的，但这些故事还必须由大家亲自去阅读才更有感觉也更有领悟，若由我在此转述就没什么意思了，而且转述的工程也太庞大，根本不现实。所以在这里，我想请大家允许我假扮一回记者，采用模拟访谈罗恩·克拉克的形式，把我认为的书中精华内容进行编辑整理再传达给大家，这样的话，大家读我接下来要发表的访谈录才不至于枯燥乏味和找不着边际。

就如我前几天在QQ空间里说过的，观看影片《罗恩·克拉克的故事》（又名《热血教师》）远远胜过参加一次培训；我在这里还想说，读这本《罗恩老师的奇迹教育》也同样远胜过参加一次培训。自然，书中并没有教我们如何具体去上音乐课，但当我们一旦了解了教育的真谛，具体的教学又算得上是什么难题？我爱人不是老师，但她说过的一句话我一直铭记着：一个热爱教育、热爱孩子的老师，会有什么不会教的?!

这几个月我读的书，的确从某种程度上是在想着“为大家而阅读”，但这本书我自认为无法替代大家去阅读，因而也无法去为大家节省时间。为此，我期待老师们能够在不那么忙碌的时候，抽时间去读一读这本书。而我接下来要发表的《访罗恩》就权当是抛砖引玉吧。

本人：克拉克先生您好！谢谢您能够接受我的特殊采访。我是一名普通的中国音乐教育工作者，看了以您为原型拍摄的电影《热血教师》，又读了您写的《罗恩老师的奇迹教育》这本书，我很受教育，也深受感动和鼓舞。我想首先问问您，透过《罗恩老师的奇迹教育》，您希望给从事教学工作的同行们传递怎样的理念?

罗恩：激情。当你和孩子们一起工作时，特别是和那些把你逼得发疯的孩子们在一起时，一定要看到这些孩子的潜能。想办法让你班上的每一个孩子都有远大的梦想，无论条件有多么艰苦，挑战有多大。你必须关照每一个孩子，并看到他们的潜能。我确实感到我的职责就是给他们带来变化。我要传递的也就是这个理念。

本人感悟：激情，似乎不是我们一般理解的理念，但它的确比理念重要百倍。普通的老师、平庸的老师与优秀的老师相比，最缺的、有差距的或许就是激情，而不是理念、素质、水平等。我们并非天生缺少激情，但毋庸讳言，我们的激情随着时间的推移慢慢地被许多功利性的东西吞噬了。

本人：除了激情之外，我发现您还特别强调教师要善于发现孩子的“潜力”或“潜能”，能否请您就这个问题进一步阐述一下您的高见？

罗恩：一旦我们发现他们身上的潜力，他们也就会开始发现自己的潜力。当你走进教室，如果你“看到”的是一班违反纪律和有学习障碍的孩子，那你肯定会变得手忙脚乱。而如果你“看到”的是一班律师、商界精英、艺术家和总统，那你就会自如地以你的方式塑造一班高度自信，并对成功有着自我期待的学生。

我曾与很多“看似问题丛生”的学生相处过，一旦外在的隔阂被打破，我总会发现，他们本质上都充满激情，富有天赋。我们不可以放弃他们，我们应该相信他们的潜能。

作为成人，如果我们都看不到每个孩子身上的潜能，真正相信每个孩子都能学习，那么我们怎么能期望他们自己树立理想，看到自己身上的潜质呢？作为家长和老师，我们必须用一种积极向上的态度与孩子一起努力。

作为成人，我们有责任比孩子自己更深入地了解他们，要乐意深入挖掘，仔细观察，这样才能发现他们内心所蕴含的潜力。如果我们能穿透孩子们的种种借口和坚硬的外壳去观察，就会发现他们每个人身上确实都存在潜力，这样我们才能着手帮助他们每一个人，实现我们所看到的他们内心深处的魅力潜质。

本人感悟：根据加登纳的多元智能理论，人的智能有数种，每个人都具有自己的优势智能，教育的使命就是要挖掘、发现和发展学生的优势潜能，让每一个学生都成为最好的自己。可我们往往只看到了学生的表象，看不到学生的潜力；只看到了学生的现在，看不见学生的未来。而看不到学生潜力的直接后果是：一大批本可以在未来大有作为的学生被我们早早地贴上了“后进生”的标签并义无反顾地予以放弃。我们也不妨问问自己：每当我们走进教室的时候，我们“看到”的是什么人，是问题儿童，还是未来精英？

本人：对于教育工作者来说，发现孩子的潜能的确十分重要，可在应试教育的现实背景下，教师首先得要为学生的成绩负责，而据我了解，美国这些年也是很重视应试教育的，您是怎么处理发现孩子潜能与提高学习成绩这对矛盾的呢？

罗恩：我认同教师要为学生的成绩负责，但我同时鼓励老师们寻找创造性的方法激发学生学习。提高成绩不必“应试而教”，有很多办法可以让学习变得有趣，同时实现教学的最高水准，并提高考试分数。我没有教孩子们应试，我教给孩子们内容，尽我所能把教学变得有趣和吸引人。每一年他们的考试成绩都名列前茅，这是因为他们有对知识的渴望，他们自己想学习，那么进步就快。

因为考试系统存在的问题，它已经引发了对“为了考试而教”的改革。我们要求教师们利用所有可能的时间，使用一切方法，将一整天都用在学生的数学、阅读和其他科目的学习上。教师和整个学校系统都处在监督下，防止他们擅自改动学生们的考卷分数来提高成绩。还有一些教师告诉学生们，如果他们考不好的话，就会导致教师失业。这真令人尴尬，对教师们来说简直是个耻辱。

我申明：作为教职人员，我们绝不要向学生们提起学习的目标就是参加期末考试。在我们的学校，关于“为考试而学习”和提升学生分数的讨论都是不允许的。我们想让学生们意识到：他们之所以学习，是因为学习充满了乐趣，获取知识是世界上最美好、快乐的事情之一。认为学生们是在为准备考试而学习的想法叛离了这所学校的整体精神和灵魂。这种想法践踏了我们整个教育系统，也侮辱了我们的教师和学生们。

但假如你所在的学校对“为了考试而教”有着严格的规定，你就要遵循你所在的体系的目标了。但是，你还是能够正面、乐观地对待考试，让学生们看到，你并不为考试感到压力重重，而且他们也没必要感到压力。尽你最大的能力让学生们达到可能的最好状态。假如你是一位具有创造能力、想要创新并想在自己的课堂上有自主权的教师，最好的方法就是用出色的考试成绩来证明自己教学方法的有效性，并以此为自己争取教学的自由。

本人感悟：从罗恩的谈话中我们不难看出，在《不让一个孩子掉队》法案颁布以来，美国中学的应试教育倾向是很严重的，尤其是家长特别看重孩子的考试成绩，与我们不同的是他们不是唯升学而成绩。他们为了提高学生的学习成绩，可以说是千奇百怪的法子都用上了，唯一不用的方法就是题海战术和读死书。而创新与选择教学方法的标准和目标就是让学习变得有趣，进而让学生喜欢学习，对知识充满渴望。

本人：能不能请您具体介绍一下，您和您的同事们采取了哪些方法来让学习变得有趣的？如果学生不喜欢您教的内容，怎么办？

罗恩：让学生爱上学习的最佳方法就是，要把你希望在孩子们身上看到的那种学习热情和激情，亲自展示出来。应该让孩子们看到你是一个终身学习者，而且你仍然对知识有着无限的渴求。

对于老师来说，如果你的学生问了你一个问题，而你对答案也不确定，请不要撒谎。有些成年人喜欢表现得无所不知，但这样做会向孩子们传达错误的信息。没有人是全知全能的，我们真正应该教给孩子的是让他们知道，真正的天才是那些能够自如地解决自己所面临的问题的人。

我们的家长和老师们都知道，学习的内容越是枯燥，孩子们就越是容易缺乏学习热情和兴趣。一旦发现孩子们不喜欢学习，不管是数学、科学还是阅读，我们都必须采取强力措施！他们的厌学情绪持续越久，对他们的危害也就越大。一定有这么一种方式，它把学习带入生活，并把学习热情注入孩子的心灵深处。为了孩子们，我们应该找出这种方法。

我决定找出一种办法，让孩子们爱上我的课堂。我一直都说，如果他们喜欢上你的课堂，那他们也会喜欢你授课的内容。为了达到这种境界，我常尽力找到学生们当下喜欢的东西，不管是电影、歌曲，还是体育团队，并且把这些用到我的课堂上，以增强教学效果。

在我的孩提时代，我母亲为了让我爱上读书，就把自己扮成公主、邪恶的王后、仙女、巫婆、人的卵子，甚至无头骑士。为了给我惊喜，让我喜欢上一个故事，她不怕给孩子们创造这样的奇妙世界所带来的麻烦，那么我们也就可以用同样的爱来灌溉我们的孩子。

在教室里，或许你穿得像个历史人物，让自己的声音听起来像一部小说里的人物，哼唱或者说唱一首经过改编、带有学习内容的歌，或是用倒立的姿势去表彰那些取得杰出成绩的人。关键是必须让孩子们知道，我们并不在乎其他人如何看待我们，为了帮助他们获得成功，我们心甘情愿做任何事。如果让他们知道，我们在乎别人对我们的看法，那就无形中给孩子们树立了一个坏的榜样。在克拉克学校，因为老师们毫无顾忌地跳舞，学生们也变得自由洒脱；因为我倾情投入模仿小说中的人物，学生们也改变自己的声音模仿朗诵；因为我们不在乎人们是否会认为我们不会唱歌，学生们才会无所顾忌放声高唱。当我们让学生们看到，我们不会因为承认错误而窘迫，不会害怕坦诚我们的一位教员爱上了别人，或者是我们为每天的学习而感到兴奋，我们的学生就会学到同样的性格。他们关注着我们的一举一动，而且在学习我们。我们将这一切解释为毫无畏惧地生活的能力，因为这样做会让他们相信，他们也同样能够充满力量和勇气地去生活，忽视别人对他们的看法。

对于家长和老师来说，如果想和你的孩子更亲近些，那你就应该能够和孩子们谈论他们感兴趣的事情。我刚开始当老师时，我的学生们喜欢“鸡皮疙瘩系列丛书”，而对我来说，读这套书简直就是这个世界上我最不想做的事情，但无论如何我还是硬着头皮把它看完了，并且还在那些故事里发现了些许乐趣。

作为家长和老师，我们应该确保自己了解我们教育和养育的对象，确保自己对他们的了解是全面的，并且知道要通过他们热爱的东西来与他们建立更加亲密的关系。

作为和孩子在一起的成年人，我们应该确保我们所营造的环境是适当的，设定合理的预期，让我们自己成为充满激情与能量的榜样。我们想让孩子们明白没有什么是比学习更有乐趣的事，那么，我们就要制造一种学习的氛围和文化，让孩子们在这种文化中能够体会到学习的巨大乐趣，并让他们拥有渴求知识的欲望。

本人感悟：让学生对学习产生兴趣的办法是一定有的，我们也一定能够想得出来的，但问题是我们不一定能够像罗恩老师那样做得出来。因为我们不想改变传统的师者形象，我们害怕暴露自己无知的一面，故我们无法在学生面前表现出那种学习的激情和对知识的渴求；更羞于在学生面前做出那些不符合传统师者形象的“不成体统”的举动，因而无法赢得学生对我们的亲近，进而也无法让学生因为爱我们而爱学习、爱知识。

本人：难怪在您的课堂上，您总是充满激情，与学生是那么亲近，而学生也是格外的活泼好动，课堂气氛有时候近乎疯狂，甚至您还喜欢站到桌子上讲课。对此，您能否用具体的实例来说明一下究竟是如何让课堂动起来的？您为什么要站到桌子上讲课呢？

罗恩：例如，我要上关于希腊神话的课，就告诉学生们每5人分成一组，然后用10分钟的时间来准备如何把一个故事表演出来。我有一个大箱子，里面装满了道具——是我这么多年积攒下来的。从假发、篮子到烛台，应有尽有。我也允许学生们自己收集任何喜欢的道具。只有10分钟的时间，他们必须快速行动。第一次这样做的时候，总是会一片混乱。但很快地，他们进入了状态，开始为表演做起准备来。

10分钟准备时间结束后，学生们轮流表演他们各自的故事。这是个让他们记住所发生的事件的绝好方法，同时也为以后的课程传递了强有力的信号。当我在讲授关于战争和历史上重大事件的课程的时候，我能看到学生们真的在全神贯注地听讲。他们还经常会问，我会不会让他们把那些事件表演出来。我会对他们说："你们永远不会知道。"实际上，我们每个月才会表演一次，但是这已经足够让学生们时刻保持兴奋了。这项活动还有一个潜在的作用：帮助学生们克服在人前表演时的恐惧感。因为我没有给他们时间来思考，他们需要的只是跳起来，行动！

访问过罗恩·克拉克学校的人都看到过我站在桌子上给学生们上数学课的情景。跟只站在教室讲台上相比，我更喜欢跳上桌子，尽可能地为教室注入激情，给课堂带来活力！我们的学生也经常讨论起他们有多么喜欢教师们跳上桌子，这已经变成了罗恩·克拉克学校的标志之一。

站在桌子上，我能看见一切！我认为，学生们在课堂上变得更加努力的原因是他们意识到我能看到他们、他们的笔记，以及课桌上所有的东西。但相对这些"功能性"的理由而言，更重要的是——站在桌子上很好玩！与众不同、大胆、刺激，我就像在用一个高音喇叭。而且就像我多年以前学到的那样，如果你跟孩子们在一起的时候，你自己觉得很好玩，学生们也会享受这一乐趣。天哪，我能够从他们的眼睛中看出来，他们很喜欢这样！

一天，我们正在唱一首歌的时候，我能从乔丹·布朗的眼神中看出来，此时他非常想跳上书桌，他几乎都快控制不住自己了。所以我示意他说："来吧！"仅仅一跃，他就跟我肩并肩地站在一起了。这就是整个过程。我还没有反应过来的时候，全班学生都已经站在书桌上了，大声地唱着歌。

在罗恩·克拉克学校，我们一直允许学生们跃上桌子，自由地表达自我。这样无疑太棒了。孩子们站在书桌上或讲出自己的观点，或发表演讲，或唱教育歌曲，或为同学鼓励欢呼。他们喜欢、欣赏这样的自由。

本人感悟：天哪！老师站在桌子上讲课，学生站在桌子上唱歌，这情景真是有些不可思议，却又是那么令人艳羡。如果我从教生涯一辈子能有一次这样疯狂的举动，那就足矣，但现在我还只有坐在桌子上讲课的经历。其实谁都能站到桌子上去，但几乎谁都不敢站在桌子上进行教学，也正是因为如此，我们才无法达到罗恩老师这样高的教学境界。不过，音乐老师有没有敢于尝试的？让学生站在桌子上唱歌，或者自己站到桌子上为学生表演，那种感觉一定很美妙，也一定痛快极了。用罗恩老师的话说：站在桌子上一定很好玩的！

本人：我相信乔丹·布朗永远都忘不了和您肩并肩站在桌子上的那一刻。在我们看来，您和克拉克学校的确创造了一个教育奇迹，我想这不仅得益于你们拥有先进的教育理念，更是和您以及您的团队的那种敬业与奉献精神分不开的。您说呢？

罗恩：我们无法为某个时刻标价。一生中，我们有很多一笔带过的过去，但有一些特别的事情却让我们印象深刻，永世难忘。这些事情对我们影响深远，将相伴我们一生。我们自我的形成、信仰的皈依，以及世界观的建立，无不以种种方式得益于这些难忘的时刻。在克拉克学校，我们意识到了这一点，并尽我们所能去创造让学生们铭记一生的特别时刻。

教孩子们的时候，我全身心投入，因为我知道，在这短暂的岁月里，我会对孩子们产生终生的影响，我不想浪费一分一秒。我把他们当成自己亲生的孩子，并把自己的工作更多地视为教师和家长兼具的角色，而非仅仅是教师。

奇迹得以发生，是因为和我一起工作的是一群无私忘我、富于同情心，且把鼓励儿童视为人生使命的人。所有的老师都应该对自己的工作有这样的坚定信念，即做教师并非一份工作，而是一份使命，召唤我们服务于更高的目标，付出自己的全部，把为我们的孩子创造幸福和安康作为我们的首要任务。

你为他人提供的帮助越多，来向你寻求帮助的人就会越多。当你伸出援助之手时，你的团队就会更加稳固和强大，而随着你的团队越来越稳固和强大，孩子们就会成为真正的受益者。

我们所有人都应该有那种奉献精神，这样一来我们在教育孩子的时候就能做到“把事情办成”。总有一种方法，能够让每个孩子都理解那些概念；总有一种方法，能够让每个学生都发挥出最高水平；总有一种方法，能够让孩子们成为最好的自己。如果我们把时间花在抱怨上面，孩子们就不会变成我们所希望的那样，这就等于浪费了原本可以用来找出解决办法的宝贵时间。

作为为孩子们工作的人，我们通常都很清楚他们所承受的压力，但有些情况确实是我们永远都不会知道的——我们不会明白他们心中的痛苦和挣扎。但我们所能够做到的是，爱他们，并视其为我们挂念和尊重的人。我常常扪心自问：“如果我的孩子遇到这种情况，那我会希望他的老师怎么来处理呢？”这往往能够为我遇到的情况找到正确的处理方法，而且会为我帮助和鼓励孩子们指出正确的方向，并给予他们所需要的爱。

作为老师，我们需要时常提醒自己，孩子们没有表达感情的意识。即使他们从不对我们表达，我们也要一如既往地付出爱并鼓舞他们，要尽我们所能地去培养他们成为更优秀的人。我们这样做并不是为了获得某种肯定和认可，而是因为我们爱他们，因为这样做是正确的。你不能因为曾教过他们三个月，曾开车载他们回家，或者甚至曾带他们去日本旅行，就认为你的努力应该得到感谢。你应该提醒自己，你所希冀的并非感谢，你追求的应该是孩子们的成就及对他们的人生所产生的积极影响。

本人感悟：每个人的成长都离不开特殊事件、特殊人物、特殊时刻的特别而积极的影响，这些特别而积极的影响将对一个人的生命走向起到关键性作用，我们应该成为学生成长路上的关键人物，我们也应该创造让学生铭记一生的特别时刻。我们不该浪费一分一秒的时间，因为短暂的教学岁月将对学生产生终生的影响；我们不要把时间花在抱怨上面，因为利用抱怨的时间或许就已经找出了解决问题的办法；我们也不要因为付出而期待学生的感谢与回报，因为教师所能获得的最大回报就是学生的健康成长。“教师并非一份工作，而是一种使命”，这句话不是一句口号，而是教育者的人生坐标。

本人：正是因为这样一份使命感，使得您和您的学校能够创造出教育奇迹，而这种使命感，并非虚无缥缈、空洞无物，而是体现在教育教学工作的每一个细节中，不知我的这种理解是否准确。能否请您具体介绍一下你们是如何注重教学细节的？

罗恩：（这是一个很好的问题，但谈“细节”需要细细地谈，一时半会说不完，我就举几个小例子吧）

记住姓名是了解的第一步。在5月，每一学年进入尾声时，克拉克学校的学生和教职员工都要参加一场考试，考试的内容就是新来的五年级学生和老师的名字。我们每个人都要记住克拉克学校这个大家庭中所有新成员的姓和名，并且能正确拼读。教职员工还要记住家长们的姓，而且在有些情况下，还要记住那些在孩子生活中扮演重要角色的家庭成员的名字。如果你们真的想在彼此之间建立良好关系并使之像个大家庭一般，那么所有人都应该互相理解，而记住对方的名字是了解的第一步。

向学生隆重推出自己。在开学的第一周，我们要求所有的教职员工都准备好一个面对学生的1小时发言。我们希望他们每个人都能向学生作自我介绍，展示他们的家庭照片，介绍他们的爱好和兴趣。我们觉得这很重要，可以让学生们知道，这些老师跟他们平时接触到的人并无不同。当介绍到哪名员工时，这名员工就讲述自己能够帮助学生完成任务的才能，以及学生们在何时何地可以求助于他。每个人讲话时，白色幕布上会出现他们时髦的照片，摆着最经典的詹姆士·邦德造型。在每个人介绍自己的过去，以及他们可以如何为完成自己的使命而作出贡献时，幕布上滚动播放着很多他们小时候和家人在一起时的照片。整个介绍过程巧妙、完美而感人。简而言之，精彩到家了。

别“放过”任何一个答不出问题的孩子。在刚开学的第一周，我就告诉学生们，当一个同学被叫起来，我们在等待他给出答案的时候，我不希望看到其他学生挥舞着胳膊，也不希望有人挺直身体坐在自己凳子的边缘上，等着抢在别人面前给出答案。我告诉他们，当我向全班同学提问的时候，争先恐后地抢着回答是值得鼓励的行为；但是当我叫起来一名学生的时候，回答问题就是他自己的机会，是他自己的时刻。其他所有人都必须安静地坐着，聆听他的回答。我还告诉学生们，要是他们感觉自己有喊出答案、有举手的冲动的时候，他们可以把这份“冲动的能量”释放在“加油，(同学的名字)，你行的！”然后我告诉学生们要都加入到鼓掌加油中。我说，他们这样做，会大大地鼓励那位同学，驱除课堂空气中的压力和他可能会有的紧张，给他最好的机会来得出正确答案。如果我们快速地“跳过”他们，因为他们不能马上给出正确答案而放弃他们，我们教师就是在向全班学生传递一个错误的信号。而且，我们会给学生混过课堂的机会，让他们降低对自己的期望。

为同学鼓掌。我交代他们要经常互相鼓掌，要带着热忱和真诚鼓掌。我向他们解释说，在你鼓励自己的同班同学的同时，你也是在鼓励自己，但是，如果你打击身边的人，那么你同时也是在打击自己。成功地让孩子们互相鼓励的关键在于：大人们必须为之定下基调。我们必须支持孩子们的欢呼和表现。我们自己必须表现出为他人的成功感到欣喜，必须参与到孩子们的欢呼中去。当做到这些的时候，你就能够营造出一个远离欺凌、打架和骂人的环境，互相鼓励则会成为课堂常态。当人们还在努力工作时，也许他们尚未做到最好，如果你对他们表达了感谢和赞赏，他们就会受到一种鼓舞，进而为了不辜负你的感激而更加努力。

微笑是管理孩子最好的方法。一个最简单也最有效地管理学生的方法就是微笑——向他们展示我很幸福、满足、愉快，不管这些十多岁的孩子们正在努力给这个世界制造多少麻烦。我一直保持着积极和幸福的状态，我还注意到，绝大多数情况下，孩子们能够汲取我所表现出来的正能量，他们也变得更加快乐。有时候，重要的并不是我们内心的感受，而是我们如何表现。只要你表现出来一种情绪，它通常也会转化成为你内心的感受。我告诉我的学生们，当他们走到教室前面的时候，要表现出欢乐、自信和激情。就算你那时并没有感觉到这些，只要你表现成那种样子，你就会惊奇地发现，你能多么迅速地开始拥有这些感受。当学生们在早晨对着我微笑或者乐呵呵地打招呼，我总会说："你的招呼声总是令我一大早就觉得精神。"那一年的其他时候，每个早晨这些孩子们都会以最甜美的微笑对我打招呼。孩子们会看着我们学习，我们要记住，他们会努力变成我们期望的样子。要看到他们身上的闪光点，告诉他们，他们身上所具有的优秀品质，避免在脑海里给孩子贴上任何负面标签。我们在他们小时候教给他们的行为，将会帮助他们顺利成长。我们要记住，我们所说的话、我们给孩子的影响，对他们的习惯、人格和看待自己的观点都有着难以估量的作用。

本人感悟：细节决定成败，任何人任何事概莫能外。这个学期我有大一新生的课，我要想办法记住每一个学生的名字；在第一节课上，我要"隆重"地向新生们介绍自己；在让学生回答问题的时候，我要让其他同学为他加油，给他鼓掌；无论自己心情是多么糟糕，我也要提醒自己把微笑带进教室，让微笑感染课堂……虽然这些细节我不一定都能做好，但我一定会努力去做。

本人：2011 年，您在美国有线电视新闻网（CNN）发表了《老师最想告诉家长的》（*What teachers really want to tell parents*）一文，引发了读者的强烈反响，您在这本书中又专门写了"父母是孩子成长中举足轻重的力量"这一部分，表明您对家长在孩子培养方面的作用是十分看重的，我想这也是克拉克学校能够创造教育奇迹的又一个重要原因。您能否在这里给父母们一些忠告？另外，你们又是怎样处理与学生家长之间的关系的呢？

罗恩：作为父母，你所做的事情中，最重要的一项内容就是帮助孩子在家里学习时保持积极向上的态度。如果你觉得学习是一种乐趣，能够自信面对，那么你的孩子也会以此为榜样。如果你表现得很挫败，厌倦不已，没有耐心，那么你面对的就是漫漫夜晚，对你和孩子来说学习都成了可怕经历。

作为父母，你需要掌控一切，你要有能力让你的孩子怀着崇敬之心对待你或者其他人。不管怎么样，关键就在于你要在孩子的无礼行为成为一种习惯性的、已经被默许的、根深蒂固的行为之前，去制止它。行为是一种学习所得的习惯，你的孩子如何对待你，与你教他们“什么是能接收的”息息相关。这会对孩子的意识产生或好或坏的永久影响。

父母们，有时候你们真的需要让孩子去接受一些惩罚。这会给他们一些教训，帮助他们培养性格。如果你们总是来营救他们，孩子们就会认为他们能够逃脱任何麻烦，因为他们的父母会来救他们。我知道我们应该支持和保护我们的孩子，但如果我们每次都这么做，而且还带着尽善尽美的面具，那我们正在把自己的孩子培养成不会面对失败的人。

我教过的学生有的曾经成绩特别差，几乎所有考试都不及格。他们缺少学习技巧、生活常识和逻辑思维能力。然而，这些能力他们迟早都会学会，重要的是他们的家长不应该觉得好像和孩子一起打了败仗。在我的班上，就有一些为学习苦苦挣扎的学生最后也大学毕业，谋到了一份不错的工作。有些孩子确实需要比别人更多的时间来发挥才能。但有一点要记住，所有那些成功的孩子有一个共同点，那就是想要做好的欲望和从不屈服的态度。作为家长，你可以为你的孩子树立一个好榜样。在很多方面，你将会给予他们未来成功所需的重要元素。

在一个孩子的生命中，没有一个人比他的父母重要。当需要教育年轻学生时，老师和父母必须一起合作。在克拉克学校，为了帮助我们，帮助孩子取得成功，我们总是有一些特定的事情需要家长们去做。当父母们听取了这些建议后，我们总能看到他们的孩子在学业和社交上同时取得巨大成功。

相互尊重是帮助家长和教师之间建立互相支持关系的最佳方式之一。教师应该意识到，在家长的世界里，孩子就是中心，当一个家长有些傲慢和敏感时我们应该保持耐心。我们可能希望他们可以更冷静一些，但当他们面对事情过于激动时，我们应该明白这主要原因不是因为我们，而是由于他们对孩子的爱。

家长们应该意识到，孩子们时常抱怨老师是天性使然。他们一般会抱怨老师不喜欢他或者老师责备了他。每当这个时候，家长们应该提醒孩子想想老师为班级以及为他个人做过的所有事情。我们应该努力让孩子保持积极状态，而不是把他们带入消极的泥潭。

在克拉克学校，最好的父母是那些意识到他们必须为孩子持续地作出牺牲、把为孩子预留时间放在其他事情之前的父母。他们意识到，从电视里看到的东西没有一样能比花一个小时和孩子们一块儿读书、检查功课这些事情重要。虽然从现在起的一些年里，电视节目、篮球赛或者电影会远离你的记忆，但和孩子一起度过的时光，会一直持续影响他的整个生命。

本人感悟：美国的家长可不好惹，老师和学校在家长面前受委屈是常态，这一点在罗恩写的《老师最想告诉家长的》以及电影《热血教师》中都有充分体现。相比之下，我们的家长对老师和学校是比较俯首听命和缺少话语权的，或许正因为如此，家长们把孩子一味地托付给了学校，而没有很好地承担起自己在培养孩子方面所必须担负的责任，特别是忽视了在孩子面前以身作则，不能为孩子做出积极的表率。只要求孩子做好，而自己却表现差劲，这是许多家长的致命伤，这对孩子的成长必然会产生消极影响。

本人：我是一位音乐教育工作者，所以我很想知道您对音乐和音乐教育价值的看法，克拉克学校又是如何开展音乐活动的？

罗恩：人人都热爱音乐。人们一坐到车里就会把音乐打开，回家后也会继续听音乐。而只有想方设法把音乐融入我们的工作，并让它为工作提供灵感，音乐才变得有意义。很多传统学校只会在学生考试或下课时放古典音乐，也有一些前卫的机构，会让学生演唱和课程相关的歌曲，或者表演一场尽心尽力准备的“专业级”演出。不管人们怎样使用音乐，每个学校都希望创造一种让学生们“热爱”的氛围，而这种氛围的创造都需要用到音乐。

在罗恩·克拉克学校，我们用来鼓励学生行动起来参与活动的主要方法之一就是在每节课上唱歌。通常我们会根据流行歌曲的旋律来改变歌曲。例如，我们会在数学课上唱《不管山有多高》，如果问题很复杂，我们就会全体起立，带着激情唱：“不管问题有多难/不管挑战有多大/不管要流多少汗/我们会得出最终的答案——不容置疑！”改编歌词、在教室里唱流行歌曲的旋律只占用20秒的时间，但是它能让学生们活跃起来，给课堂注入了必需的兴奋剂。在唱歌的过程中，学生们兴奋起来、活动起来，他们开始血流加速，热情即将爆发！这样我能保证学生们在5到7分钟之内把所有的注意力都集中在我身上。然后，我会再唱一首10秒钟的快歌来保持他们的精力。

不管是运动社团、才艺展示秀、辩论大赛，还是其他活动，我们都需要尽全力为孩子们提供表现的机会。这些活动不仅会建立起学生的自尊和自信，而且还能使学生更加放松地面对人群。怯场是成人中常见的一种恐惧，最好的办法莫过于在怯场没有成为真正的问题之前，就让孩子参与这些活动，让孩子在年龄很小时就去面对恐惧。

罗恩·克拉克学校的每个周五，我们都让学生们去他们的“家”——“助人之家”、“梦想之家”，还有“勇者之家”举行“家庭喝彩”活动（编者注：克拉克学校模仿《哈利·波特》的思路，把学生分成四个学院：梦想，蓝色学院；给予或助人，黑色学院；友谊，红色学院；勇气或勇者，绿色学院。这里的“家”就是指“学院”）。他们有30分钟时间设计一个音乐剧，并且在全校表演。各个“家”的组织者们通常会想出一首歌和出一些主意。一般来说，他们总会唱流行歌曲，把歌词改编成表现他们对自己“家”的自豪感和希望赢得加分的热情。

在学年末的时候，我们举办了一场完全由学生完成的音乐会。所有的场景和音乐曲目都由他们撰写，最终成为一场由孩子们完成的长达2小时的表演，包括幽默短剧、歌曲和舞蹈。学生们用了整整一周的时间来表演这个节目，受到大家的欢迎。

本人感悟：克拉克学校是否开设有专门的音乐课程、是否配备有专职的音乐教师尚不得而知，但他们学校的学生参与音乐活动的机会之多不容置疑，甚至可以说音乐已经真正贯穿于学校教育的全过程，正如罗恩写到的，在他们学校，“每节课都是‘音乐课’”。他们还多次受邀参加总统竞选等活动的表演，多次登上美国多家电视台的屏幕，但那不是什么学校合唱团出征，他们没有这样的社团，每个学生都有尽情展示自己的机会。因而，学生的音乐表现欲望得到了极大的满足，学生的音乐创造潜能得到了极大的发挥。若一定要究其理念，借鉴其经验，恐怕有一点显得格外重要，那就是：他们没有把音乐作为一门专业知识让学生去学习，而是把音乐作为一个快乐源泉让学生去享受。

本人：非常感谢您与我们分享了这么多宝贵的经验和精辟的理念。因为我现在是在师范大学工作，所以最后还想请您简要谈谈您对美国教师教育的看法。

罗恩：我们的教育体系正在面临的最大挑战之一就是，全国的大学教授都坐在讲桌后向师范学生传授如何成为富有活力又充满吸引力的老师。教授们讲得乏味、无聊，表现得完全就像他们正在描述的反面教材。他们中的大多数人已经有些年头没有走进教学课堂了，有的甚至超过了10年。他们教的东西仅仅是为了让学生应付考试，而且他们把工作的重点放在得到珍贵的终身教授身份后应该做什么和不做什么上面。他们不是真正致力于培养下一代的教育者，因此，由当地学校系统所管理的教师培训计划看起来水平有限。

本人感悟：……哦，克拉克先生，您这不是在批评我们吗？（脸红）

为课堂纪律支着

课堂纪律问题几乎是所有老师尤其是新教师深感头疼的问题，音乐教师也概莫能外。我之前曾强调说：基于音乐学科的地位和特点，音乐教师不可能成为课堂管理的强人，因而必须施展音乐的特有魅力将纪律问题扼杀于萌芽状态。当然，这是一种理想的目标追求，音乐的魅力再大，学生还是有可能给我们制造麻烦，而且由于音乐课堂对学生来说是最快乐的课堂，快乐至极忘乎所以也在所难免，完全可以理解。

我最近翻阅了一本老外写的小册子——《改善学生课堂表现的50个方法：小技巧获得大改变》（安奈特·布鲁肖，托德·威特克尔著，于涵译，中国青年出版社2011年8月出版）。应该说我们在大学里教书基本上是不存在课堂纪律问题的，我买下这本书的目的就是为我们中小学老师特别是新教师找点招数，因为经常会有老师跟我交流这个话题，有时候我也无言以对，另外老师们平常读书的时间比较少，由我来代读再分享，这样也比较省时省力。读完这本小书，不能说是多么受启发，但其中的许多观点、案例、建议等，的确是独到和管用的。我特别喜欢老外的写作风格，实实在在一看就懂，紧贴教学实践解决实际问题，而不像我们写的东西那样，非得要引用专家语录，紧扣课程标准。

下面我就和大家一起来分享其中的某些片断吧。

1. 为什么学生总有表现不好的时候呢？事实很简单，学生是孩子，都会有孩子的天性。他们不能像成年人一样决断，他们不会做那些成年人认为最好的事情。他们喜欢不时地和教师周旋，激怒他们。很多时候，他们都不能自控。所以，这就是为什么他们需要我们的原因。

没错，如果学生有我们老师这么懂事守规矩，那教师这个职业就可能不复存在了，更何况我们成人也有经常犯错的时候，而且一旦犯错会更加严重。特别是对于普通音乐教育而言，指望学生像我们自己当初学专业时那样投入地学习音乐，既不可能也没必要，因为他们未来绝大部分人都不会成为音乐教师或音乐家。

2. 如果教师（接待员）每天都以笑容可掬的态度对待他们的学生（顾客），学生就会有种被需要和受欢迎的感觉，他们会更好地吸收教师传授给他们的知识，也会更想再次回到课堂。

每次上课之前，站在教室门口，然后对学生说："你好啊，今天过得好吗？谢谢你今天能来上我的课。你今天穿得真漂亮！我喜欢你的新发型。杰森，你今天能来我真的特别高兴。你昨天没来，我都想你啦。"

实际上，学生一般不会在他感觉被需要和有价值的课堂上有不好的表现……如果你坚持每天用这种方式向学生问好，课堂上的纪律问题会大大减少。

尽管，有时你可能有一点假装，但是随后你会发现，你越去"假装"微笑，你自己越会感到开心，你的问候也会变得越发真诚了。多好的收获啊！

微笑服务的理念我们可能有些难以接受，因为我们往往会质问："难道老师还需要讨好和求着学生来上课吗？"这个问题要看我们如何理解师生关系。对此我和该书的观点是完全一致的，如果我们把课堂比作是学生享受精神大餐的地方，那么在这个精神餐厅里，教师就是服务员（接待员），学生就是顾客（上帝）。学生走进课堂，就是来享受教师所提供的优质服务。而作为餐厅服务员，一定在顾客面前是笑容可掬的，如果服务员对顾客横眉冷对，甚至骂骂咧咧，那顾客就一定不会再度光顾，服务员也会被老板炒鱿鱼。课堂的运作模式从实质上讲同样如此，没有学生光顾，学校就要垮台，老师就会失业。因此，说学生是老师的上帝并不为过，是学生给了我们工作的机会，而不是我们给了学生学习的机会。教师并不像蜡烛一样以燃烧自己为代价来照亮学生，而是我们首先从学生那里得到了生存机会，然后才用传授知识来回报学生。一旦我们树立了这样的观念，像餐厅服务员一样地对学生进行微笑教学就理所当然。如果想让学生渴望走进我们的教室，那么就用微笑和问候来让学生感受到我们对他们的需要吧！

3. 如果有学生在你的课堂上表现不好，把他带到教室外面，然后真诚地问一句："你还好吗？"（你要表现得尽量真诚，显出很关心他的样子，这一点至关重要）这时，你可能会看到学生脸上惊讶的表情。但通常情况下，学生会回答"是的"。然后，根据这个回答继续询问："好吧，我问这个问题的原因是因为刚刚你在课堂上的表现不是很好，这一点儿也不像平时的你哦。我想你这么做一定是有原因的吧，是不是有些事情困扰着你呢？我就想告诉你，如果有些事情困扰着你而你又想找人倾诉的话，我会一直在你身边。”就是这样，然后回到教室去。

请注意，不要做下面几件事，这点很重要。你不能让他保证下次再也不做这样的事情；你不能表现出个人的反感情绪；不能恐吓他；更不能贬低他。你要在他表现不好的时候，真正表现出对他的关心和在意。

当学生在课堂上表现不好的时候，老师一定不能也跟着表现不好，和学生硬碰硬，最后的输家一定是老师。所以，我们必须以柔克刚，用温情来打动学生，要让学生感受到老师对他本来的印象是挺好的，老师是一直关心和在意他的。有些学生总以为老师并不关心和在乎自己，他们便会在课堂上表现得行为鲁莽、怒气冲天、目无尊长、态度冷淡、缺乏动力，进而想通过自己的种种不良表现来引起老师的关注，当他意识到老师本来就很关注他时，他一定会为自己的捣乱行为而感到内疚。

4. 很多时候，而且通常是在无意识的情况下，教师会把自己和学生用某种障碍物（可能是桌子或者讲台）分隔开来。学生也没有意识到你在肢体（或者思想）上和他们保持了一定的距离，但是，他们的行为却下意识地做出了这种反应。

别再站在桌子或是讲台后面了，走到你的学生中去！你的这一细小举动所传递出的信息是你跟他们在一起。你和学生的距离越近，他们表现得就会越好。

教师们通常也会有自己的“舒服地带”，他们往往会站在教室里自己习惯的区域。但这样做的效果往往都不好，事实证明，一些纪律问题会出现在距教师最远的地方。怎样解决这些问题呢？那就是：在移动中停留。

美国小学上音乐课，孩子们往往都是坐在地上的，我好几次见到老师也是坐在地上，甚至是跪在学生前面讲课（当然不可能是一整节课都跪着），那种感觉棒极了，因为在我看来，师生之间真的没有了任何距离感，完全融为一体了。研究表明，师生之间身体上的距离会带来心理上的距离，当学生感受到老师就是他们中的一员时，那种与老师对抗的欲望就不复存在了。所以，老师要有意识地走出自己的“舒服地带”，尽量离学生近一些，尽量照顾到每一个学生，让课堂上的每个角落都留下你的身影。俗话说：当猫走远时，老鼠就开始自娱自乐了，所以，我们不能老是远离一部分学生。当老师离学生越近，他们的表现就会越积极，做“小动作”的可能性就会越小。

5. 因为课堂上出现了一些问题，我需要把5～6个学生的座位调换一下。其中一个学生一直坐在教室后排，我希望把他换到前面。而另一个学生，我需要把他换到离其他学生稍远一些的地方。但是，我不想让事情看起来好像是我在惩罚谁一样，所以，我就按照下面的方法做了：首先，我告诉学生，我希望按照我的方式来做一些座位的调整。我告诉那个一直坐在教室后排的学生我希望他能坐到前面来，是因为我希望他能在每天上课之前，在教室前面把同学们的作业都收集齐，为了方便工作，我需要他坐到前面来。这样一来，他自己也非常愿意坐到前面来，而且他的言行也大有改观。因为他觉得我让他担任了一个职务，他要好好表现。我也用同样的方法调换了其他几个学生的座位，告诉他们换座位是为了让他们能更好地完成我交给他们的工作。他们非常开心，我的问题也迎刃而解了。

这位老师很睿智，如果老师对学生说调座位是为了让他们更好地学习，效果恐怕就不会太好了。这个案例让我想起了自己30年前在农村小学当班主任时的经历：在我的班上有个孩子是全校出了名的调皮生，他最拿手的刁难老师的办法就是一到上课就举手请假上厕所，而且一节课要上好几次，所有老师都拿他没办法。后来我想出的一招效果不错。我在班上隆重宣布请他当小组长，并对全班同学说相信他一定会给他们小组做出好榜样的，小组长做什么，全组同学都跟着做。平生第一次“当干部”，这个学生特高兴，各方面表现很积极，但长期养成的一上课就要上厕所的毛病一下子还改不掉，他又无意识地举手请假了。我便对他们小组的同学说，你们小组都一起去上厕所吧。这下小组长的压力就大了，他那个毛病也就很快改掉了。

6. 每节课上都发出这样一张“快乐小纸条”，是发给学生家长的：亲爱的×××，因为××××××事情，我对您的孩子感到非常骄傲，希望您看到这张小纸条，也能对他的行为感到骄傲。老师在空白处填上内容，然后签上名字。通常许多老师会把这张小纸条复印下来以便需要的时候及时拿出来，在空白处填上简单的内容也许仅会占用你20秒的时间，但是带来的效果却远远大于这短短的20秒。

我们试想，你有个行为上有些“调皮捣蛋”的孩子。我们相信你可以找出很多理由给他的家长写一封冗长的信来悉数这个孩子的种种不是。但在你这么做之前，你可能先要考虑“捕获”他的行为，然后写一张“快乐小纸条”给他的父母。这张小纸条通常会被贴在冰箱上！你并没有欺骗家长说这个孩子一直有良好的表现，但是，你却可以抓住哪怕一丁点的优点加以描述，这样可以帮助孩子持续进步。

当你这么做之后，你就是一个真正留意孩子行为、真正关注孩子的教师了……最重要的是，不久你会发现，由于学生意识到你会注意到他良好的表现，他就会做得更好。

我们可能没有写纸条的习惯，而且一个班这么多人，也不可能每节课都写纸条。但是，我们也不妨试一试这个办法，针对班上的几个调皮生，在需要的时候向他们的家长寄送“快乐小纸条”，这不仅可以加强我们和家长、学生之间的关系，而且还能改进学生的行为，也让我们自己的心情更快乐！

7. 一个有着中等教学水平但热情洋溢的教师往往比那些有着高等教学水平但过于冷漠的教师更能有效地把知识传授给学生。

在本书中，与所有优秀教师分享的一个小技巧就是：让你们看起来心情愉悦且充满热情。学生不会知道这种热情是否出于真心，教师对任何事物都满怀热情吗？当然不是。那么他们总会显出热情洋溢的样子吗？是的。亲爱的朋友们，这是一种职业道德。

下面做一个简单实验：假使你对热情是否能够感染他人而表示怀疑，那么请假装在你的课堂上表现出热情。跟你的学生热情地问好，满腔热忱地给他们上课。假想这是你生命中最开心的一天。我们保证你会得到意想不到的效果——你自己态度上的转变，学生态度的转变以及学生行为上的改变。实际上，我们相信这个实验足以让你每天在工作中投入更大的热情。试着做做！你并不会有什么损失，相反你会得到你想要的结果！

教师的热情可以带动学生的热情，这个道理我们都懂，但我们很难做到为了学生而让自己刻意地充满热情。问题是，如果我们无法做到在孩子们面前充满热情，那么也许我们就选错了职业。孩子是这个世界上最有活力、最热情的人，他们需要和喜爱的也是充满活力和热情的老师，所以，请用我们的热情来感召学生，这是教师应该具备的基本职业道德。

8. 在课堂上，往往有两种类型的问题：学生的问题和教学的问题。请注意，我们并没有说是教师的问题，因为我们确信大多数教师是在尽他们的全力做到最好。然而，有些时候，一些教师在一些情况下错误地责备了学生。

事实上，你不能首先就认为问题都是由学生造成的，除非你保证在课堂上能做到：①过程清楚；②组织清楚；③很明确地表现出和学生关系融洽，充满教学热情；④在学生无事可做的时候，课堂上不出现“停滞时间”；⑤相信每个学生都能成功；⑥备课方案设计得井井有条，贴近生活并且有学生参与；⑦每个学生都受到尊重；⑧不对学生乱发脾气，失去耐心。

结合上面的条目，看看你在课堂上做到了哪点。即便只有一条没有做到，你都要首先确定自己在做到之前不去把问题归咎于学生。

面对纪律问题，教师是否具有反思精神十分重要。往往一出现纪律问题，老师们就会感到很委屈，把责任一味地归咎于学生，导致情绪越来越激动。不能冷静下来是因为我们不会或者不敢自我反思，不能或者不想换位思考，假定自己一切都对，错的都是学生，其实这是一种不自信的表现。解决纪律问题，教师的反思必不可少。通过反思，发现问题是由教学所导致的，那就要及时作出教学上的调整；如果发现问题是由学生引起的，那就要想办法与学生共同解决。我们必须牢记一点：改变学生行为的最有效方法是首先把握好自己的行为。

9. 很多时候，教师会停止正在进行的课堂活动，中断教学，来处理学生的问题。我们也发现许多打断教学的原因都是为了解决纪律问题。我们建议这些问题可以暂时忽略，或许问题就自然而然得以解决。

如果一个学生为了引起你的注意一直在用他的铅笔敲击课桌，这种行为可以暂时忽略。如果你让大家把课本拿出来而偏偏有一个学生没有这么做（再一次为了引起你的注意），你也可以选择忽略此事，然后观察他是否会拿出课本。但是，如果你有所反应或者感到不悦，那么他的机会就来了。他会对你的反应作出反抗，以后也有可能重复出现此类的问题。

在学生面前，教师气度要大，对学生斤斤计较，容不得半点沙子，动不动发脾气，最终难过的还是自己。如果我们总是在竭尽全力地找出哪里出了错，那么我们会发现到处都是错。如果我们每次都停下来去纠正那些错，那么我们会发现在课堂上根本就没有时间教学了。学生在课堂上表现不好，通常是希望老师对他的行为有所反应，当他知道他有观众（他的同学）时，他在同学面前就会尽情表演，而观众往往是通过老师的激烈反应培养起来的。所以，对于学生的某些无关紧要的纪律行为，睁一只眼闭一只眼就好，忽略一些问题吧。这样，久而久之，学生会自讨没趣，自然也就慢慢收敛起来。

10. 请注意这样一个事实：我们越是大声说话，别人就越没有聆听的渴望，大声说话似乎和大脑对于听的渴望是相抵触的。在课堂上也同样如此。在优秀教师的课堂上，他们的声音通常是平静且令人愉快的。这是因为他们知道当他们轻柔地说话时，其他人会感到说话者所传达的是重要信息，因此会认真聆听。但在那些教学方法欠妥的课堂上，我们发现教师的声音普遍要大得多。轻柔的声音通常传达的是在意和关注，大声则传达的往往是恼怒及焦虑。

另外，优秀教师会做的一件事情就是：他们说话的时候会有意把身体往前倾，他们的肢体语言传达给大家的意思是他们有很重要的事情要讲。

无论是声音语言还是肢体语言，都是我们音乐教师的优势所在，我们只要意识到这个问题对课堂管理的重要性就好了。我认为，课堂语言也应该像音乐一样，要有旋律感和节奏感，要在柔声细语之中有高潮，在娓娓道来之中有休止，让课堂语言也成为音乐教育的一个辅助教学内容。

11. 如果教师只关注那些不良的行为和所有负面的信息，那他所看到的就只有这些。如果把注意力都放在课堂上的良好行为和所有积极的事情上，那么教室里的所有人都会看到这些积极正面的地方。

作为一名教师，我们有帮助学生找出问题并修正它们的义务，所以有的时候我们往往忽略了身边那些好的方面。我们非常善于“挑错”，因此往往会太过关注错误的地方。由于我们习惯于找出学生的不当表现，因此我们常常会忘记关注他们的良好行为。

是啊，教师的职业特点不允许我们成为一个爱挑剔、爱唠叨的人。当我们把关注焦点放在学生的不良行为方面时，我们看到的一定是更多的不良行为，并因此导致课堂充斥着批评。当然，对学生的不良行为我们不可能视而不见，但可以做到选择性忽略。最关键的是要更多关注学生的闪光点并发现他们那些足以弥补其缺点的特质。关注好的方面，那些不好的方面就会渐渐消失。批评某一个学生不认真学习所带来的效果一定比表扬另一个学生认真学习所获得的效果要差得多，当我们意识到自己想骂某一个学生时，赶快找一个表现好的学生来表扬吧。表扬是我们给予或是收到的最珍贵的礼物，当我们每次表扬他人时，至少两个人会感觉很好——受表扬的人以及表扬对方的人。表扬学生最简单的方法是发现学生做了哪些值得表扬的事情，然后说一声“谢谢”。请把“谢谢”常挂嘴边！

12. 当教师因为一点小事把学生叫到办公室时，这种小事可能是：没有及时交作业，在课堂上出怪声，发了小脾气，没有注意听课等等一些本该在教室内解决的问题（而不是办公室）。教师其实就是在间接地向学生（还包括办公室的其他教员）承认他没有能力在课堂内解决这些问题。因此，当这些行为不当的学生回到教室时，他就知道教师也拿他没有办法，而且知道了怎样能使他的教师（成年人）失去控制。因此他的不当行为仍将继续且有愈演愈烈之势。

这个问题的确要引起老师们的重视。现在的教师办公室一般都有好几个同事，把行为不当的同学叫到办公室，当着其他老师的面，教师自己不能丢面子，学生则同样也想把他的硬气表现给其他教师看，在这种状态下，师生之间的矛盾是很难化解的。所以，一般情况下不要把学生叫到办公室，除非办公室里没有第三者，那样的话，师生都可以随时找台阶下，会配合比较默契，而不会互相抬杠。课堂上能解决的问题尽量在课堂上解决，万一需要私下交流，最好也不要找那种让人感到压抑的办公室，可以在教室外的走廊上，或者在学校操场的某个相对隐蔽且能让人心情放松一点的地方。

13. 如果你期望成为一名“完美教师”，我们建议你尽早离开这个职业吧！快点儿跑，不要回头看！你要知道，世界上没有所谓的“完美教师”，即使是最优秀的教师也会犯错误。但那些优秀教师不同于其他教师的一个特质就是他们勇于承认自己的错误，甚至（特别）是在他们的学生面前。

这本书把教师总结为两类，一类是“我总是对的”教师，另一类是“我也是个普通人”教师。当在课堂上犯了错时（如知识性错误），“我总是对的”教师选择在学生面前掩盖自己的错误，让学生相信他是为了教育学生而有意犯这个错误，他永远不会在学生面前承认错误。而“我也是个普通人”教师在课堂上，他选择作为一个“乐观的榜样”，勇于在学生面前承认自己的错误，并把这当作一个很好的教学时机，告诉学生不要犯与老师同样的错误。在这样的课堂里，学生知道所有的人都会犯错误的，所以他们不害怕犯错，而一旦犯了错也会勇于承认和改正。试图成为一名“完美教师”的人是很累的，而且给学生留下的印象有可能恰恰相反。

14. 一个学生如果对某一门功课不感兴趣，那么除非他看到这门功课的独特之处，否则，他永远提不起对这门功课的兴趣。作为教师，我们应该意识到这个问题。大多数情况下，我们需要改变学生对所学知识的看法，在此之后，他们才会希望去接受我们想要教给他们的知识。

作为教师，我们的主要任务之一就是要改变学生对所学知识固有的思考模式，让他们觉得教师教授给他们的知识都是他们如饥似渴想要得到的。请记住，如果你不在菜里加一些他们喜欢的调味品，他们是不会想要尝试的！所以，做一个制作“知识美食”的教师吧！

音乐课程不是升学考试的科目，学生没有考试成绩的压力，一旦他们对音乐课不感兴趣，那我们必然会束手无策。而在当前教育背景下，我们对学生说“学好五线谱，人生会幸福”云云，他们当然是听不进去的，他们最需要的还是此时此刻的快乐，音乐课对学生而言，最独特的价值所在是能够给予他们快乐。然而，我们的音乐课往往连这一点都没做好，学生又怎么可能会如饥似渴地学习音乐？又怎么可能会规规矩矩地遵守纪律？这本书给了我们很好的启示：在我们的音乐课堂上加一些学生喜欢的调味品吧，让我们做一个烹制音乐美食的教师吧！对我们来说，这实在不是什么困难的事情，只要我们想做，都可以做得很好。

好教师语录

以下语录摘自《来自美国最优秀教师的建议》（汪明帅编著，中国青年出版社2012年4月出版）一书，我摘录出来与大家分享和共勉，并附上我个人的感悟和点评。

1. 教育不是灌满一桶水，而是点燃一把火。我们身边充满着这样的青少年，他们都拥有光明未来的可能，只是需要有那么一个特别的人，通过那个人的特殊的力量，来点燃孩子心中的那把火，点燃孩子对自己的期望，鼓励他们决不放弃，鼓励他们迎接挑战。今天，我们能够齐聚在此，正是因为在我们的生命中，那个特别的人已为我们点燃了这把火。

——美国总统奥巴马在颁奖典礼上的讲话

“教育不是灌满一桶水，而是点燃一把火”，我很喜欢这句话，它对于音乐教育的启示意义尤为重大。就中小学音乐教育而言，点燃并烧旺孩子们心中对音乐那把天然的炽热之火，让他们尽情地热爱音乐和享受音乐，比试图用知识技能去把他们武装成一个个小小音乐家更重要！

2. 从根本意义上说，教室就是一面镜子，从学生们有意无意中流露出的精神状态以及表现出的行为举止中就可以看到他们眼中的我的样子。虽然严格的课堂纪律在某种程度上有助于教学的继续，但是我还是认为，学生最需要的是教室里洋溢着那种温馨、和谐、积极、互动的氛围。师生之间的积极关系中蕴含着强大的能量，可以从根本上改变学生的学习状态。尤其是对那些怀疑自己的学习能力，对自己没有信心的学生来说，更是如此。

你见过的杰出教师中，有的大吵大嚷、粗犷豪放，有的轻言细语、文质彬彬；你遇到的优秀教师中，有的温和体贴、有求必应，有的严厉苛刻、不讲情面；你乐于交往的模范教师中，有的擅长大庭广众之下公开讲演，有的喜欢一对一的促膝谈心，还有的善于三三两两的随意交谈。你所熟悉的出色教师中，初看起来，个性和风格似乎有天壤之别，但却有一个共同之处：他们能找到各种方法将个人的优点发挥到极致。

——2011 年美国年度教师米歇尔·希勒

音乐是自由的艺术，音乐课堂是充满快乐的地方，纪律不应该成为音乐教师的撒手锏，严格的课堂纪律不应该成为音乐课堂的特征与追求。营造学生最需要的温馨、和谐、积极、互动的氛围，那本是音乐教育的拿手好戏。

一千个教师就有一千种教学风格，音乐教师更是具有独创性与个性的教师群体。教师专业发展的目标不是成为像某某优秀教师一样的他人，而是成为一个个与众不同的自己；教学的最高境界是拥有自己独特的风格，这种风格能够将自己的个性和优点发挥到淋漓尽致。

3. 如果你走进我的教室，你首先应该会注意到摆放在教室后排角落里的我的讲桌。尽管按照原先的设计，老师的讲桌是应该放在教室前面的。我有意为之的这种安排，是为了明确地表达一个不容置疑的教学理念——教学必须以学生为中心。“摆放在教室角落的讲桌”，这一举措消除了老师与学生之间的等级隔阂，营造了一种“教师是学习的领头人”的氛围，并逐渐发展出一种相互依赖的师生关系，让教室这一封闭的空间无限开阔起来。当我们置身于这种开放的学习模式时，我们就会从单纯的课程消费者转变为自己学习的设计者。

——2010 年美国年度教师萨拉·布朗·韦斯林

把讲桌摆放到教室后排的角落去，这件事情很容易，谁都可以做到，但没有几个人会去这么做。就如我在美国观摩小学音乐教学时，当学生席地而坐时，老师会时不时地跪在地上给学生上课，跪下来谁都会做，但没有几个人会去这么做。原因很简单，“以学生为中心”的理念谁都懂，但我们的教学却做不到真正以学生为中心。我们放得下的是学生，放不下的是自己的权威、面子和长者身份。

4. 教师必须把自己的工作当成艺术来做，因为与所有艺术家一样，教师每天也在不断创造。托付给教师的最重要的任务，就是塑造有才智、讲道德、有益于社会的年轻人。而要完成这项任务，教师必须充分了解孩子们的个性，了解他们的学习特点，让工作充满创造性。

最优秀的教师都有一个共同的品质：他们知道如何读懂故事。他们知道走进教室大门的每一个孩子都有一个独一无二、引人入胜但却有待书写的故事。真正优秀的教师能够读懂孩子的故事，而且能够抓住不平常的机会帮助作者创作故事；真正优秀的教师知道如何把信心与成功写入故事中，他们知道如何编辑错误，他们希望帮助作者实现一个完美结局；真正优秀的教师知道他们有能力让孩子快乐，也有能力让孩子悲伤；有能力让孩子感到自信，也有能力让孩子无所适从；有能力让孩子感到自己是被需要的，也有能力让孩子感到自己已被抛弃。当我们施与我们的关爱，足够关爱到读懂他们的故事，学生们就会感受到。

——2009 年美国年度教师安东尼·马伦

教育是一门艺术，音乐教育更是艺术中的艺术。在所有学科中，音乐是最富有也是最需要创造性的学科课程。创造性缺失的音乐教育不是真正的音乐教育，那是伪劣的音乐教育。

这个世界以故事的方式呈现在我们面前，每一个孩子都有一个独一无二且渴望教师去解读和帮助书写的故事。然而，我们往往只愿意去读好孩子讲述的所谓的“好故事”，却忽视了孩子们的故事只是开头而不是结局，并无好坏之分，不管开头怎样，每个孩子都可能在教师的帮助下写出有着完美结局的故事。我们要帮助故事的主人续写故事，首先需要读懂孩子，而只有真正地关爱孩子，才能读懂他们，才能帮助他们续写独一无二的美妙故事。

5. 我很幸运，遇到了一位好校长，他十分尊重教师的专业身份，让教师人尽其才，用我们最擅长的方式教自己最擅长的领域；而且，他还极力保护我们免受各种外界干扰。这样一来，作为一名教师，我们可以将绝大部分时间和精力花到教学上来，将工作的中心聚集到班级、学生、同事和社区上，琢磨如何更好地进行教学，而无须处理那些纷扰的琐事。

让我们真诚地专注每一个孩子，而不只是他的测试成绩或未来的成功。我们离孩子越远，就越容易忘记用什么合适的方式来对待他们。他们不是简单的数字代码，不是一对血肉混合物，也不是有待加工的未来产品。孩子和我们是平等的，在学校、家庭和社区，我们可能扮演着不同的角色，但是我们必须把孩子当作一个真正的人来看待。

——2008 年美国年度教师迈克尔·盖森

音乐学科地位低且独特，遇到好校长、好组长、好同事、好教研员，对我们来说都格外幸运。“时时刻刻忙比赛，层层为人作嫁衣，需要你时赶快上，不需要时请走开”，这几句话在一定程度上反映了音乐教育的生存状况。大家都感到很累很忙，可扪心自问又有多少是在围绕学生和为了学生所累所忙？无法将绝大部分时间和精力花在常规教学之上，除了领导乃至整个大环境的原因之外，我们自身又做得如何？虽然我们无法改变现状，但也需要对此问题进行反思：有的时候，为了某些功利的目标，我们是否也会有意无意甚至心甘情愿地被利用、被干扰？

学生不是无生命的、有待加工的产品零部件，而是和我们一样平等的、活生生的生命个体。学校不是加工厂，教室不是组装车间，我们培养着学生，学生也影响着我们，教学相长，相互影响。如果说我们是在铸造学生的未来，那么学生则在成全着我们的现在。

6. 音乐是一把神奇的钥匙，能打开所谓的“问题学生”紧闭的心扉，激发他们的潜能。这些学生在音乐学习中获得成功，最明显的好处就是增强了他们的自信和自尊。不过，我一直相信，除了这个明显的益处外，音乐教学肯定还有其他的优点，还有其他激动人心的地方。让人兴奋的是，学生在音乐课堂上的积极体验，能够迁移到其他课堂。

——2007 年美国年度教师安德莉亚·彼得森

教学效果润物无声且影响深远，无法做到立竿见影和多快好省，这是音乐教育区别于其他教育的一个重要特点。因此，音乐教师需要有远大见识和宽阔胸怀，尤其要关注“问题学生”，要借音乐之美给予他们特别的爱。通过音乐教育培养几个音乐尖子是了不起，但远没有用音乐这把神奇的钥匙打开“问题学生”的心门，增强他们的自信和自尊伟大，也没有确保所有的孩子都能享受音乐的快乐有益。

7. 好教师不必是那些上过成功的课或教出得分最高班级的教师。好教师是那些有能力去反思一堂课、理解什么对了或什么错了，并寻找策略让下次更好的教师。

在我的教学中，我一直认为和学生建立良好的关系是一个极其重要的组成部分。我相信学生需要一个舒适的环境，以便从中工作、探究、冒险和学习。所以，我一直致力于将我的教室打造成学生的第二个家。我尊重他们每一个人，把他们当成一个个活生生的个体，花时间和学生个体建立起私人关系，而不是将他们和一个个学习成绩挂钩。

我们一直强调公平。对我来说，教室里的公平与其说意味着所有的学生接受同样的学习任务达到同样的学习目标，毋宁说意味着每个学生做适合他们自己需求的事情。

——2006 年美国年度教师金柏莉·奥利弗

规规矩矩写一辈子教案可能成不了教育家，但认认真真写三年教学反思则有可能让教育家之梦成为现实；浑浑噩噩站一辈子讲台不一定能够上好课，但勇于并坚持自我反思一定会成为教学名师。

“把教室打造成学生的第二个家”，这是多么大气和自信的教育誓言。孩子的第一个家或许有暴力、有压抑、有孤独，但教室之家可以更友爱、更自由、更温暖，这就需要我们不仅要做学生的老师，更要成为孩子们的朋友，要“花时间和学生个体建立起私人关系”。音乐教师是最少将学生和学习成绩挂钩的人，因而将音乐教室打造成学生的第二个家更有优势和可能。当然，这个家必须是一个公平、和谐之家，它不以成绩论英雄，注重让每个学生都能够有个性地发展。

8. 当今教材的一个普遍问题是其所选用的材料无法跟特定学生的生活发生关系。坦白说，我从来没有发现任何一本教材能够满足学生的需要。

现在我最想要感谢的是我的学生，他们是我热爱教学的原因。像所有的学生一样，我的学生也要实现他们的梦想，而我很荣幸，我有能力托起他们的梦想。

——2005 年美国年度教师詹森·卡姆拉斯

“我从来没有发现任何一本教材能够满足学生的需要”，这是一句非常实在的话。挑教材的毛病，任何人都容易做到，但要试图编出一本能够真正满足学生需要的教材，任何人都难以做到。因此，一方面我们不要把教材当作圣经而不敢越雷池半步，另一方面我们也不要对教材有过高的期待和过度的钟情。教材存在不足是必然的，发现了问题我们自己去弥补去解决，运用教材时我们必须敢于创新、活教活用。音乐世界何其大，优秀作品何其多，适时适度地选用一些紧贴学生生活的音乐作品来充实教材，以满足学生的音乐需要，这并不为过，每个教师都应该成为教材的二度创作者和第二主编。

我们要感谢学生，因为学生不仅是我们的衣食父母，而且是让我们的人生价值得以实现的人。虽然我们能够托起学生的梦想，但没有学生我们却有可能一事无成。

9. 我一直以为，我所有关于教学的情感和信仰，都是建基于我自己的经验——我自己的学生时代的经验和我作为一名教师的经验。正是因为这些经验，让我在教书的时候，一直在思考如果坐在教室里的是我或是我自己的孩子，我会希望教师怎么做。

在前行的过程中，我们都会犯错，但是来自学生、学生家长和同事的理解和信任会让我们很快调整过来。甚至在最艰难的情况下，我都坚信这个过程，并试图让学生在这个过程中感到这种信任的力量。我曾经设法站在学生、学生的家长以及其他教师的立场上重新看待问题，以便让我能够设身处地地全方位思考问题，做出更为合适的决定和举措。

——2004 年美国年度教师凯茜·梅勒

毫不夸张地说，换位思考是调整教师心态、解决教学问题的灵丹妙药。当我们在课堂上遭遇尴尬和不悦时，想一想，学生时代的自己表现如何？现在若是自己正听着像我这样的老师在上课又会表现如何？如果教室里的学生是我自己的孩子我又会对他们怎么样？暂时忘记教师的尊严和长者的地位，暂时把学生当作自己的孩子，或许就能够大事化小，小事化了了，纠结的事情将不再纠结，烦恼的问题将不再烦恼。因为我们毕竟都是普通人，我们既不是道德的楷模，也不是真理的化身，我们并不完美，我们也会犯错。

10. 成为一名杰出的教师，什么是最重要的方面？于我而言，这个答案是十分清晰的——为了发挥我们自己的潜能，我们必须首先发掘别人的潜能。教师必须认真对待每个学生带入课堂的一切。在我看来，我教室里的每一位学生都是他们父母送给我的宝贵礼物，我十分珍视和他们相处的机会。见到学生的时候，我不会在心里念叨“天哪，他们还是这种阅读水平，甚至比他低好几个年级的学生都比他好”，而只会告诉他们，只要他们肯努力，他们的学习道路上一定会出现一个又一个奇迹。

——2002 年美国年度教师昌西·维奇

让我们记住这句话：“每一位学生都是他们父母送给我的宝贵礼物。”能够和那么多的孩子师生一场，那是我们的缘分，那是我们的幸运。每一位学生都期待实现他们各自的梦想，书写他们别样的人生，我们若能托起他们的梦想，帮助他们构筑美丽的人生，那是我们的财富，那是我们的幸福。

好教师好在哪

到底什么样的教师才算得上是好教师呢？这是任何一个从事教师职业的人都需要思考也会去思考的问题。

《来自美国最优秀教师的建议》（汪明帅编著，中国青年出版社 2012 年出版）一书所介绍的美国“好教师”形象，让我产生了强烈共鸣。该书认为美国人心目中的“好教师”形象主要经历了从“讲台上的圣贤”到“身边的向导”再到“参与中的伙伴”的流变，并提出，“美国年度教师”便是美国人心目中的“好教师”。我想，好教师应该是不分国度的，是具有普世标准的，透过美国人眼中的“好教师”形象，也可以基本勾勒出我们眼中的“好教师”形象。

那么，代表“好教师”形象的“美国年度教师”又是怎么评选出来的呢？他们又具有怎样的共同特点呢？对此，书中有所介绍，我们不妨先了解一下。

在美国，每年五月左右的某一天，是他们隆重表彰和奖励“美国年度教师”的日子。在这一天，美国总统会亲自在白宫玫瑰园大草坪上给这位经过层层筛选出来的“美国年度教师”颁发象征“好教师”的“水晶苹果”奖杯。“美国年度教师”评选从 1952 年开始，是美国历史最悠久、声望最高的优秀教师评选活动，由美国 15 个最大的全国性教育机构的代表组成评选委员会。“美国年度教师”是从各州推选的“州年度教师”中评选出来的，每年只有一名教师从全美 560 万教师中脱颖而出，获此殊荣。毫无疑问，这些教师代表着美国教师的最完美形象，是美国人心目中的教师佼佼者，是好教师。

在书中介绍的 2002 年至 2011 年共 10 位“美国年度教师”中，竟然有一位小学音乐教师，这令我有些惊讶和兴奋。这位 2007 年“美国年度教师”的获得者名叫安德莉亚·彼得森，是一位有着 10 年教龄的女老师。她认为：一个好的教师，就要善于舞动“科学”与“艺术”的双色舞带，既要懂得相关教育科学并在实践中灵活运用，又要给教育以艺术的特性，把“科学”与“艺术”协调统一起来，做到二者并举。我读了她的事迹，一个最明显的感受是：她之所以能够成为“美国年度教师”，是因为她不只是一位纯粹教音乐的教师，她从全面育人的高度极大地丰富了音乐教育的内涵与空间，正如她说的：“作为一名音乐教师，我的责任不仅是教学生音乐，还要教他们阅读、写作、数学、社会研究、科学以及其他任何我能够以某种方式将它们融入音乐课程之中的知识。”

就如该书作者所说，通过最近十年评选出来的十位“美国年度教师”，我们不难发现，虽然这些被选拔出来的好教师，学科有别，性别不同，从教时间长短不一，学历有高有低，似乎无规律可循，但走进他们的成长历程，阅读他们的教育故事，还是能够发现一些共性的，而这些共性，就是好教师的基本特征，具体表现为：

第一，对教学真诚的爱。这是好教师的第一个特征，他们坚信，教学是一件值得全身心投入的事业，因为通过教学能够改变一个孩子的心灵，甚至能够改变他的命运。2010 年美国年度教师韦斯林进入大学后，对各类学科都很感兴趣，她选修了新闻传播学、心理学、哲学和文学。虽然她很喜欢学习这些专业，并且也知道这些专业的工作前景很好，但她并没有从中感受到想象中的、发自内心的激动和喜悦。临近毕业时，她忽然接触到“教师”这个名词，心灵仿佛突然被燃烧，她立刻就明白过来：这才是我未来真正要走的道路，我可以以“教师”的名义将上述学科的学习包容其中，我注定要成为一名教师。也正是因为年度教师这种对教学发自内心的爱、好奇和兴趣，他们才能几十年如一日，默默地耕耘在教学最前线。

第二，将学生放在整个工作的核心位置。学生需要的是具有高度针对性的关注和鼓励，哪怕是一个微小的改变，都有可能因为一个眼神，一句话或一个动作而得到延伸或抑制。因此，一位真正的好教师，并不是只关注他们所认定的天才学生，而是从每一个学生身上寻找他们独特的优势，将学生放在整个工作的核心位置。美国年度教师不约而同地都将学生放在整个工作的重心，认为教师的责任不是“上好课”，而是促成每一个儿童去学习，保障每一个儿童挑战高水准的学习机会。2002 年的“美国年度教师”昌西·维奇说：“在我看来，成为杰出教师的根本原因其实非常简单，全在于你的学生。”为了做到这一点，他把倾听每一个儿童的困惑与顿悟、快乐与悲伤，当作课堂教学的立足点，认为从学生无意流露出的精神状态以及表现出的行为举止中可以看到他们眼中的教师的状态。事实上，美国年度教师无一例外地都把学生当作从事教学的最大动力，因为学生，他们才坚持在工作岗位上；而学生取得的每一点成就，都是他们最大的欣慰。正如 2009 年的“美国年度教师”安东尼·马伦所说的：“一名教师所能获得的最大回报，莫过于知道在他的帮助下，迷失的学生找到了自己的路。”

第三，在教学上各有各的绝活。透过“美国年度教师”不难发现，这些教师各有各的优势，各有各的绝活，并善于发挥自己的优势，尽力将自己的“教育天赋”发挥得淋漓尽致。2002 年的“美国年度教师”昌西·

维奇曾是一名军官，成为教师后，他就十分注重将自身在部队中学到的积极因子糅合到教学中，并通过各种兴趣小组活动的形式体现出来。2005 年的“美国年度教师”卡姆拉斯因帮助美国最落后社区的学生极大地提高了学习成绩而受到人们的广泛赞誉。他非常爱好摄影，经常利用空余时间四处采风，了解风土人情，这极大地开阔了他的视野，并把这种开阔的视野带给了学生。他带着孩子们走遍了城市的每个角落，让他们拍下他们想拍的任何东西，并从中学到大量课本上学不到的知识。2010 年的“美国年度教师”韦斯林的教学则充满了魔力。他善于营造一种热情洋溢的学习氛围，可以感染置身其中的每个人，即使是一个被其他人放弃的，甚至是自暴自弃的学生都会变得非常地积极好学。

第四，不仅是教学能手，还关心当前整个教育问题。2003 年的“美国年度教师”海伦·罗杰斯对改进薄弱学校十分关注，并提出了具体的改进举措。2007 年的“美国年度教师”安德莉亚从学生学习的责任角度来阐述教师的责任。她认为，作为教师，我们对学生应该履行的责任有清晰的认识，但由于教师自身没有升学、考试等方面的紧迫压力，处境相对安逸，所以很难意识到自己在知识和教学上的“短板”，因此，她十分强调教师要经常反思、检讨自己的教学。2011 年的“美国年度教师”米歇尔则一直抱有“野心”——努力改进教学，提升教学的专业品质，让教学成为一项有挑战性的、有意义的、值得尊重的事业。

上面向大家介绍的是“美国年度教师”的共同特质，我相信在我们身边也不乏某一方面或各个方面都做得很好的老师。我们自己也不妨对照对照，看一看我们离好教师的标准还有多远：我们是否对教学充满真诚的爱？我们是否把学生放在整个工作的核心位置？我们是否在教学上有自己的绝活？我们是否不仅会教学，而且还关心整个教育问题？

没有第二次机会给学生留下第一印象

暑假过后，既有新教师正式上岗，也有新同学走进课堂。于是我想到，此刻和大家聊聊这样一个话题比较适时也有意义。或许我们可以在度假休闲之余，顺便思考和准备在我们新学期给新同学上的第一堂课中，该如何留给学生最美好的第一印象。

“没有第二次机会给学生留下第一印象”，这句话作为标题显得有些冗长，但我很喜欢这种直白的表达。这句话可不是我的原创，它“原装进口”于《美国最优秀教师的自白》（菲利普·比格勒、斯蒂芬妮·毕晓普著，刘宏译，中国青年出版社2008年9月出版）一书。有时候读一本书，可能就是那么几句话能够留给读者思考和启示，但这就已经足够。阅读不必太功利，若功利性太强，读完一本书一无所获都是有可能的，阅读的价值不仅仅体现在能够从书中获得什么，也体现在阅读的过程本身就是一种恬静美好的生活。因为我深知一线教师工作忙，时间精力都有限，很难像我这样无所事事，自在休闲，所以每读一本书我都想着要和大家分享点什么，甚至乐意“为大家而阅读”。

《美国最优秀教师的自白》一书，顾名思义其内容都是优秀教师的自我感悟，里面没有令人费解的高深理论，有的都是实实在在的经验之谈。关于“第一印象”这个话题，书中这样谈道：

你没有第二次机会给学生留下第一印象。刚刚开始上课，学生总是乐于全神贯注地听老师讲话。优秀的教师了解这一点，并会充分利用这一独特的机会。他们总是在刚刚开始上课的那几分钟里进行最有影响力的教学。

不要把开学第一天刚上课时宝贵的几分钟浪费在那些烦琐的行政材料上。你可以利用这几分钟介绍一下课程的有趣之处，告诉学生你爱上这门学科的原因，谈一谈你是如何成为一名教师的，还可以向学生展示这门学科是多么的精彩。先要抓住学生的心，接下来再完成那些管理任务。但是，千万不要先填表格、宣读行为规范，然后再实现最重要的目标：激发学生对这门学科的兴趣。

教什么学科并不重要，重要的是你热爱这门学科。不但要让学生看到你对这一领域充满激情，还要告诉他们如何渐渐喜欢上这门学科。教室里的激情和兴奋是具有感染力的，可以从一个人传给另一个人。如果能让学生知道你热爱所教的课程，你很高兴和他们一起学习，那么在接下来的日子里，你的工作将得到更多的回报。

你应该利用这个时间向学生展示为什么这门课程值得他们花时间和精力来学习。完成了这个重要的任务再去做其他的事情。如果不能激发学生对这门课的学习兴趣，那么做其他任何事都是毫无意义的，不是吗？一定要记住，你没有第二次机会给学生留下第一印象。

上面这段话不一定说得多有条理，但的确一语中的。常有新教师或实习生困惑地问我：老教师传授给他们的首要经验就是第一堂课务必要保持教师的威严，要给学生一个下马威来镇住学生，这样后面就好办了，这主意好吗？我暗暗思量，出这种馊主意的人绝对不可能是优秀教师，他其实很可怜也很可怕，因为他好斗！他从一开始就把学生树成了自己的“假想敌”，从一开始就主动挑起并拉开了师生之间的“战争”序幕。自然，由于新同学不知道新老师的深浅，也无意从一开始就冒犯得罪老师，下马威的确可能换来一时的课堂宁静，但绝对不可能营造出持续和谐的课堂氛围。下马威式的第一课给学生留下的第一印象不外乎就是：这个教师不好惹，音乐课堂不好玩。

那么，我们应该留给学生怎样的第一印象，又如何达到这样的效果呢？其实这个问题我们每个人心里都最清楚不过，那就是：音乐教师好美好可爱，音乐课堂好玩好开心。具体来说是两个方面，一个是对教师个人的第一印象，一个是对音乐课堂的第一印象。而无论是前者还是后者，只要我们稍微换位思考或临时角色互换，想象自己现在是学生，我们就不难明白，第一印象好不好，教师表现最关键。归纳起来，音乐教学的开场模式不外乎这几个：

首先，上课一开始就忙着宣布铁的纪律的“霸道”模式，教师留给学生的第一印象一定是可怕可恶的，音乐课堂留给学生的第一印象也一定是无情冷酷的；而与学生坦诚交心分享感受的“交友”模式，教师留给学生的第一印象一定是可亲可爱的，音乐课堂留给学生的第一印象也一定是热情洋溢的。

其次，上课一开始就匆忙传授知识技能的“独角”模式，教师留给学生的第一印象一定是迂腐守旧的，音乐课堂留给学生的第一印象也一定是无趣无味的；而与学生一道轻松自然展示才艺的“联欢”模式，教师留给学生的第一印象一定是可敬可佩的，音乐课堂留给学生的第一印象也一定是有情有艺的。

第三，上课一开始就表现出为生存与工作而教学的“冷漠”模式，教师留给学生的第一印象一定是得过且过的，音乐课堂留给学生的第一印象也一定是了无生机的；而尽情表现出为音乐和孩子而教学的“激情”模式，教师留给学生的第一印象一定是神采飞扬的，音乐课堂留给学生的第一印象也一定是生动有趣的。

俗话说，“过了这个村就没了这个店”，抓住第一次机会给学生留下美好的第一印象比较容易，但失去了第一次机会要再改变不好的第一印象则十分艰难，即便付出百倍的努力也不一定能获得理想的效果。俗话还说，好的开头就等于成功了一半，好好把握我们的第一堂课，特别是把握好第一堂课中的前几分钟，给学生留下最美的第一印象，我们的教学活动将一定会事半功倍，教学进程将变得格外顺利。俗话又说，一千个读者就有一千个哈姆雷特，具体如何上好第一堂课，如何设计前几分钟，一千个教师就会有一千种方法，因为每个人都有自己的拿手绝招。

没有第二次机会给学生留下第一印象，所以我们要好好把握住第一次机会，让学生在第一时间里对我们音乐教师以及我们的音乐课堂一见钟情、相见恨晚。

《正能量》的启示

一个月前我就读完了《正能量》（理查德·怀斯曼著，李磊译，湖南文艺出版社 2012 年 8 月出版），获得了音乐教育的正能量。可由于最近一直在瞎忙乎，没有及时和老师同学们交流分享。今特抽出时间简要叙述，为大家传递这一份小小的正能量。

法兰克福歌德大学的冈特·依茨做了如下实验：他去看了一场合唱彩排，让合唱队演唱了莫扎特《安魂曲》的一部分，然后让他们给自己的快乐指数打分。作为实验对照标准，一周后，依茨又一次在合唱队彩排的过程中破门而入，让合唱队听取同一段演唱的录音，然后再次衡量自己的快乐值。结果表明，听音乐并没有让人们感到更快乐，但是唱歌能让人感到快乐得多。

目前我们的中小学音乐教育太过强调音乐欣赏教学，这是值得商榷的。我更认同埃里奥特的观点——“在结束学业之后，学生们有充足的时间来聆听音乐表演录音。当前完全参与到音乐制作中来聆听音乐是为将来做的最好准备。”中小学音乐教育应该坚守审美愉悦原则，要让学生在获得快乐的前提下去掌握知识技能、提升音乐素养。而要想让学生更快乐，就多让他们去唱歌，这是上述心理学实验带给我们的启示。

斯坦福大学心理学家马克·莱珀及其同事做过一个实验：他们来到一所学校，让学生们画画。在拿到画笔和画纸之前，莱珀告诉一组学生，如果他们画画的话，他们就能得到一枚“好孩子”奖章；而另一组学生则没有得到相应的许诺。根据心理学的“表现”原理，那些能得到奖章的孩子会下意识地认为：“只有当大人们想让我做我不喜欢做的事情时，他们才会给我奖励；画画会得到奖章，所以我肯定不会喜欢画画的。”同样，另一组孩子会想：“当大人们想让我做什么事情时，他们会给我奖励的；我画画，他们没有给我任何奖励，那么我就肯定会喜欢画画的。”几周后，莱珀及其团队回到这所学校，又向孩子们分发了绘画的原料，并且仔细观察孩子们是如何利用它们绘画的。几周前得到奖章的孩子比起其他孩子画画时间明显短得多。

像上述这类的实验，心理学家们做过很多，结果是相当显著的。通过奖励学生、吸烟者和开车者，实验人员其实是在鼓励他们表现得自己仿佛并不喜欢读书、并不想戒烟、并不想系安全带一样。结果，如果不再有奖励的话，人们往往不会再做那些之前获得过奖励的行为，因此奖励甚至会起到反作用。短期来看，奖励机制是有效的，但是，长期来看，相关组织不得不持续提供特别的优待、糖果、礼物、奖金等奖励措施；一旦奖励没了，人们的动力也会烟消云散。具体到音乐教育领域，我们需要采取奖励措施来为学生的学习注入动力，但是必须慎用，而且我们最好是事后奖励，而不是事先把奖励当诱饵，提前给学生承诺，让学生为了获得奖励去学习。

1969 年，加利福尼亚门洛帕克的警察决定试着将海军蓝色军事风格的制服换成更为轻松一点儿的衣服，以此改善社区关系。警察们穿上绿色夹克、褐色休闲裤、白色衬衣，系黑色领带，并且把枪藏在外套里边。这一消息很快传播开来，其他 400 多个美国警察局也决定参与这一实验，让警察穿上不那么正式的衣服。十八个月间，研究人员让警察完成了各种不同的测试，结果显示，脱掉象征权力的服装后，警察渐渐地接受了“公众服务者”这一新角色。与这种新的身份认同对应，与身着正装的警察相比，这些警察更少做出独裁的行为。在这一时期，警察造成的平民受伤事件下降了一半。

这一实验结果很明显，即穿衣方式直接影响了你对自己的身份定位和行为取向。穿上黑衣服，你就可能变得专制、有攻击性；穿上舒适的衣服，你就会变得更加宽容，乐于助人。多年来，心理学家让人们在重要面试之前穿上套装和皮鞋，因为他们相信干净利落的服饰会给面试官留下好印象。但正如“表现”原理所预计的一样，这样全副武装起来对面试者本身的影响可能更大更深远。因为穿上套装后，他们会觉得自己更加成功，内心充满正能量，这反过来促使他们表现得更出色。这一实验带给我们的启示是：音乐教师在课堂上不要忽视了自己的衣装，而穿什么样的衣服主要取决于你想在课堂上扮演什么样的角色。如果你想扮演学生统治者的角色，想刻意与学生拉开距离，在学生面前高高在上，甚至让他们怕你，那么就穿黑色套装吧，当然这不可取；如果你想和学生建立一种平等和谐的朋友式关系，让学生更加亲近你、喜欢你，那么你就应该尽量穿得舒适一点、休闲一些……当然，关于衣装打扮，音乐教师都是行家里手，我没有资格在这里说得太多。

解读《小麦的难题》

在网上偶尔读到一篇题为“小麦的难题”的小文章，该文刊载于《南方人物周刊》，其内容与音乐教育有关，自然引起了我的强烈兴趣。读完之后大有令人拍案叫绝之感，在此先与大家分享此文，看看小麦究竟遇到了怎样的难题。

小麦因学习小提琴被学校纳入弦乐团，这本是一件光荣的事，但每周3次的集训和每天的练习让他吃不消，他跑来求助。

“你每天练习多久？”我问。“一个小时。金老师说太少，起码得两个小时。她说她在我这个年纪，每天都练4小时。”

“那你为什么不练？”“我做完功课，都差不多午夜啦！”二年级的小麦很无奈。

“好，那你告诉我，你到底喜不喜欢音乐？”

可怜的孩子不敢答，不断用眼睛寻找妈妈的提示。

“没关系。你最喜欢什么科目？”“科学。”这次小麦答得挺爽快。

“那还不简单？”我说，“回去告诉你的金老师，你不再学琴了，这样就可以退出乐团，不用再练习了。”

孩子接受了我的建议，麻烦却来了。金老师给他的家长写了封信，严肃地指出两点：一、不懂乐器的孩子长大了会没文化；二、学校要求每个学生至少能演奏一种乐器作为升级的评分之一。

我安慰受惊的小麦：“近百年来，全世界的伟大人物及学者，百分之九十都不懂乐器，不见得他们没有文化。”至于第二个问题，我拿出一把较小的古琴，告诉他：“你就跟我学这个吧！”

小麦的第一反应是：“每天要练多长时间？”

我告诉他，每周一小时就够了。

考试那天，金老师有些吃惊。小麦奏了半曲《酒狂》，金老师问：“你有曲谱吗？让我看看你有没有出错。”小麦匆忙翻出书包里《酒狂》的简谱，上面有我写的几行字：古琴是唯一被联合国列入文化遗产的中国乐器，也是“文革”时唯一受到批判的中国乐器。要听懂古琴，必须有一定的文化程度，尤其是文史哲知识。

就这样，小麦每年带着古琴回校“吓唬”有文化的金老师，音乐考试屡得高分。更重要的是：自从免除了练琴的奴役，他在科学科目上的进步让家长欣慰不已。

升初中时，他的科学知识已经达到高中水平。两年后，他越级挑战，以自修生的身份报考英国会考考试，化学成绩优异，把高中的学长都比了下去。

总有人问我小孩成功的秘诀是什么。我想，很简单：只需找到孩子真正的兴趣，替他排除障碍，创造让他发挥成功要素的环境，这个要素叫作——专注。

我很喜欢上面这个小故事，这就是我所期待的那种能够让我们受教育、给予我们启示的“守望音乐教育”之美文。

要用一个字来概括和形容中国的孩子，非“苦”字莫属。就连学音乐在孩子们面前也都变成了苦差事，我们的孩子受苦的程度可想而知。

本来让孩子们最爱的音乐却让孩子们学得这么苦，我们的教育和我们的老师负有不可推卸的责任。一个最重要的原因是，我们试图把孩子们都训练成音乐家，或培养成我们自己的接班人，或为了某种功利目的而让孩子们暂时为我所用。于是，便有了金老师的“我在你这个年纪的时候每天都练四个小时，你起码也得练两个小时”的逻辑。可是金老师却不曾去想这样一个问题：小麦又是否愿意做你金老师呢，是否愿意像金老师这样将来去当个音乐老师呢？很显然，小麦并不想，因为他现在喜欢的已经不是音乐而是科学！

稍微夸张一点，可以说：正如小麦的难题就是音乐教师金老师所给出的一样，实际上，我们的音乐教育在某种程度上就是在给学生出难题、设障碍，甚至以不让学生享受音乐快乐而后快。假期里的几次讲课，我都和老师们交流着这样的一个想法：音乐教育一定要守住这样的一条底线——别把本来喜爱音乐的孩子教得不爱音乐了（这虽然也不容易，但实在是在作孽）！我相信，几乎像所有的孩子一样，小麦本来也是喜爱音乐的，是金老师成功地把小麦“训练”得只想逃离音乐。

非常佩服该文中睿智的“我”，是他出了一个高明的主意，轻松解决了小麦的难题。首先，他用非常实在的一句话一下就戳穿了金老师那唬人的“不懂乐器的孩子长大了没文化”之破理由。的确如此，世界伟人百分之九十都不会玩乐器，他们可不见得都没有文化。其次，与训练小提琴相比，他只用了不到十分之一的时间来教小麦弹古琴，却在快乐的学习中既让小麦“有了文化”，更让小麦音乐考试屡得高分，反过来一下就唬住了有文化的金老师。

这两天我儿子郭曲还在问我，将来学成回国办所音乐学校是否可行。我说："学流行音乐的产生这种念头着实少见，是什么原因让你有这样的想法？"他说："你看国内学音乐的孩子，大都学得不快乐，我希望把国外的教学观念和方法借鉴过来，让孩子们快乐学音乐，就像我自己这样。"

是的，我们的孩子起码有百分之九十几的人像小麦一样将来不会从事音乐事业，那就让音乐永远成为他们的快乐之源吧！剩下百分之几的人像郭曲一样可能将来会吃音乐这碗饭，那就让他们自由快乐地去学音乐吧！

以上是我读完《小麦的难题》之后，发表在自己博客上的个人"解读"，没想到我的这个"解读"被《小麦的难题》的作者、小麦的父亲、香港的王应春先生看到了。王先生在我的博客上留言说：

很高兴能够拜读阁下的解读。小麦现今是高中一年级学生，已经被德国一所一流大学破格录取，明年到欧洲学习他喜爱的食物科技。令人意外的是，他以自学的方法练习，竟然成了学校的吉他协会会长。相信他和所有的孩子一样，对音乐是有一份天生的热爱的！

享受阅读

很开心我有这么一个可以和朋友们联络和交心的空间。我的QQ空间虽然才开通一年半，但现在已经有幸成了网友们的一个小据点。我知道，这并不是因为我个人有多大的魅力，也不是因为我写的东西有多么好读，而是我们每个人都受到了自己内心未能满足的阅读欲的强烈驱使。别看我们现在大部分人都很少读书，即便是读书也很功利，但我们每个人内心对阅读的那份渴望却是从来都没有消失过的。如果我们长时间不阅读，就会感到内心空空的，这种感受便是最好的证明。

我记得不知是哪位名人讲过这样一句话：真正属于自己的东西其实只有两件，一是身体，二是阅读。是啊，身体是长在每个人自己身上的，别人抢不走；阅读汲取的精神养分是浸入每个人心田的，别人也夺不去。然而，这句话能引起我强烈共鸣的原因还不是它多有哲理和多么精辟，而是因为当下社会，人们为了追寻梦想或保障生存，已经把这两样真正属于自己的东西给忽视了，以至于造成身体时常被透支、阅读基本被遗忘的这样一种现实；是因为这句话很好地警示我们在追逐梦想、奔波生活的过程中要保重身体，勿忘阅读。

很惭愧，我作为一名高校教师，现在也是很少读书，就是读点书也往往带有很强的功利性。纯粹而宁静的阅读、享受阅读的乐趣、品味书中的道理，这样的感受已经有些陌生。故而我能够体会，我们广大的一线教师整天忙于应付繁重的教学与教研工作，怎么还有可能静下心来不带功利目的地去读书。尤其是音乐教师，阅读并非我们的先天优势，也不是我们的生活习惯，因而能够拿起书来很功利地阅读，已经是很值得欣赏和鼓励的了。就在前几天，有两位老师不约而同地读到《好论文聊出来》中的一篇文章，对该文的师生对话有浓厚的兴趣，于是产生了写作的冲动与灵感，找到了选题。我听了这个消息很高兴。能够读有所用而且立竿见影，没有浪费老师们的宝贵时间，作为书的作者我自然已经非常知足，怎么可能会因为这样的阅读具有功利性而感到遗憾呢？这些年我出版的一些书，从《美国音乐教育考察报告》到《音乐教育越洋对话》，从《音乐教育书简》到《守望音乐教育》，无一不是大白话式的通俗读物，我之所以采用这样一种写作形式，除了自己水平有限之外，其实多少还是考虑到了我们音乐教师的阅读习惯。我觉得，能够让老师们产生阅读的兴趣，就已经很不错了，若能够让老师们通过阅读而受益，更是会让我乐翻天，这也是我每出版一本书都没少赠送的原因吧。

不知何故，前些天在我脑海中突然浮现出这样的场景：早些年最令老师们头疼的课堂纪律行为就是学生埋着头偷偷地在桌子底下看课外书。现在想起来，那真是一道亮丽的课堂风景线，这样的场景似乎是一去不复返、可遇不可求了。莫名其妙地想到这样一个问题，当时还觉得自己有些神经病，自嘲而会心地一笑而过。然而，昨天当我读了《第56号教室的奇迹——让孩子变成爱学习的天使》（雷夫·艾斯奎斯著，卞娜娜译，中国城市出版社2009年8月出版）一书之后，却忍不住大笑了出来，因为这本书刚好就谈到了我前些天想到的这个话题。书中写道：

我们班的五年级学生自己设计了一份只有3个问题的阅读测验。据他们表示，这份阅读能力测验卷的结果比那些专业人员所设计的更准确：

1. 你是否曾因为老师教得很无聊又很想看完手上正看到一半的书，而在上课时偷看藏在桌子底下的书？

2. 你是否曾因为边吃饭边看书而被骂？

3. 你是否曾在睡觉时间偷偷躲在棉被下看书？

学生和我一起哈哈大笑，这真是个可爱又有趣的测验卷。凡是以上3个问题都答“是”的孩子，注定一辈子爱看书。

我要我的学生爱上阅读。阅读不是一门科目，它是生活的基石，是所有和世界接轨的人们乐此不疲的一项活动。要让在现今这个世界长大的孩子相信这个事实往往是极为困难的，但并非不可能。从重要性来衡量，这样的努力是值得的。要让孩子在长大后成为与众不同的成人——能考虑他人观点、心胸开阔、拥有和他人讨论伟大想法的能力——热爱阅读是一个必要的基础。

我相信：热爱阅读的孩子将拥有更美好的人生。这个目标并未列在我们加州的课程标准上。阅读评估可以从标准化的测验分数开始，但我们最终必须用孩子们在发自内心阅读时发出多少笑声和流下多少泪水来衡量他们的阅读能力。笑声和泪水可能不会列在各州的阅读标准上，却是第56号教室的标准。这些孩子们将终身阅读，为人生而读。

上面这席话是针对学校教育说的。此外，作者雷夫在书中还对父母们提出了很好的建议——“善用图书馆”。他说：

做父母的绝对有必要带小孩去图书馆。对许多家庭而言，“去图书馆”这个活动已经不存在了。随着网络购物的兴起，上网订购书籍的孩子越来越多。虽然值得欣喜与鼓励，但意义上却大不相同。上图书馆是为了建立孩子们的价值观；置身于热爱阅读的人群中对孩子们是很有益处的。在网络上不可能进行的浏览和发现，可以在图书馆做到；孩子们还可以和各个年龄层的人互动，而不只是开启电子信箱里的包裹。如果有人对每星期都上图书馆的孩子说“现在早就没人要看书了”，他会知道这不是事实。他会想：“你认识的人或许没有一个爱看书，但我知道你错了。”近来，看书的孩子总是遭到同学的嘲笑，要战胜环绕在孩子们四周的冷漠与不关心，最好的办法就是带他们到将“知识、热忱，以及阅读的喜悦”视为理所当然的地方。图书馆就是最好的起点。

读了书中的上述段落，我就有一种想和大家尽快分享的冲动，于是便把它们摘录了出来。或许这也是阅读带给我们的一份快乐吧，彼此分享，其乐融融。

阅读是人类最独特而美妙的精神活动，喝着茶与咖啡，品读着书中的世界，这依然是当代社会里我所能想象得出的最恬静惬意的生活场景。因此，当我们感到内心浮躁、寂寞空虚乃至精神濒临失常的时候，请别忘了：书是人生最忠诚的伴侣，她随时等着我们去捧起、去打开、去品味。而如果我们希望我们的孩子能够拥有更加美好的未来，别忘了：阅读不仅能够引领孩子们走向未来，也能够引领他们去求真、求善、求美。

每个人都需要写好的两本书

最近，我时不时地浏览一下网上的畅销书排行榜，想找几本自己感兴趣的非专业性书籍读一读，为忙碌而枯燥的工作注入一丝情趣，尽量让自己的阅读不带功利性，真正享受一下那种久违的读书感觉。

我发现有一本2009年1月出版的书竟然连续几年一直保持在排行榜的前列，它就是《好妈妈胜过好老师》，足可见这本书经受了时间的考验，引起了读者的共鸣。不过，我并没有买下它，因为没有阅读的欲望。不是我对它不叫“好爸爸胜过好老师”而有所介意，因为很显然这里的妈妈指代的是父母，准确地说该书本欲表达的是“好父母胜过好老师”；更不是因为我不认可“好妈妈胜过好老师”这一观点，恰恰相反，我太赞同这个观点并且它已经久久植入我心，以至于感觉没有再去读它的必要。

尽管如此，我相信这一定是一本好书，因为书名就鲜明地表达了一种教育理念和教育责任。这些天我一直在思考这样一个问题，我们都是做老师的，做老师的在做父母方面更具优势吗？我们每个人都教育好了自己的孩子吗？而如果连自己的孩子都没有教好，我们有可能教好我们的学生——那些别人家的孩子吗？我们能够让学生家长们信任我们能教好他们的孩子吗？再反过来说，我们自己作为家长，又能够放心地把自己的孩子完全托付给连自己的孩子都有可能教不好的老师吗？绕口令似的说了一圈，其实想要表达的意思很简单：靠别人不如靠自己，指望好老师不如指望好妈妈，因为好妈妈的确胜过好老师，好妈妈是孩子的自己人，至少要比好老师靠得住。

看到这本《好妈妈胜过好老师》，我自然就想到应该还有一本《好家庭胜过好学校》，如果没有那说不准我会来写写试试。上网一查，书名相同作者不同的书已经出版了好几本。我就纳闷了，为什么这本书在排行榜上看不到，是都写得不好吗（其中还有外国人写的呢）？恐怕不是。我觉得最根本的原因是人们对这个问题还没有足够的关注，或许对“好家庭胜过好学校”这一观点还持有异议，或许是父母普遍地在潜意识里想推卸自己本应承担的责任。可我认为，对于孩子的成长，尽管两者紧密关联，与“好妈妈胜过好老师”相比，其实“好家庭胜过好学校”这一观点的普及更为重要和紧迫。

这本书我自然也没有去看，同样也是因为对这一观点更加深信不疑。在我们国家，孩子很苦，学习压力巨大而难有喘息的机会，更不用说拥有幸福的童年；父母同样很苦，为孩子找个好学校而花钱找关系四处奔走。

不可否认，好学校比差学校当然更有利于孩子的成长，特别是有利于孩子的升学，但找个好学校就够了吗？找了好学校父母就万事大吉、一劳永逸了？当然不是，不管为孩子找到的是怎样的学校，父母该怎么做还得怎么做，家庭该怎么样还得怎么样。好老师、好学校固然重要，但绝对不能取代好妈妈和好家庭，如果二者兼得，则是孩子先天修了福；若非要二者择一，好妈妈和好家庭必然是首选无疑。

可现实情形又如何呢？我们的确尽其所能帮孩子找到好学校了，但我们却有可能忽视了为孩子营造一个同样优质的好家庭。我们不能想象：父母在家里争争吵吵闹离婚，孩子则在学校安安心心搞学习；父母性情暴躁没修养，孩子则彬彬有礼很绅士；父母总想着如何防范设计别人，孩子则总想着如何去做好人好事；父母不思进取无所事事，孩子则志存高远奋发图强……可以断言，上述情况基本上是不可能发生的，因为最好的学校也根本没有这样的能耐，最好的学校所具有的最大能耐也更多的是体现在考试成绩上，而成绩又并不能代表孩子的一切。“老子英雄儿好汉，老子流氓儿混蛋”这话虽然太偏激，完全没有把学校的育人功效放在眼里，但这一极端的表述的确说明了深奥的道理。我认为，在育人方面，好家庭与好学校扮演的角色是有明确分工的，只有好家庭承担起了“雪中送炭”的重任，好学校才能够发挥“锦上添花”的作用。

当然，对于孩子的成长，最理想的莫过于既有好妈妈好家庭，又有好老师好学校，大凡有大出息、健康成长的孩子都应该有这样的幸运。如果没有能力为孩子找到好老师好学校，那就先做一个好妈妈经营一个好家庭，孩子也一定不会让你失望的；如果有幸为孩子找到了好老师好学校，而自己却做不好妈妈，经营不好家庭，那么就别太指望孩子会比你强很多。父母是孩子的第一任也是最靠谱的老师，家庭是孩子的第一所也是最靠谱的学校。做一个好妈妈胜过为孩子找一个好老师，营造一个好家庭胜过为孩子选择一所好学校。试图通过经济投入等方式而让自己心安理得、一劳永逸地把孩子完全托付给老师和学校，那不是好妈妈和好家庭所为，自然也不要对孩子有太高的期待。

不管孩子有多大、走多远，好妈妈永远都是孩子最贴心的人，好家庭永远都是孩子最温暖的窝。《好妈妈胜过好老师》和《好家庭胜过好学校》，这是每个人都需要花毕生精力去写好的两本书。

不费力又讨好的音乐教学境界

对不是搞专业的普通人而言，音乐是最令人轻松愉悦的，不管是唱歌还是听乐曲，都不可能感觉有多费力。但音乐课就不见得如此了，若老师们上课感到很费力，那就极有可能会“费力不讨好”。故在音乐课堂上，要想让学生既快乐又学有所获，老师们首先自己要学会放轻松。

我们先来看看两个相关的实验研究案例：

案例一：鲁尔、休斯和施洛斯在 1987 年做过一项著名的研究，在这项研究中，他们着力探索当学生在课堂上有机会对所学内容表达自己观点的时候，将会产生什么样的学习效果。研究所采取的实验形式是选取两组学生，让他们以不同的方式学习相同的内容。在实验组内，教师总共教授五节课的内容，在每节课的教学过程中，教师有三次停顿（每两次停顿之间的时间间隔是 15 分钟），每次停顿给学生两分钟的时间。在这两分钟的时间里，学生与其搭档讨论问题并修改笔记，师生之间没有任何互动。每堂课结束的时候，学生都有 3 分钟的时间去写下自己在整堂课中所能记住的东西。12 天后课程结束，学生要参加一个多项选择题形式的测试来测验他们的记忆能力。在另一个实验对照组内，学生学习相同的内容，按照老师传统的方式进行教学，不停顿，不给学生活动的时间，然后也参加同样的测试。他们采用这种实验方式，选取了两个独立的课程，进行了两个学期的反复实验，结果是实验结果完全一致。研究结果证明：如果教师在课堂上少说一会儿，学生便能多学到一点。学习过程中有更多的机会去进行互动和参与的学生，在日常测验和期末考试中表现更出色，而且两组学生分数上的差别完全是两个不同等级之间的差别。

案例二：医学院的教授们就同一个课题准备了三个版本的讲稿，这三个版本依次按高、中、低密度水平排列。高密度水平讲稿里有 90% 的内容是新信息，中密度水平讲稿里有 70% 的内容是新信息，低密度水平讲稿里有 50% 的内容是新信息。当讲稿没有呈现新信息的时候，他们往往通过重复重要观点、强调材料的重大意义、列举例证以及索取与学生现实生活紧密相关的例子等方式来强化授课内容。15 天以后，给学生三种测试方式：预备测试、学后测试和临时测试。统计结果显示：新信息量越低，学生能够学习和掌握的效果越好。在固定的时间内，学生能够学习到的新知识的容量是一定的，超出了这个容量范围我们就不能实现教学目标。换句话说，教师如果只呈现少量的关键性信息，利用课堂剩余时间组织学生参与各种旨在帮助其强化知识的学习活动，将会取得更好的教学效果。

上面这两个研究案例，虽然并非在音乐课堂进行，但对我们的启示意义还是挺大的。两个案例都表明，老师讲得越辛苦，学的新内容越多，学生可能越不买账，学习效果可能越差。因此，当我们上完一节课感到很费力甚至身心疲惫的时候，我们不妨先反思反思，我们讲的那些东西是非讲不可吗？我们设计的那些教学环节是非有不可吗？我们在一节课里非得要教授那么多新东西吗？下面我想用歌唱教学作为例子，来谈谈我的一点小感受。

在歌唱课上，我们往往习惯于事先去设计歌唱教学的难点，似乎没有难点就显示不出教师的水平，设想着某个乐句学生肯定不会唱或唱不好，所以，先必须教会学生唱好那一句，即所谓的突破难点；我们也往往习惯于认定学生学唱歌一定是像学说话一样的必须有人带，老师唱一句学生唱一句，似乎不这样教就没有尽到老师的责任；我们还往往习惯于把绝大部分时间来教唱新歌，而很少让学生尽情演唱已经学过的熟悉的歌，似乎不多教点新知识就浪费了时间对不起学生。然而，其实我们都明白，我们自己现在唱的任何一首歌，几乎都不是通过带唱的方式学会的，也不是通过专门攻克难点而唱出水平的；我们在演唱自己熟悉的歌时最能够体验歌唱的快乐。所以我想，对于学生而言，最需要的恐怕还是感受和体验歌唱的整体感和流畅感，而唱一句停一句，哪有美感和享受可言？那不是真正的歌唱。我们以为学生会唱了那是我们带唱的效果，这是误解；我们以为学生最难的一句也唱好了，那是因为我们提前攻克了难点，这也是误解。上面我说的无论是攻克难点也好，还是带唱也好，实际上都是学生所不喜欢的，也是我们教起来不太爽的。但是总还是有人舍不得放弃，似乎没有了这样的环节，我们的教学就不规范了，这就是典型的“费力不讨好”。另外，我们花绝大部分时间去教授新歌，实际上意味着留给学生开心演唱熟悉的歌的时间所剩无几，以至于教师很辛苦，学生不尽兴，这也是典型的“费力不讨好”。为什么不可以在学生演唱的过程中去发现（有没有）难点呢？如果发现学生某个乐句真唱不好，这时候再提取出来带唱一下，当然有必要，而且也不晚。为什么不多省一点时间出来让学生尽情地演唱那些他们会唱的、拿手的、喜欢的歌呢？

我曾经听过一节课，施教者的教学设计非常精细，几乎各种问题都考虑到了，当然也包括设计了一个难点，那就是切分音的演唱，结果没想到学生在唱切分音的时候，根本就不难，一下就唱会了，而执教者的PPT上又偏偏凸显出“难点”二字，而且预留了五分钟来予以攻克，结果难点没啦，执教者反而不知道如何是好，最后不得不提前下课。我还听过一堂课，老师一句一句带唱，看得出来学生是无精打采、心不在焉、非常被动地在跟唱，这时有位学生站起来对老师说：“我们会唱了，老师不用您带唱，让我们自己来唱吧！”搞得老师好尴尬，也不知道剩下的时间该干什么了。上面两个教学场景都存在同样一个问题：教师在课堂上除了“教学生”，别的事情似乎就不会做了，也就是说，教师只会当教师不会当学生，只会做演唱者不会做伴奏者，只会自己表演不会欣赏学生表演。举上面的例子，我是想表达这样一个观点：我们平常花大力气设计的环环紧扣、眼花缭乱的教学环节，往往都是从我们教的角度出发的，学生需要不需要、喜欢不喜欢，实践过后一目了然，而那些不需要的环节，一定就是费力不讨好的地方。

我总认为，音乐课是最有可能既让老师感到轻松又容易讨好学生的。比如说在歌唱课上，学生最期待的是什么呢？毫无疑问，他们最期待的一定是自己有机会尽情地歌唱，而不是老师教他们多少新东西。而学生尽情歌唱的时候，不恰恰就是老师最轻松的时候吗？有时候，学会取巧偷懒可不是什么坏事情，其实这最能够体现出音乐教师的功力，优秀教师的教学一定是轻松愉快的。

音乐教师不费力又讨好其实并不难，在音乐课堂上为学生搭建属于他们自己的舞台，留给学生多一点自己的地盘，学生很快乐，教师很轻松，学习效果好，又何乐而不为呢！

不费力又讨好，这可是音乐教学的至高境界。

优秀教师都知道的一条经验

这是所有优秀教师都知道的一条经验，也是所有老师都应该知道的一条经验——成绩好、表现好的学生会尽一切努力拿高分、表现好；而成绩不好、表现不好的学生却只为自己喜欢的老师努力学习和表现好。这些懵懂任性的孩子便是我们平常所说的一般生或后进生，他们往往没有认识到这样做唯一的受害者是自己而不是老师，没有意识到他们正在拿自己的未来做赌注。他们是否好好学习，一个十分重要的原因就是看老师是否在意他们，如果他们感觉到老师不在意他们时，就会主动排斥学习。因而，促使他们努力学习的最有效办法就是老师要和每一个学生建立起良好的师生关系，让每一个学生都能感受到老师是很在意、很关心自己的，而且每一天每一节课都要让学生知道，班里每个人的成功对老师都非常非常重要。

拿糟糕的分数和坏坏的表现来惩罚不关注自己的老师，这种幼稚和冲动的行为似乎令人匪夷所思，但如果我们回忆一下自己的学生时代，恐怕这样的举动或多或少都曾在我们自己的身上发生过。这就是孩子，如此不懂道理。这才是孩子天真可爱的地方，这才是孩子需要接受教育的理由，这也是孩子具有可塑性的例证。用这种自毁前程的极端方式来唤起老师对自己的注意，只有孩子才具有这样的创意和想象力。

在学校各门学科当中，音乐可以说是每一个孩子的最爱（除非失聪者），从某种意义上说也并不存在音乐弱智者。如果在音乐课堂上有学生表现异样，或许正是因为他们的音乐表现欲望没有得到满足而故意生事让老师关注他们，他们其实对音乐充满着自信。因而音乐课堂最需要关注每一个学生，也最有可能关注每一个学生，尤其要关注那些从我们的专业评判角度被认为是所谓“先天不足”、“五音不全”的学生。

音乐课堂上的学生不外乎下面几类，每一类学生都需要我们关注，但让每一类学生感受到老师很在意自己的方式和程度可能不一样。

第一类是具有音乐特长且表现积极的学生。他们是音乐课堂上老师的得力干将，在公开课上他们更是老师的衣食父母，无须老师特别的关注也总能找到表现自己的机会，受到老师的关注和得到老师经常性的表扬是顺理成章的事情，因而他们往往很容易感受到老师对自己的在意。

第二类是虽然没有特长却很喜欢音乐且表现积极的学生。他们有音乐梦想，渴望上音乐课，也期待老师对他们给予特别的关注以获得更多学习与表现的机会，一旦感到老师不在意自己，便有可能在课堂上与老师唱对台戏。对于这类学生，我们应该多给予他们表现的机会并且不失时机地给予鼓励表扬，让他们感受到老师对自己有兴趣、有信心，相信自己有着好的音乐天赋，以此激发他们学习音乐的兴趣，挖掘他们的音乐潜能。事实上，往往正是那些没有音乐专业基础却在课堂上获得了音乐表现成就感的学生，一旦学习音乐，其后劲甚至比那些具有音乐特长的学生更足，发展势头更猛。

第三类是具有音乐特长但不善表现或表现不积极的学生。他们表现不积极或者是内向的性格使然，或者是不屑于在课堂上表现自己，但不管是基于什么原因，像这类具有音乐特长的学生，其自我表现的渴望同样或者甚至更为强烈，他们会因为老师没有发现自己的音乐特长或没有给予他们充分表现的机会而耿耿于怀，但自己却又放不下身段，不敢或者不愿主动表现，因而内心很是纠结矛盾，于是就会在课堂上择机惹事以吸引老师关注。针对这类学生，我们一定要通过各种方式去发现他们的特长并且给予他们在课堂上展示自己的足够机会。

第四类是对音乐充满渴望但因缺乏自信而不敢表现的学生。这类学生可以说在课堂上是时刻准备着，时刻听从老师的召唤，期待着老师给予他们表现的机会，期待着老师能慧眼识珠并赏识自己。但他们却因对音乐缺乏自信又不会主动表现，而如果这样的机会久等不来，那么他们就会放弃音乐课堂，放弃音乐老师，进而会时不时地调皮捣蛋，以此来惩罚老师对自己的忽视。的确，对于这类学生我们最容易忽视，因为他们对音乐的渴望和对老师在意自己的渴望往往是写在眼神里，写在表情中，而我们却往往又不习惯与学生进行眼神交流，也不善于观察学生的表情，故这一部分学生是最容易被老师所忽视的。为此，我们在课堂上不要只顾自己教，而是要把教学真正理解和实施为一种师生之间的交往活动，要把音乐教学真正理解和实施为一种学生全员参与的音乐实践活动。

最后一类是对音乐与音乐课都没有什么感觉的学生。虽然几乎每一个孩子都喜爱音乐，但不排除因为某些特殊原因，比如生理障碍或因为音乐学习受到过心灵的创伤，每一个班上都有可能存在这样的学生，他们对于音乐和音乐课无动于衷甚至出现逆反心理。由于这类学生只是个别，而且他们在课堂上也不会刻意捣乱以吸引老师的关注，因而他们也是最有可能被老师忽视的人。但恰恰又是这个别的学生最需要老师的关注，而这样的一份关注则在很大程度上是基于老师对学生的爱与责任。音乐是人类最美妙、最有营养的精神食粮，没有音乐相伴的人生是不健全的人生，任何人都概莫能外。只有当我们充分认识到音乐与音乐教育对于人类的普世价值时，我们才不会忽视我们课堂上的任何一个学生，更不会人为地从专业角度为学生贴上“先天不足”、“五音不全”的标签而剥夺学生平等享受音乐的权利。

我上面的归纳肯定不全面也不一定准确，只是写出来供我们的音乐老师参考。如果大家觉得还有一点儿启示，那么就不妨在我们的音乐教学活动中，试着给我们的学生归归类，这样的话，就不至于忽视任何一类人。教好学生的前提是了解学生，了解学生的关键是掌握学生的心理状态，而教学的最高境界是让每一个学生都能够得到最大程度的关注和最充分的发展。关注每一个学生，让他们感受到老师对他们都很在意、很欣赏、很钟情，这本来就是作为一名教师应尽的责任。期待我们的音乐课堂能够真正成为所有学生展示自我、增进自信、体验成功、享受快乐的一方天地，不管他们有没有音乐特长、敢不敢自我表现、爱不爱学习音乐。

我们要特别关注音乐课堂上的弱势个体，不让任何一个孩子在音乐面前感到失落，要成为让每一个学生都喜欢的音乐教师！这样的话，我们若给学生一分关注，学生会给我们十分回报；我们若给学生十分欣赏，学生会给我们百倍惊喜；我们若给学生百分钟情，学生会给我们一辈子感恩。

情绪失控

在前面提到的《改善学生课堂表现的50个方法：小技巧获得大改变》一书中，有一个小技巧叫作“切忌在课堂上情绪失控”。书中谈道：

孩子终归是孩子，不是成年人，他们会随时使些小性子。当我们决定成为一名教师的时候，我们就应该知道这点。然而，我们却常常忘记学生拥有孩子的本性，总认为他们会按部就班地表现好。当孩子们逐渐长大的时候，他们会学了控制自己的言行举止，而在这个过程中，他们也就逐渐长成了大人。但是，在成长的道路上，他们需要榜样来告诉他们如何自控。作为成年人，我们应该起到这种榜样的作用，在孩子面前控制自己的行为举止。教师在课堂上犯的最大错误就是让学生知道了他们的某些行为会让教师感到不满，因此，请记住，不要在学生面前发脾气。因为一旦你这么做了，他们就会知道哪种情况下你会再发脾气。而一旦他们知道了这点，你就很难改变自己的形象了。你属于他们，而他们并不属于你！

上面的最后一句话说得真好——我们属于学生，但学生并不属于我们，什么时候我会就这个问题专门谈谈自己的体会。此刻我想还是转入今天关于“情绪失控”的正题。我想，任何一个老师都可能有过在学生面前情绪失控的经历，我昨天就经历了一次，而且教训深刻，只不过不是在课堂上。这个教训就是：一旦情绪失控，失控的将可能不只是情绪，更有由此带来的不测后果。

事情是这样的：今年即将毕业的研究生中有一位同学，在我几次催促之下依然没有将毕业论文修改稿发给我，眼看论文评审和答辩日期日益临近，我实在挺不住了，便在QQ上留言“钦佩”他的那份淡定。他刚好隐身在线，并马上把论文发过来了，解释说他一直想改好但又觉得改不好，故一直没敢发给我看。我有些不悦，没有接收他的文件，对他说：“那还是改好了再发给我吧，再拖一拖又何妨，这本来就是你的事情，你又不是在帮我打工；如果我今天不催你，看来你就不打算发给我看了，既然如此，就当我今天没催你，你计划哪个时候发给我，或者感觉什么时候改好了，再发给我。”他说：“我知道老师是真心替我们着急，我再改一天，明天下午发给老师。”我说：“这个不是时限的问题，你觉得已经尽力了，感觉只能改到这个样子了，就发给我，明天也好后天也行。”他说：“确实是我没考虑周全，我会明天下午准时发给老师的。”见他还没有听明白我的话，我情绪渐渐有些失控了，于是噼里啪啦地说了下面这样一通话：“不是要看你准时不准时，而是要看你尽力没尽力。如果论文真出了什么问题，推迟毕业怎么办？哪个学校又会接收你？当初若按照我的要求早把文章做出来了，现在不就可以一门心思去找工作了。你们可千万不要误认为我就是随时随地、招之即来等着帮你们改文章的，我还有许多其他事情要做啊。”

上面的师生对话大概是在下午四点多钟进行的，后来他再也没有吱声，只是我在自说自话。见他没再回复我，我猜可能是被我上面的话吓哭了。这之后，我反省自己的说话语气是否有些太过，是否给了他太大的压力，我知道，其实学生也不是有意要把论文写差的，还是给他减减压吧。于是，一个多小时之后我又在 QQ 上试探性地给他留了一句话，告诉他论文的交稿时间，但仍然没有收到他的回复。我开始有些内疚，便发了一条手机短信给他，试图安慰安慰：“批评归批评，我们还是要一鼓作气尽最大努力把文章写好，确保顺利毕业！”还是没有任何反应，看来今天的批评的确伤害他了，而且伤得不轻。我又连续拨了几次电话，都是通的，但就是没人接听。这个时候我真有些慌神了，担心自己闯大祸了。于是我又发了一条道歉短信：“电话也联系不上了！是不是我的批评让你背上包袱了啊？离学院规定的交稿时间还有十多天，还来得及。今天不该批评你太严厉，抱歉！”

QQ、短信、电话，现代通信手段用尽了，就是联系不上，我不得不发动同学去找他，也未果。6 点到 8 点差不多两个小时的时间里，我急得像热锅上的蚂蚁，但又不敢表露出来，一怕我爱人也跟着我担惊受怕，二怕她批评我工作太投入，竟然为学生的事情让自己这样提心吊胆。此时此刻，我真是追悔莫及，心里不停在发誓：不管学生表现如何，从此以后再也不批评学生了，再也不敢了。刚好昨天日子又不好，先是波士顿遭遇恐怖袭击，幸亏儿子安然无恙，然后又是伊朗与巴基斯坦大地震，如果学生因为我的批评而发生什么意外情况，后果不堪设想……好在快到 8 点的时候，我接到了学生的电话，原来根本不像我想象的那么严重，他在 QQ 上不辞而别、不接电话也不回短信，是给人上课去了。虚惊一场，我长吁了一口气。

昨天的这段经历，虽然在一定程度上是我神经过敏构思出来的，但教训极为深刻，想起来都后怕。我想把它写下来好让大家汲取我的教训：作为教师，在学生面前不管有没有发脾气的理由，也不管理由有多充足，我们都要学会控制自己的情绪。由于此前我已经对学生表达了歉意，相信他已经谅解了我，也相信他不会介意我把这个事情说出来的。

在老师面前，不管年龄大小，学生毕竟都是孩子，而现在的孩子心理承受能力都很脆弱，老师情绪的失控将可能带来后果的失控，这一点千万不可麻痹大意。再者，十全十美的孩子是没有的，如果有他就不需要老师了，因此，学生存在问题很正常，和学生去计较的老师不是好老师。

公开课的功利性

有位老师经层层选拔将参加市里的公开课展示，来信和我交流这方面的话题。我对她说："教学是一种分享，不要把这样的教学交流与展示活动看作是一种体育比赛，更不要把它看作是一种不是你死就是我活、成者为王败者为寇的战争。"对此，老师回信说："这句话说起来容易，但其实很难，对于平时的家常课，确实是师生之间的一种分享，但面对的是比赛，你代表的不是自己，而是镇，在学校领导、镇教办领导的期望下，压力是很大的，想'把太功利的包袱痛快丢掉'有点难，丢掉自己的那份容易，但这是从上到下的呀……"

收到老师的信之后，我觉得我说的话虽然出发点还是好的，但的确有些过分了，甚至有些不人道。于是，我昨天回信给她，专门解释了这个问题，在这里也和大家一起共同讨论吧。我是这样写的：

今天我想和你交流的还是你信中提到的关于公开课的功利和压力的问题。其实，说没有功利，没有压力，那是自欺欺人。我虽然这么说，但我自己也肯定是一个很功利的人，甚至也是一个俗气的人。但之所以我还是要强调这一点，一方面是因为这样说能够给自己一种心理上的暗示，给自己释放一定的压力；另一方面则是我相信，一旦我们尽可能地保持一种非功利的心态，教学效果必然会更好，比赛成绩自然也会更优异。从这个角度说，我强调"把太功利的包袱痛快丢掉"，同样是具有功利性的，同样是为了让自己的教学表现得更好，取得更好的名次。这个世界，哪有无功利的事情存在呢？即便是我现在和老师们交流（这两天还收到了另外两封信，一封来自即将走上岗位的新教师，一封来自工作了几年马上要换新学校的年轻教师），彼此都不相识，既不可能得到什么物质上的奖励，也不可能评上什么先进，但说实话，我也是很功利的，这种功利性表现在我在和老师们的交流中，感觉到自己的价值得到了体现，精神上已经得到了回报。

具体对一堂公开课来说，我之所以说要尽可能地抛弃功利性的重负，主要是想表达这样一个意思：我们去上课，或者在着手准备上课时，心里不要装太多的东西，不要老想着会得几等奖，老想着领导的期待、单位的荣誉。如果这样一些东西想得太多，势必在教学上、在学生身上就想得要少。因为人的脑子在某一时段其容量一定是有限的，别的东西装得多了，该装的东西就可能装得少了，就可能装不下了。比如说吧，如果我现在给你写信，老想着我写这封信将来会给自己带来什么好处，我想我是没有办法写下去的。同样的道理，我们即将上一堂公开课，但此前老想着领导、奖励、荣誉，老想着听课时那些专家和老师的反应与评价，我们就很难静下心来去考虑学生，去思考教学。其实，成绩和荣誉不是追求来的，是自然而然获得的。如果我们直接去追求那样的功利性目标，那么，过程极有可能是扭曲的、异化的。

这几天我和几个年轻老师在网上交流，深感他们都很上进，都很想成为一名优秀的老师，甚至有些急于求成了。我就很坦率地跟他们说：优秀教师不是说下一个决心就能变成的，不是一夜之间就能造就的，优秀教师的成长必然是有一个过程的，那是一步一个脚印走出来的。如果老装着这样的想法，而且这种想法十分地迫切，那么，无疑将会适得其反，随之而来的可能就是焦虑、怀疑、不自信乃至自暴自弃。所以，我反复对他们说：不急不急，先把自己的工作做好，从一点一滴做起，在各方面都严格要求自己，把这份工作不只作为一个谋生的职业来看待而是作为一项事业去做，将来自然而然就会成为一名优秀教师。我说，为什么现在很多人都很焦虑呢（我也时常有这样的感受），就是因为我们太功利了，太想成功了，太想成名了。想成功、想成名这本没有什么错，但我们要给成功、成名足够的时间啊，我们要甘于忍受此时此刻的寂寞啊。我们大多数人都既不是“富二代”，也不是“红三代”，我们的成功只能靠自己慢慢积累，一步一步去打拼。

……

这封信回得比较匆忙，文字显得有些激动。今天再回过头去看，发现有些话仍然说得有些过了，明显是在站着说话不腰疼。所以，我在这里要向这位老师表示歉意，若有得罪之处，还望多多包涵。

关于公开课，还有一个问题值得我们讨论，那就是专家如何点评公开课，执教者如何看待专家的点评。据我了解，公开课的执教者几乎无一例外地都十分在乎别人尤其是专家们的评价，其实这个问题也和功利性相关，因为专家的点评直接关系到公开课的成败。对此，我除了建议执教者别太在乎他人评价、多多倾听自己和学生的感受之外，还想给专家和点评者们提出一个小建议：站在学生角度来评课。

我曾收到过一位公开课的授课者发给我的一篇反思教学比赛的文章，从这位老师的描述中不难看出，她的课效果很不错，学生很开心尽兴，执教者本人很惬意满足，听课的老师们也纷纷竖起了大拇指。可是评委们的评价似乎并不十分理想，二等奖的等级与教学效果可能也并不十分吻合。以至于这位老师不无委屈地说：“我认为学生喜欢的课就是优秀的课，我的课是针对学生的口味来上的，而不是针对评委的口味来上的。”“我觉得评委太强调个人观点了，站在学生的角度考虑得太少了，他们只注重自己的感受，没有注意学生在课堂上的反应。”

这里我想谈三点想法，以回应和声援这位老师。

首先，我完全认同她的观点，学生很喜欢且教师自己感到满意的课就是优秀的课。我一直都是如此强调的：课上得好不好，不需要等着专家评委们给出结论，最清楚的莫过于学生和教师自己，如果学生的脸上洋溢着开心幸福的表情、教师心中充满着愉快惬意的感受，不管专家评委说什么，都无法否认这样的教学是最棒的，这样的课获得一等奖是当之无愧的。不管是教研课还是比赛课，我们永远都是为学生而上，而不是为评委而上，这样的老师才是真正的老师。

其次，我认为专家评委在评课时要转换角色定位。在台上讲话可以是专家，一旦坐到课堂上就不要再以专家自居了，不要用专家那挑剔的眼光去审视执教者的一举一动和一言一行，不要生怕放过了哪怕是教学中的一点点瑕疵，以至于在评课时体现不出自己的本事。专家评委能不能暂时放低自己的身段，带着一颗学生的心，以学生的身份去听课，与学生一道去体验和享受教学，进而从学生的角度去评课?

第三，如果专家评委们转换角色实在太难，我在这里出一个馊主意：评委们在听课时有没有可能背对着执教者而面对着（或侧对着）学生坐着，这样便于更好地观察学生的反应，而不是把注意力集中在教师身上。本来教学就不是教师的独角戏表演，教学好不好，效果好不好，学生的反应最真实可靠。如果我们面对着学生，学生是否是真开心、参与是否是真主动、知识是否是真掌握，一目了然，尽收眼底，而且不会有假象。我以为，不要管教师长相漂亮不漂亮、个性温柔不温柔、语言优美不优美、专业扎实不扎实、理念先进不先进，能让学生快乐享受，能激发学生积极参与，能教给学生知识技能，那就是好老师，那就是教得好，那样的课才能真正称得上优质课!

如此“把脉问诊”

我在中国音乐教育网上读到一篇新闻报道，标题为“一节课被叫停近百次　国字号名师‘把诊问脉’小学课堂”，是这么写的：

国字号音乐特级教师刘德昌，近日应陈善冰艺术（音乐）名师工作室的邀请，走进雨花区砂子塘天华寄宿制学校，为本土名师课堂把脉问诊。一堂45分钟的课，被打断叫停近百次，上课老师和听课老师却从中感受到，每一次叫停指导，就像在给课堂“看病”，“病情”、“病因”和“治疗手段”一目了然，诊断到位，受益匪浅。

刘德昌是教育部评选的艺术教育专家，中小学音乐教育专业委员会常任理事。当日全省近500名老师慕名前来，听取五位长沙本土老师精心准备的不同特色的课堂。刘德昌边听边评，及时修正和示范，叫停声不绝于课堂。《拾豆豆》是首山西民歌，汤雅棋老师在课堂开始几分钟时，就被叫停：“不要称呼‘孩子们’，他们都是学生了，应该叫他们‘同学们’。”“这里不对，歌曲是要表达惊喜、欣喜的感觉，不能唱出惊恐的感觉来，声调可以轻一些、短一些。”孩子们并没有因为课堂被打断而觉得乏味，因为刘德昌的示范指导让他们欢乐地唱起来、舞起来，感受到回归音乐的快乐。

看了这篇报道，我的第一感觉就是文章绝对夸张了。一节课就45分钟，如果按每次叫停占时30秒计算，那么，被叫停的时间就达到了50分钟，若在叫停之后还要修正和示范，怎么可能？除非时间就此停顿。

刘德昌老师是我非常敬重和崇拜的优秀特级教师，他自己上课绝对一流，指导教学也令人信服。我不相信他会说出“不要称呼‘孩子们’，他们都是学生了，应该叫他们‘同学们’”这样的话，因为我不相信他会把称呼小学生为“孩子们”也作为一个音乐教学的“病情”来诊断。

这种“边听边评，及时修正和示范，叫停声不绝于课堂”的教研方式，如果只有教师参与没有任何问题。但如果让孩子们配合着我们搞教研，这实在有些太过分。报道说他们“并没有因为课堂被打断而觉得乏味”，或许那主要不是因为刘老师的诊断让他们“感受到回归音乐的快乐”，而是因为这种奇特的教学诊断方式让他们耳目一新。

过分的还不只是让孩子们做陪练，也包括这种教研方式本身。任何一个最优秀的教师如果在一堂完整课例的教学过程中“被叫停近百次”，那还怎么能够将教学进行下去？“被叫停近百次”的教学若不是百孔千疮甚至身患绝症那才真是出现了奇迹！因此，在我看来，这堂课最值得敬重的不是敬业尽责的刘老师，也不是富有创意的组织者，而是粉身碎骨也在所不惜的执教者汤雅棋老师。

这种教研方式如果是运用于教师自身研讨教学设计，那么一节课讨论一天甚至更长时间都可以，专家问诊一百次甚至一千次也无妨，但前提是我们可以自我折腾，但千万不要折腾学生！

教研活动，请别走火入魔。若精力过剩，就多关注一下那些还没有机会享受音乐教育的农村孩子吧。

我把上面的感受连同记者的报道发到了我的 QQ 空间，以便让老师们对这样的教研形式进行充分讨论。然而，没想到这一次讨论引发的关注和震动是空前的，支持者、反对者、中立者加起来有上百人参与发言，最后根据我的整理统计，网上的留言接近五万字，以至于最后我不得不以“安定团结”为由委婉宣布讨论不再继续。

我个人认为，就教研活动形式这个小小的话题展开的这一次由一线教师自发参与的讨论，在当下中国音乐教育领域里“百家争鸣”的良好学术风气严重缺失的背景下，它的意义是显而易见的。本来想将这五万字的讨论文字原原本本地呈现在此，但我担心由此又会引发出不必要的麻烦和问题，故只好将其他人的珍贵观点忍痛割爱，而只是把自己在讨论中的部分发言依时间顺序记录如下。

1. 音乐教育这么去抠，真不知有多大的意义！

2. 我个人认为，不管是专家还是普通老师，都不能随意地让学生来配合我们搞这样的活动！我们真的没有这样的权利！作为一个老师，首先要爱护自己的学生，绝不能利用学生来提升我们自己，还美其名曰是为了学生！

3. 我们是使唤学生习惯了，在发达国家，这种事情不太可能发生，因为他们认为学生的人权受到了侵犯！学生没有任何义务来配合老师的。

4. 今天读了吴跃华老师的一席留言，感受很深。他的话或许有些太直率，或许会得罪人甚至已经得罪了人，但是真的值得我们思考。我们口口声声说转变观念，时时刻刻把“以学生为本”挂在嘴边，动不动宣传通过音乐教学能有效培养学生的创造性，等等，但扪心自问，我们到底做得怎样？我这么说，不是说自己做得有多好，但至少我意识到了这样一些问题，我有忧患意识。其实，有时候我也很想学学吴老师，敢作敢为，敢说敢当，可是我学不会，我是天生的性格懦弱，生怕得罪人。昨天我看到这个报道的时候，忍了很久，我知道一说话自己就有可能激动。但我实在没有办法工作下去了，于是就写了几句感受。我想，如果看到这样的报道，竟然还无动于衷，那自己作为一个从事音乐教育工作的老师的责任心哪里去了？没想到昨天一个下午就有这么多人关注这个帖子，当然更多的人是异口同声说这个活动好，我非常理解大家的心情，也通过老师们的介绍，了解了被这则报道掩盖了好的一面，我也相信这个活动是很成功的，但成功并不意味着没有问题，并不意味着不付出代价。对于我个人来说，与人无冤无仇，不可能刻意针对谁，我只是针对这样一种教研现象发表看法。对事情有不同看法，这才正常。其实，不瞒大家说，也不排除有活动参与者跟我聊起了不同的感受。我觉得这都很正常！

5. 教学又不是什么高科技，当一个老师真正把学生放在心坎上的时候，我就不相信这个老师的教学还需要别人手把手地教！我们都奔着优质课去，都在想尽一切办法把自己的课上好，这很好！可是也应该清醒一点，我们奔优质课的目的到底是什么？每个人肯定会说是为了学生，可这个奔的过程呢？

6. 是的，“国情”这个词真的太好了，遇到解释不清楚的问题，都可以用这个词作为理由去解释。可是，教育是有其自身的规律，这种教育规律不是换了一个地方就不一样了。张老师，不聊了啊，我要去睡会午觉。希望大家这么聊，不会伤感情。如有得罪之处，请原谅！

7.“授课者、听课者、学生，他们都没有觉得这个活动有何不妥，大都也还享受着这个活动的过程，那么我们作为旁观者又为何要如此激动呢？也许不在现场的我们凭借着非专业人士的报道并不能完全真实地了解当时的状况呢!?”对上面的话我有不同看法。首先，我在看报道的时候不可能想到或假定它是不真实或不完全真实的，尽管如此，我还是表达了自己的不相信，那是因为我不愿意相信；其次，“他们都觉得这个活动没有不妥”，你得出这个结论也未免草率，我就听到了参与活动的人发表的不同意见；第三，也是最为关键的一点：看到这样的教学场景，学生的确是很开心的，但即便如此，是谁赋予我们这样的权利让学生来配合我们搞教研？最后，我个人再三申明，我对事不对人，纯粹是对报道所描述的这种教研方式提出质疑，这完全也是出于自己的一份责任感。（说明：上面留言的是我的学生，所以我说话才放肆了一点）

8. 这几天我一直在电脑前评审论文，我边工作边关注这个帖子，庆幸自己没有删除这篇日志。我们已经把一个问题抛出来了，每个人都有自己的看法，并且敢于说出来，这很好。我们要慢慢习惯在音乐教育领域包容“持不同政见者”，这次讨论最珍贵的价值还不在于辩论清楚谁对谁不对，这个是很难辨清的，因为每个人所站的角度不同，心态不同，最大的价值是在形成一种正常而良性的研讨氛围。我们只是通过这篇被认为误导了读者的报道来评判这样一种教研方式，如果大家都反对，这不正常，如果大家都赞成，这也不正常。从这个角度看，我感到我们的讨论达到了效果，就是不同观点的并存。如果我们只能听到一种声音，那不夸张地说，我们的音乐教育就没有希望了。关于教研问题，我其实已经关注和思考很久了，也有自己的一些想法，只是苦于诸多顾虑，不便多说。刚才在评审论文中我有幸看到一篇“公开课背后的追问”，显然是一线教师的作品，我个人认为写得不错，表明身处轰轰烈烈的教研活动中的一线教师，也不乏独立思考和独立个性的人。就目前我国的音乐教学现状来看，我们首要追求的是教学个性而不是教学方法全国一盘棋，我们首要树立的是真正以学生为本的敬业精神而不是所谓的空头理念。

9. 还是要更正一下，我认为有这么多人关注这个帖子，说明这个问题引起了老师们的重视，是一个值得讨论的问题。我想起了“皇帝的新装”，其实有很多人都发现了存在的问题，但没有人第一个站出来说真话（或表达自己的感受），对于这个问题，我只不过是扮演了那个不懂事的小孩子的角色。

10. 今天上午就出门了，晚上才回来，又看到了这么多的留言，很感慨。尤其是上面有一篇感言长达两千余字，也客观全面地分析了这次活动以及我们在这里的讨论，差不多就可以扩充一篇文章了，很好。我想，关于这个事情的争论应该很快就会平息，但留给我们的思考不会停止。随着时间的推移，不管是我们不在场的人还是在场的人都可能会慢慢冷静下来，不再一味地反对也不再一味地吹捧这样的教研方式了。在目前情势下，教研活动的确需要，有肯定比没有好，但活动方式的确需要进一步改进。至于如何改进，我们可以继续讨论。

11. 上面“你好”老师几次提到，“教授们天天就是写写文章、发表专著，有几个是真正进过中小学音乐课堂教过书的？不要以为写了几本书就是搞了教学研究了”，“教育不是写文章可以写出来的”。这席话对我来说很受教育，谢谢这位老师！这两天讨论这个话题，我也深刻地反思着自己。首先，是否有可能以后不再出去做什么讲座，参加什么国培，自己到底有多少东西和老师们交流呢？误导了老师们那才是罪该万死！其次，以后能否少写或尽量不写文章或出书？之所以有上面这样的想法，一方面是基于对自身能力水平的不自信，另一方面的确如这位老师所说的，安安心心做好自己的本职工作，尽自己的努力培养好自己的学生，这恐怕是包括我在内的大学老师们更应该做的事情。

12. 昨天香港王应春先生（即《小麦的难题》的作者）来访，分享了他如何培养自己三个优秀孩子的故事，聆听了他如何转化其他问题儿童的良方，真的特别受启发，也发自内心地佩服。他是一个医学家和雕塑家，本科学科技，研究生读哲学，上天能开飞机，下地擅长考古，他自己接受的是英式香港和加拿大的两种教育，是一个真正的全面发展的奇才。虽然他没有学过教育学，但在我们看来他就是一个出色的教育家。很多教育问题，我们搞教育的人置身其中发现不了，即便发现了也会视为理所当然。因此，我们不仅要向境外和国外学习，还要向局外人和第三者学习。不识庐山真面目，只缘身在此山中啊！

13. “教研活动关键不是要把教师培养成名师”，这句话估计会被喷口水，但我认为触及到了问题的实质。一定会有人质问你：成名师有什么不好，成名师不也让学生受益吗？呵呵，那确实，不过等我成了名师之后学生再受益吧！教研活动的受益者毫无疑问首先应该是学生，而名师应该是在教学实践活动中与学生共同成长起来的。“名师是怎样炼成的？”这篇文章值得一写。

14. 关于这样的活动对学生是利大于弊还是弊大于利的问题，我私下里已经和汤老师交流过了。在这里还是想再重申一下我的看法：如果我们明知开展某个活动对学生有弊，而且这种弊又是完全可以避免的，那么即便是利大于弊我们也不能为之，不能因为对学生有利就可以忽视对学生的弊，不管利和弊有多大。因此，在这里讨论利大于弊还是弊大于利是没有意义的。

15. 你觉得我们作为老师，作为几十岁的成年人，在对一个学术问题进行讨论的时候，必须要去听取几岁小孩子的感受？连我们自己都拿不准和争论不休的问题，几岁小孩子能够给我们怎样的答案？从来就没有上过这样形式新颖独特的课的几岁孩子，你还寄希望他们像我们这样去深层次地思考问题、权衡利弊？不用调查，结果很显然是他们对这样的课都非常感兴趣，如果课堂上老师的指点演变成老师的争论甚至对骂，他们会更感兴趣呢。你觉得这样的调查有价值吗？我真的很惊讶你的这种创造性思维！（因为又是针对我自己的学生说的话，所以明显在语气上过火了）

16. 呵呵，没想到万老师和汤老师在新年假期还在探讨这个问题。我个人支持万老师的观点，正如万老师所说：一个看似简单的教研活动其实是一个社会现象的缩影。关于这个问题的争论，我们千万不要绕开学生这个主体，我已经反复表达了自己的观点：无论是领导、专家还是教师，甚至家长，我们都没有任何权利无视学生作为一个独立个体的基本尊严，明知对学生产生不利影响的行为且完全可以不为之，那我们就必须坚决予以杜绝。我们也没有任何权利为自己的行为寻找借口，不能因为“有利”而放任甚至纵容“有弊”，生病的学生通过与病魔做斗争能够培养其意志力，但是我们不能因此故意让学生去染病，更不能以培养学生意志力为借口而无视病魔对学生身心健康的侵蚀。

17. 如果我们表达的观点能够有人拍砖，那表明我们的观点是有价值的，是值得讨论的，所以，从学术研讨的角度讲，我觉得不要有什么顾虑。当然，自然也会得罪人，但我们讨论这个问题，的确已经不是针对某个人了，我相信这一点不管是当事人还是局外人都慢慢能够理解。就如刘老师，我很敬重他，他是我的长辈，我把他视为好朋友，或许当他得知我这篇日志是始作俑者时，的确会有不快的感觉，但我相信一位真正的名师，其胸怀是豁达的，是能够包容不同观点的。

18. 谢谢李老师的长篇留言。关于你说的第一个问题，你说得对，我这篇日志的标题就表明了我的观点和态度是鲜明的，也正是因为我个人的态度很鲜明，而不是墙头草，不讲中庸之道，才使得有这么多人来讨论，来发表不同的观点。如果我只是在这里发出倡议，号召大家来讨论，我估计不会有多少人来响应，更不会有针锋相对的论争。当然，我当初发表这篇日志，只不过就是表达一下我当时的那种很压抑的个人情绪，根本就没想到会有这么多人参与进来。

关于你说的第二个问题，即为什么称呼学生为“孩子们”不行，之所以这个问题没有人讨论，那是因为这实在不是一个问题，所以，我坚信这个问题一定是写这篇报道的人杜撰出来的，绝不可能是刘老师亲口说的，因为，正如我日志里所说，如果连这个都是问题了，那只能表明执教者的教学实在是找不出什么问题，表明指导者也不过是在为了找问题而找问题，为了打断执教者的教学而找问题，为了冲击打断上百次的记录而找问题。至于称呼学生为“孩子们”是不是不妥，我相信绝大部分人的判断是一致的，那就是：这是一种爱的表达和流露，教师怀有一份真爱那不是错，而是太珍贵了。我偶尔也忍不住称呼大学生为孩子，更何况是小学生呢？因为在我看来，大学生的年龄就如我自己的孩子一般大，我这么叫，就是想表达自己对他们的一份来自父辈的关爱。

关于你说的第三个问题，究竟“名师是怎样炼成的”，这个问题的确值得我们好好思考。我同意你的观点，以往的众多名师的确都是让人赞不绝口、心服口服，是德艺双馨的名师，他们所获得的这个“名师”头衔不是政府颁发的，而是广大师生拥戴的。然而，自从各地建立名师工作室之后，“名师”就慢慢变成了一种待遇，一种地位的象征，于是就开始有众多的人来主动申请做名师了。就像我们大学一样，有校级名师、省级名师、国家级名师，而这些名师几乎无一例外都是自己主动申报的，像我这样的没有一官半职的普通老师几乎不可能申报成功（所以我是不会去申报的，不是不屑申报，而是明知根本不可能，不想去丢人现眼）。本来，名师应该是被师生尤其是学生推崇和评比出来的，现在变成是领导专家评比出来的了。我不知道中小学的名师是怎么评出来的，所以，不敢妄加评论。但是，整个教育界的确开始有弥漫着娱乐界功利味道的迹象，娱乐界倒还好，他们可以毫无隐晦地追逐自己的名利，但我们则往往是要借助学生的力量或者打着学生的旗号来把自己包装成名师。此外，现在的名师在一定程度上似乎是比赛比出来的吧？教育好像又在和奥林匹克靠拢了，课堂好像又成了赛场了。每个人都朝名师的目标努力这没有错，但作为教师一定要明白一个基本的道理：真正的名师一定是学生心目中的英雄，而不只是赛场上的佼佼者！去年中央电视台做了一档好节目——《寻找最美乡村教师》，在我的心中，那些默默无闻常年陪伴着乡村孩子们的教师，就是我最最敬重的名师，不知大家是否也有这样的感受？

19. 老师你好，非常高兴读到你的感受，分享老师们的各种不同的观点那的确是一种享受。因为要出去办事，我简单回复你上面的问题，和你进行交流讨论。关于尊重学生的问题，我完全同意你的看法，尤其是你设想的那种教研方式就非常好，充分考虑了学生。我想再解释一下我的观点，因为好像你对我的话有些误解了：如果开展这样的活动，我们明知对学生有弊，而且这种弊是完全可以通过改变教研方式而杜绝的（就如采用你设想的那种方式），那么对学生再怎么有利我们也不要采用，不能因为它有利就可以容忍和放任“弊”的存在。不知我讲清楚没有。就如竞技运动员服用兴奋剂，它的确能够大大提高比赛成绩，但我们不能因为它能够提高成绩而忽视了它可能对身体造成的潜在伤害，明知对运动员有可能造成伤害，即便运动员因此能够获得奥运冠军，于国家和个人都非常有利，但我们也不能因此而忽视它对身体伤害之弊。因此，对于运动员来说为了提高比赛成绩而服用兴奋剂的行为是绝对不能容忍和纵容的。

关于第二个问题，我想郑重声明一点：我从来都没有否定过刘德昌老师的名师地位，我甚至可以说，如果刘老师都不能算是名师，那么我们国家基础音乐教育界就没有几个人可以算了。他们那一拨名师，的确是老师们拥戴的，名师的称号是老师们自发赋予的。我指的名师现象是特指当下全国各地到处轰轰烈烈建立名师工作室的这样一个背景，而且也只是指出了有这种现象的存在。我在想，为什么我们说点不同的意见，总会遭到人们的误解甚至曲解呢？其中一个很重要的原因是我们很难听到也不习惯听到不同的声音，我们更乐意和习惯盲从而不是让自己拥有个人的思想主张。另外，刘德昌老师是名副其实的名师，但我们也不能认为他就是绝对真理。在我个人看来，很明显，这样打断上百次的教研方式就是不妥的，即便这种方式受到了教育部部长的赞赏，或就是教育部部长的发明，我也要说他是不妥的。所以，我们还是要就事论事的好。至于对我自己的评价，我绝对不认为我够名师资格，如果连我都是名师了，那太多太多的人都是名师，名师的分量就没有了。如果我连这点自知之明都没有，那我觉得自己很悲哀。我当然希望自己成为名师，但对我来说，这是非常漫长的事情，因为我始终坚持自己的观点：名师主要不是看获了多少奖，写了多少书，发表了多少文章，有多少头衔，而是要看培养了多少人才，要看他在学生心目中的地位。而在这方面，我还做得很不够，还差得很远。

老师好，我再想补充一句：就是如果对我的某句话有不同的意见，最好是直接指出是某句话或某个观点，一方面我也好有针对性地去反思，另一方面我也可以作出进一步的解释。因为写这样的帖子，有时候是比较随性的，肯定会有考虑不周、言不达意的时候。

20. 谢谢老师的迅捷回复。我不知道怎么称呼你，失礼之处还请多包涵。我说的那句话，不是针对你的，可能是当时写到那里的时候突然引发了我的联想，就脱口而出了。或许另起一行，可能更好一些，不当之处还请谅解。

我刚给你短信留言中也说了，有些问题表面看上去不是问题，但辨一辨才让自己更清楚那是不是问题，才能让自己更全面客观地看待问题。然而在争论的过程中，的确难以避免语言表述上的偏激，任何人都很难做到这一点。所以，互相理解和彼此尊重很重要。就如这次的教研活动，如果没有人提出质疑，那我相信绝大部分的老师都觉得这个活动是无可挑剔的，然而通过大家发表不同的意见，我们至少可以得出这样的结论：其实它并不完美，它还有值得改进的地方。至少我相信，参与了这次讨论的老师，下一次再组织这样的活动时，会考虑得更全面一些。

21. 听陈老师这么说，我真的很开心。我觉得我无意发起的这次讨论，虽然肯定得罪了不少人，但也有人从中得到了收获，也有人通过讨论在慢慢转变着观念，当然不意味着这样的转变就一定是对的，但至少能够允许自己转变观念，这本身就很有意义。所以，哪怕只有陈老师一个人从中受益，我觉得也很值了。

其实，这种收获是双向的，我们作为旁观者同样也在讨论交流中获取了大量的信息，尤其是作为理论研究者更是收获了珍贵的实践经验。从这个意义上讲，真的是理论和实践缺一不可，一方面，没有理论的理性反思，任凭实践去随性探索，免不了走弯路甚至走极端；另一方面，没有实践的探索以及实践所积累的经验和教训，理论研究更是无从谈起，失去了理论研究的土壤和目标，就可能迷失方向，毕竟理论研究是为教育实践服务的。所以，理论研究切忌高高在上，一定要脚踏实地，要多深入一线，倾听师生的心声，了解实践的动态，从中敏锐地发现问题。而一线教师也要适当学会理性地思考问题，尤其是要提升自我判断能力，要敢于质疑权威，要有自己的主张。

在上面关于《如此“把脉问诊”》的讨论中，有老师提出：“教授们天天就是写写文章、发表专著，有几个是真正进过中小学音乐课堂教过书的？不要以为写了几本书就是搞教学研究了。”这个问题提得很尖锐，指向也很明确，不管我是否该主动对号入座，我都需要借此好好反思。

我是中小学教师出身，也有十年的中小学音乐教师的经历，因此这位老师对我们的忠告我很能理解。虽然我并没有忘本，但现在的确很少进中小学课堂了。如果要想为自己找点理由，可以这么说：这也不完全是自己懒惰更不是不屑进课堂，而是我没有资格随随便便进课堂，我觉得那是对老师们的不尊重，是在骚扰老师们的正常教学。领导可以随意地进，教研员可以随意地听，那是他们的本职工作，但一个普通大学老师是没有这份特权的，这一点我自己非常清楚。对此，也请这位老师能够体谅我们这些高校普通老师的难处。

最近几年，我除了做好自己的本职工作之外，从内心深处确立了为一线教师服务的努力方向，而且也做了一些力所能及的事情。其实，服务一线教师的途径有很多，不只是课堂教学这一个方面，比如通过网络和老师们交流研讨科研问题和论文写作，并让一些老师有所收获，我觉得这也挺有意义。实事求是地说，在这方面我所花的时间很难统计（所花时间甚至完全有可能每天都进课堂），而且完全没有任何报酬。市里、省里论文评选冒出来一批新人，其中许多老师都是和我有过交流的；在全国的论文评审中，我此前对送审的每篇论文所做的修改成效明显，使得广东取得了有史以来的最好成绩。在为老师们的进步和收获高兴的同时，我也为自己能够为老师们的成功而积累一点点正能量而感到欣慰。另外，虽然这些年我很少进课堂，出版的一些东西也的确没有什么价值，但还有一点也是值得自我安慰的，即这么多年参与教育部的艺术教育文件起草工作，其实多多少少也在为一线老师说话。

但不管怎么样，那位老师的意见是很中肯的。教授们的确不能够两耳不闻窗外事，躲在自己的书斋里写一些只有自己看得懂的东西，我们的研究应该多接地气，在从事研究的时候一定要把中小学课堂、把我们的学生和教师放在心中。而且，其他事情做得再多再好，也不能够成为不深入教学一线、不走进音乐课堂的借口。如果老师们觉得自己的教学不怕骚扰，对学生的正常学习也没有影响，那么，给我们这样难得的学习机会，我们应该好好珍惜才对。

莫让教案成八股

我经常会收到老师们寄来的教案，相比修改论文，看教案对我来说是最大的挑战。写论文一般不外乎就是冲两个目的而去，一个是评奖，一个是发表，论文评奖我做过评委，论文发表我做过编辑，而且自己也常常写一写，所以，评价一篇文章质量并提出修改建议，我还算心里有底。但是对于教案，一方面我没怎么写过，另一方面我也没有评过，所以还真不知道怎么提意见。不是看不懂，而是很茫然。

根据我的理解，写教案的目的大概有三种：第一种是应付检查的，检查的人不管是校长、教导主任或是科组长，我相信他们都只是走走形式而已，故这种教案可以年复一年日复一日，节省人力物力资源循环使用，写成环保型的八股文没有问题。第二种是拿去参赛的，对这种教案我最犯难，因为我不知道教案的既定评判标准，为此，当老师们没完没了地修改力求精益求精时，我最后都会宽慰老师们说“差不多了，不用再改了”，因为你不知道评委究竟喜欢什么。他们可能会评教案但不一定自己会写教案，就如会评课的人不一定自己上得好课一样，否则最好的办法就是去看看评委们自己写的教案，然后依样画葫芦就好了。第三种教案是老师们为自己写的，引申一下也可以说是为学生写的，这种教案我倒是可以提提建议，因为这不是针对教案文本的写作去提意见，而是针对教学活动本身来谈想法，相比之下看这类的教案我更有把握一些。

所以，今天这篇短文探讨的对象不是用来应付检查或参加评奖的教案，而是老师们自己使用的教案。当然，老师们自己使用的教案可不可以拿来应付检查和参加评奖呢？当然可以，但务必要小心谨慎！我以为，应付检查重在形式，八股文是最重形式的，还算稳妥；而参加评奖重在规范，八股文也是很讲究规范的文风和章法的，也相对保险。只有写给自己看的教案，则可以各显神通，大胆创新，以充分发挥教案对教学活动的最大效应。故“莫让教案成八股”这句话我是针对老师们自己使用的教案而言的。

其实很早就想写一篇关于教案撰写方面的小感受了，但因为自己不写教案且不在行，便一直搁置下来，直到昨天晚上我看了两篇老师发给我的教案之后，才产生了写作冲动。不是说这两篇教案写得不好，看得出他们都花了很大的工夫，也做了很扎实的功课，但我依然隐约感到他们的劲没有使对地方，同时也引发我思考这样一个不是问题的问题——写教案究竟是为了什么？依照我的理解，除了应付检查和参加比赛之外，撰写教案至少应该达到两个目的：一个是为教学活动提供蓝图，即执教者根据教案设计就可以按部就班地去开展教学活动；另一个是为教学活动提供动力，即通过教案能够激发执教者的教学兴趣，并对未来的教学充满期待。一般来说，第一个目的是可以实现的，但第二个目的恐怕就不那么容易达成了，因为我们的教案文本本身无论是文字表达风格上，还是体例呈现形式上都太八股，缺少智慧，没有激情，难以让人一看就产生跃跃欲试之感。这对很具感性特点的音乐教学而言是最忌讳甚至是有些格格不入的。我在想，如果教案真是写给自己看的，我们不妨试一试：写出来之后我们自己是否有想看的欲望，是否会看得饶有兴趣，有没有产生激励作用，有没有一种教学的冲动……

我相信，一定会有许多老师写的教案是很棒的，只是我没有去主动收集和学习。而对于我所看到的教案，我大致总结概括了一下，可以归纳为两大类型。

第一类是“对话录”。具体说就是师生对话录或师生问答录，从教师走进课堂所讲的第一句话开始一直到结束语，还包括中间穿插着的学生回答，可以说是一句不漏，仿佛就是一个话剧节目的表演台词。明显这就有问题了：首先，老师可以事先设计自己的问题，但无法预料学生的回答，如果学生的回答就是教师预先设计好的答案，那意味着这样的对话是虚假的，没有意义的；其次，师生对话并不意味着就是老师问学生答，这只是一种浅层次的对话，而学生问教师答或者学生问学生答（讨论）则没在考虑的范畴里，但恰恰是这一点最需要我们教师好好预设和准备，要从学生的角度来设计可能的问题；最后，也是最关键的一点，教学活动与表演活动的最主要区别是即兴创作，如果整个教学过程中师生的对话都已经设计好了，那其实就等于在念台词，显然这是属于表演而不是教学。真正的教学是师生之间的交往活动，师生交往过程中的对话更多是生成性的。

第二类是“备忘录”。“对话录”中为什么要把教师说的每一句话都写上教案呢？一个很重要的原因是执教者担心自己忘了台词，而备忘的另一方面就是音乐知识以及与音乐相关的背景性知识。其实，无论是前者还是后者，它们都应该是深深记忆在执教者脑海之中的，如果担心上课时连这些东西都可能忘了的话，那只表明执教者还不具备上好这堂课的基本条件，还不具备真正驾驭课堂教学的基本能力。试想一下，这还只是45分钟或50分钟的一堂课，还不需要执教者从头讲到尾，因为中间还穿插了很多师生活动的环节。如果说要做两三个小时的讲座，讲座者若按照稿子念或把稿子全都背下来，这都是不可思议的事情，自然也不会获得好的讲座效果。而讲座者不需要写“独白式”的教案，那是因为他们对讲授的主题有过深入思考，对于所讲的内容已经熟记于心。

可能有老师尤其是刚入职的年轻教师犯难了，如果一个教案部分甚至全部删除了上面所说的师生对话和知识性文字，那还有什么可写的呢？那教案不就只剩下可以通用的八股骨架了吗？这的确是一个问题，昨天我看到的两篇教案就是这样的。这就引出了另外一个话题，老师们习惯于在教案中呈现这些对话和知识性文字，除了备忘的功能之外，可能还起到了充实教案篇幅的作用。其实，大家不用担心，只要功课做得扎实，理念跟得上来，教案有的是东西可写。

下面我想简要谈谈我心目中理想的教案，那一定是与“对话录”和“备忘录”的目标、风格及内容完全不同的。虽然我自己不一定能写得出来，但我可以提出这样一个初步的构想：我认为应该把教案写成“策划书”和“创意书”。

“策划书”是各个行业都有的，我们这里所讲的是教学策划书，即对未来的教学活动进行策划并用文字呈现的文本。教学策划书是教学目标规划的文字书，是实现教学目标的指路灯。撰写教学策划书关键就在于教师在现有的知识与能力储备的基础上驱动想象力、发挥创造性，尽可能最充分地利用教学资源策划教学活动以实现教学目标。由于教学目标的设定是针对学生而言的，因此，撰写教学策划书的关键就是要从以往更多关注教师的教转向更多关注学生的学，要多从学生学的角度、学生需要和期待的角度去思考和策划教学活动的方案。很显然，上面的“对话录”和“备忘录”在写法上更多关注的是教师自我，是在担心自己一旦忘了该讲的知识点而变得不知所措，更担心自己难以掌控课堂局面，所以把提问的权利紧紧把握在自己的手中。关注学生的学，就要求我们在确立了学生的学习目标之后，要充分考虑学生的兴趣和身心特点，对教学内容进行充实和优化，并根据教学目标和内容来策划学生感兴趣且有效的教学环节、形式和手段。总之，要尽可能地站在学生的角度，把学生看作是我们的客户（即甲方），为学生学习提供一切便利条件和优质服务，以满足学生的需要为目标来写好我们的教学策划书。

我们还应该把教案写成“创意书”，之所以要这样，那是因为教学本是一种最具创造性、即兴性的活动，音乐教学更是如此。如果我们把众多老师写的相同课题的教案摆放在一起，我们不难发现，从教案文本的框架到内容、教学环节的布局，甚至教师的教学用语等，都是大同小异的。那么，在教案的写法上我们有没有可能来一点小突破呢？比如说，可否彻底打破那种“教学内容—教学目标—教材分析—教学重点—教学难点—教学过程—教学拓展—结尾”等不是此八股就是彼八股的传统八股文格式？其实这里面很多都是教学常规的东西，不写也都很清楚，谁写也都差不多。我觉得，最理想的教案应该是那种真正属于教师个人的、难以被别人复制的“创意书”，要像论文那样具有原创性和知识产权的。文本内容上不要面面俱到，死抠每一个细节，而要突出重点抓住某一个环节；写作思路上不仅要陈述是怎么设计的教学活动，更要能够论证清楚如此设计的理念和理由；体例格式和标题表述上不要千人一面且理性冷峻，而是要充满个性色彩和浪漫情怀。我在想，如果我们的教案能够表述清楚并让我们自己明白下面这四点就很好了，这“四点”分别是本节课的创新点、闪光点、着力点、高潮点。

音乐教学的应试压力是最小的，音乐课堂的创新空间是最大的，音乐教师的创造能力是最强的，音乐艺术的表现形式是最美的。因而，在撰写音乐教案方面，把“对话录”和“备忘录”改写成“策划书”和“创意书”是最有可能的。我们不妨来点小小的特立独行，稍稍展现一下自己的气质个性，把我们的音乐教案写得轻快一点、唯美一点、亲切一点、实用一点，成为第一个（批）敢于吃螃蟹的人。

说课四忌

说课这种教研形式我觉得还是挺好的，它好在方便易行，不折腾学生，对教师教研科研意识与能力的提升效果明显。可以说，说一次课相当于写一篇教学论文，它是架构在教学与研究之间的一座简便却很实用的桥梁。

我经常看到老师们写的说课稿，但真正到现场听老师们说课还是第一次。昨天，我有机会聆听了广州市28位优秀音乐老师的说课比赛，收获很大，学到了很多，其中的一些小困惑和小感想，在这里与老师们分享。我把说课要注意的几个突出问题归纳为“四忌”，这种归纳有些随意，不全面、不准确，纯属一家之言，还请大家批评指正：

一忌把说课当论文宣读。之所以叫说课而不是读课，就是要求说而不是读，一味地念稿子，说课稿写得再好，朗读得再有感情，给人的感觉都不会好。因为，说课的“说”，是人与人之间平等交流的途径，是娓娓道来，是与大家分享，再听取大家的评价，而不是说教的“说”，也不是专家做讲座。因此，说课一定要真诚、虚心，当然也要自信地说给大家听。说课一定要说，这样才能让说课者与听者拉近距离，而照着稿子念或朗读，会拒听者于千里之外，是不可能打动和吸引人的。像昨天的比赛，凡是脱稿的，给人第一印象都很好，成绩都靠前，能脱稿，则说课就已经成功了一大半。我个人认为，说课最好是不要写成文字稿，如果写成文字稿，即便把稿子背下来，那效果也会大打折扣。比较理想的方式是通过PPT呈现的小标题或关键词关键句来提示自己该讲什么，而具体所讲的内容应该是装在脑子里，可以随时调出来的，毕竟讲的是自己最熟悉又最有感受的东西，不要担心会忘记。

二忌把说课当传经送宝。一般来讲，说课就是告诉别人你打算怎么教，解释清楚你为什么要这么教，通过说课表明教者既知其然更知其所以然。所以说课的重点应该放在阐释为什么上，就是说要从理论的高度或理性的层面来讲清楚自己的教学设计依据和意图，比如说教学目标，说课者不仅要陈述所确定的教学目标是什么，更要解释清楚为什么要确立这样的目标。根据这样的理解，说课似乎更适合在教学活动实施之前进行。当然，安排在教学活动之后进行说课也没有什么不可以，只不过如果放在教学活动之后，说课的内容就还应该包括对教学效果的描述和分析，教学效果好不好、教学目标是否实现、什么原因导致了教学效果的优劣等方面，应该成为说课的重点内容。而这方面，往往又没有人去说，很多选手的说课，只是到最后来一个教学反思，而在整个说课过程中都没有教学效果的描述和思考，而且在最后的反思中也没有人发现和检讨自己教学中存在的问题，这就有点不可信了。所以，这样的说课，更像是优秀教师在传经送宝，在展示一堂没有任何瑕疵的优质课，教研的意味不浓。如果说课是在教学之前进行的话，那么就不存在教学反思的问题，我建议把说课最后的“教学反思”改成“教学创新点”，说一说自己的教学设计有哪些可能的创新之处。而如果说课是安排在教学之后进行的，那么，说课的内容恐怕就需要大加充实，对教学实践效果的评价与反思必不可少。总之，说课者自己该明确你的说课到底是在教学活动开展之前还是之后进行，不能让听者感到模棱两可，而教学之前与教学之后的说课，说法肯定要有所区别。

三忌把说课当课堂教学。这个问题其实说的是说课者的角色定位问题。昨天的说课比赛，小学、初中、高中老师均有参加，有趣的是，我们不需要听教学内容，也不需要看教学设计，只要老师一张口，一举手投足，一听语音语调，一看脸部表情，就基本知道老师是教小学还是教中学，因为，说课者不由自主地把说课现场当成了教学的课堂，把评委老师当成了受教的学生。在说课的过程中，特别是在描述教学细节的时候，说课者完全可以也应该适当地演示教学的情景，让自己的角色从说课者暂时转换到教师，因为那可以让听者更好地走入说课者的教学设计，体会教学可能获得的效果。但是，说课者在整个说课过程中的角色定位应该是与听者平等交流的同事，而与同事分享交流是不宜像对孩子说话那般表情动作丰富、语气语调夸张的。这就要求我们在说课的时候，要依据说课内容迅速转变角色。从头到尾理性冷静不行，那会很沉闷，但自始至终像在课堂教学中对待学生那样活泼可爱更不行，那会更滑稽。有些老师角色转换比较慢，容易忘了自己说课者的身份，把很多精力放在展示教学场景上面，比如又唱又跳，结果弄得自己气喘吁吁，严重影响了随后说课的语言表达。比较理想的效果是：说课者不要让听者觉得自己被当成了学生，但在某个时候又能够让听者真切地感受到说课者作为教师的教学魅力与教学风格。

四忌把说课当全景回放。也不知道是谁做出的规定，说课的模式有点八股文的感觉，一般都是说教材分析、说教学目标、说重点难点、说教法学法（或教学策略）、说教学过程、说教学反思等等，面面俱到，生怕漏掉了某一个方面，尤其是说教学过程时绝不放过任何一个环节（包括知识性介绍），有的甚至还花一些时间去看教学录像视频。如果时间足够充裕的话，这么说也无所谓，但如果时间有限定，比如昨天的比赛时间每个人就控制在十分钟之内，那么，问题就来了——说课实际上演变成了课堂教学设计及实施的全景回放，却没有足够的时间来解释为什么要如此设计教学，而隐含在教学设计背后的依据和意图才是听者最想了解的东西，否则的话说课就没什么意义了，那还不如直接去课堂现场听课的好。我认为，真正富有科研意味的说课，描述教学设计（怎么教）和解读教学设计（为什么要这么教），这两者的占时比例对半开还差不多，若能做到四六开甚至三七开则更为理想。所以，我觉得说课最好不要如此模式化，面面俱到最有可能导致的后果是平淡无奇，让人印象不深。一堂课的教学设计，你最想说给大家听的会是什么呢？毫无疑问，是自己感觉最满意、最有亮点、最充满创意、最与众不同的地方，那就应该把时间和精力放在这些方面，而且一定要把那些隐含在教学背后理性的东西好好挖出来，彻底亮出来。像昨天我在听说课时，我的心理期待就是这样：希望说课者尽量把那些可说可不说的话省去，赶紧把自己有可能吸引人、打动人的东西说出来吧。其实我这种心态也不难理解，道理很简单：你最想说的，一定是听众最想听的；你自己都觉得在走过场说得很勉强的，一定是听众也比较熟悉，自然也是不感兴趣的。说课说课，到底应该说什么，国家法律没有明文规定，来点创新也未尝不可，八股文式的说课模式可以改一改了。

让音乐带给孩子们快乐吧

前几天网上发布的这一则消息，让我这两天时不时地感到心情有些压抑。本想“五一”好好玩一玩的，但还是忍不住写上几句让自己的情绪得以平息。

2013 年 4 月 26 日晚上，云南昆明的一位初一学生在写作业时流鼻血，他含泪蘸血写下“我不想做作业”六个大字。看过这篇报道之后，除了个别怪人责备这个孩子不爱学习和意志品质差之外，我想不管是父母还是老师，只要是正常人都会除了心疼就是无奈。我们国家从 20 世纪 90 年代后期就开始喊“减负”，但减了十几年，学生的负担实际上是越减越重了，轰轰烈烈的课程改革对此也是无可奈何。为何会这样？其实原因很简单，学生课业负担重从某种意义上讲已经成为一个社会顽症，它和社会的方方面面都有着千丝万缕的联系，仅靠教育自身根本就不可能有太多缓解，更不可能根治。口口声声说要为学生减负的人，不管他的官位有多高、权力有多大、学问有多深，他若来当校长做老师，自然也会一门心思抓学生成绩，抓学校升学率，因为成绩和升学率实际上已经成为评判学校教育质量和教师业绩的唯一标准。

在 2000 年的时候，我在《中国音乐教育》发表过一篇“音乐教育为‘减负’撑起一片蓝天”的短文。当初我的想法是，不管教育行政部门再怎么下发红头文件要求减负，让与升学考试相关的语数外等各门主科放弃追求成绩与升学率，校长、教师、家长、学生统统都不会答应的，因此，在学校课程体系之内，最有可能为减负作出有限而独特贡献的就是包括音乐在内的几门副科了。十多年过去了，我依然坚持这一看法，我仍然坚信在为学生减负这方面音乐教育是最可能有所作为的。

在学校整个课程体系之中，音乐课无疑应该是学生最喜欢的课程，只要我们能够真正地遵循音乐教育的自身规律行事，学生就一定能够在我们的音乐课堂上获得快乐，因为音乐就是为快乐而生的。而这种快乐哪怕一周只有一次或两次，对于学习压力繁重、情感情绪压抑的孩子们来说，这就是一种最好的减负。而如果我们的音乐课程真的深受学生欢迎，能够带给他们快乐，那么，坚守我们音乐教育的阵地，与学生一致对外，据理力争，绝不允许我们的地盘被别人侵占，以确保孩子们对这一个小小乐园拥有主权，这对他们来说，无疑也是一种最好的减负。

上面减负的前提当然是我们的音乐课能够给予学生快乐。如果在这方面我们还做得不够好，特别是明知我们的教学也会像其他学科那样带给学生课业负担，甚至让学生感到痛苦，那么我们就必须大胆创新，无条件地改进我们的教学，而且这种改进相比其他学科也最容易和最有可能。别教那些连我们自己都不喜欢而且想象得出学生更不喜欢的内容，别采用连我们自己都有些厌倦的固有教学模式，别用那一套专业化的知识技能标准去评价学生的学习效果。在学生面前，什么教材、课程标准、教学评比都应该统统往后站。其实，音乐课程自身的减负，受惠的不只是学生，还有我们音乐教师自己。自然这也是我们必须承担的责任和美好期待，故不要以为这是我们作出了自我牺牲，这是音乐教育在残酷的中国教育现实中“凤凰涅槃，浴火重生”。

在无法实质性地减轻学生课业负担的情况下，让学生获得哪怕是很短暂的快乐，就是给予学生最可能也最有效的减负。只要不违法，就尽情地让音乐带给孩子们快乐吧！如果连音乐教育都做不到这一点，我们还能够指望什么?

期待当孩子们在写完“我不想做作业”之后，再补上四个大字：“我想唱歌!”

钱艺考

钱艺考，这不是人名，这是我为现在的艺术专业高考临时取的“艺名”。这名字听起来有些俗气，连艺术这么高雅的东西都姓钱了，想不低俗都不行。其实老早就想写一篇这样的文字，标题叫“致艺考生家长的一封私信”，起因是今年艺考季节所了解到的几件小事，实在是让我有太多的感触。许多家长不懂得艺考运作的基本规则，甚至受骗上当了还千恩万谢的真是令人同情。

一个以前的学生找到我，说他朋友的孩子要考专业，请我帮忙牵线搭桥找能人。我说你连自己导师都不了解吗，我根本就不晓得做这类的事情。我推荐他去找另外的人。他找到的老师满口答应，说20万就能把专业考试搞定，我这个学生面露难色直言出不起，考生家长的确没这个经济实力，最后砍价到几万元，但终究还是没搞定，成绩出来照样低得很。想想看，十几个考官一起打分，他怎么可能摆得平？

一个梅城的老乡找到我，请我给他介绍老师上课，让考生了解一下考试的套路和情形。授课的老师告诉我，这孩子基础很差劲，通过专业考试根本就是不可能，见考生来自农村条件差，他上了课连学费都不忍心收，搞得我既感激又感动。我对老乡道出了实情，建议他不必再去使劲，他说山里的孩子很艰难，我也是山里出来的人，一定要我帮帮他，出多少钱他都答应。我说你是想让我说假话忽悠你，还是希望多花一些冤枉钱，农村赚几个钱不容易，你不心疼我心疼。结果是好心没有被理解，白白得罪了家乡人。

那个季节电话总是不消停，躲也躲不了，帮也帮不成，仿佛自己做了亏心事，对不住那些来找我的人。某天又来了几个人，我只好请大家聚一聚，表达了我深深的愧疚。有位家长自豪地告诉我，她的孩子很懂事，立志要考个好学校将来在大学当老师，目标是把现在花的钱在她未来学生身上全赚回来，还说这个行当真的好，发财太容易而且有身份。我听了之后很心痛，这就是我们伟大的艺术教育，这就是我们这些为人师表的人，把一个个心怀艺术梦想的孩子都培养成了特别精明的生意人。

其实在这方面我很孤陋寡闻，上面这几件事对知情者来说可能就是个芝麻小的事情。但即便如此我还是想告诉家长们，现在的艺考运作有基本的流程，潜规则已经变成了明规则，家长务必要多长一个心眼，擦亮一下眼睛。总体上说艺术高考已经形成了产业一条龙：如此多的学生选择考艺术，培训机构如雨后春笋般应运而生，校长或任课教师推荐学生去培训，培训老板给出的人头回扣很吓人。当然是羊毛出在羊身上，老板自有办法来填充，比如承诺考生专业过，数万打点费就来得很轻松。这笔钱的流向有两种，一是培训老板自己悉数收入囊中，如果考生专业通过了，就说是得益于他拉关系付出的千辛万苦；如果专业没通过，有良心的老板会退回打点费的一部分。而真相是不管考试结果好不好，都是考生自己的发挥自己的命，老板只是坐享其成。二是这笔钱的确有一部分可能用来找关系，比如找到那些满口应许下来的圈内人，同样的剧本再表演一次，考得好不好其实还是靠考生自身，再是圈内的人也不可能有这样的神通广大。

上述产业链或许并不太普遍，但我们自己就的确经历过这样的事情。几年前有一位朋友打电话给我们，说出 5 万元就有人帮助把他孩子的专业考试搞定，询问我们走这条路行不行，我们叮嘱他绝对不要信这码事，结果他孩子一分钱没花就顺利考上了重本，后来他说感谢我们在关键时候的指引，一个电话就省下了他一年多的工薪。许多家长总以为大家都在找关系，不找关系水平再高也不行，我总是跟家长们讲道理，如果都靠关系走得通，那好学生怎么能考得赢，考上的难道全都是差生；如果一个教职工解决一个关系户，那哪还有其他人考上的份？当然不排除有特殊情况会发生，但即便有那样的机会也根本就轮不到我们这些普通老百姓。

以上我只是在摆摆现象，多少还有点想象的成分，恳请有关人士不要主动对号入座，因为我相信这个社会绝大部分都是好人。也许我下面的想法有些天真，但我宁愿自欺欺人：如果每个家长都不再盲目而慷慨地送钱，艺考的风气就一定会慢慢地端正，让我们期待着这一天的到来，让艺考不再姓钱而姓公平。

梦想的力量

据新浪娱乐讯，有亚洲最大短片电影节之称的“2009日本短片电影节”在东京明治神宫落下帷幕，本届电影节共接到各地区选送作品2 500部，其中只有70部被选入竞赛单元。由中博传媒发行并选送的短片作品《翼》成功入围竞赛单元，并获得了亚洲竞赛单元最佳影片的提名，片中主演吕萍被评为本届电影节的最佳女主角。该片由2007年成都手机电影节“最具潜力新人大奖”的获得者郭敬指导拍摄。

上面这则报道是我在网上看到的。这位被媒体称为新锐导演的郭敬就是我外甥，他是我的晚辈亲戚中与我关系最亲密的人。我还清晰地记得，在他11个月大的时候，我姐姐因为工作的原因把他托付给了我妈妈（郭敬的外婆）照顾。那时候我们住在农村，父母要忙农活，我每天放学回家就要带他玩，其实我很喜欢妈妈派给我的这个保姆活，因为带着他我就不用做或少做诸如看牛、打猪草、捡柴火等重活脏活了。因此，每天放学回家把书包一丢，我就很自觉地背着郭敬去外面玩耍，而带他做得最多的事情就是看别人做泥砖：一坨软绵绵的泥巴几十秒钟之内就被师傅潇洒地捏成了方方正正的砖头，那种感觉简直妙极了，我真是百看不厌，甚至每天都惦记着早点回家带小外甥，这样就有机会天天欣赏我最钟情的砖头艺术了。在欣赏砖头艺术的过程中，我还能够和师傅开心聊天，获取大人们才有可能掌握的知识。

当然，小外甥也有让我郁闷的时候，那就是每当大队部放电影时，我无法和伙伴们结伴同行，每次妈妈给我的指令就是必须让郭敬睡着了之后我才能离开。于是，天还没黑，我就变着法子哄他入睡，只要他一睡着我就赶紧报告妈妈然后摸黑飞奔大队部晒谷场（电影场），至于他是否很快会醒来我就不管了，现在想起来，我那个时候的表现真的有些不厚道，感觉很对不住郭敬，不过那时我也才十来岁。

在我的记忆中，郭敬是个没少让父母操心的孩子，学习凭着自己的性子来，偏科很严重。为了提高学习成绩，初中的时候他还跟着我一起在我任教的学校读过一年书，后来因为我脱产进修而不得不转学。也不知道从什么时候开始，他迷上了电影，做起了美丽的导演梦。高中的时候他写信给张曼玉，没想到还真收到了大明星的回信，并赠给了他一张有张曼玉亲笔签名的珍贵照片，或许这更加强化了他的导演梦想。前不久他在清理早年的日记时还惊讶地发现，当年他在日记中誓言要为中国的民族电影事业而奋斗终生！没有什么心思读书，高考自然也考砸了，我记得实际上他只是象征性地参加了考试，据说考卷上没写几个字，后面的科目好像连考场都没进，这都是后来才知道的。

他有艺术天赋，歌唱乐器都不错，画画也很好。考不上大学，父母想让他去部队当文艺兵，或者就作为家属子弟在父母单位解决工作，他都不干。直到我毕业留在北京工作后，才帮他联系了中央文化干部管理学院读了一个成人专科，学的是美术专业。在那里毕业之后，他便开始了自己漫长的北漂生活。他在几家公司打了几年工，解决了自己的生活并有了一点小积蓄之后，就开始朝导演梦跨出了实质性和关键性的一步——考上了自己梦寐以求的北京电影学院本科导演专业。当他告诉我这个消息的时候，我简直难以置信，要知道他的文化基础是很薄弱的，尽管是成人高考但录取的名额却很少很少。在电影学院学习期间，他究竟是多么刻苦、如何的投入我不清楚，但学习成果令人羡慕这一点不容置疑。其毕业作品被评为当年北京电影学院十部优秀毕业作品之一，比许多硕士生甚至博士生的作品都要棒，指导老师鼓励他继续读研，但他苦于外语基础太差而打消了继续深造的念头。

就这样，一个曾经放弃了高考的孩子儿时的导演梦竟然奇迹般地实现了。他开始接拍音乐电视、广告宣传片、电影短片与长片，成了名副其实的导演。虽然他现在还只能算是个名气不大的小导演，许多人都不认识他，但在我的心目中，他是艺术梦想的勇敢追逐者，是我们家族的骄傲。

无独有偶，在我们家还有这样一个追逐艺术梦想的人，那就是郭曲。武汉大学测绘工程专业本科毕业，却梦想要成为一名“音乐艺术工程师”，于是立志跨专业重读本科，而且是非伯克利音乐学院不读，非音乐制作与工程专业不读。对于一个从未学过音乐专业的人来说，有这样的梦想在一般人看来那简直就是幻想、空想。然而，梦想的力量就是如此的强大，他不仅考上了伯克利音乐学院，申请了该院最牛的、令人梦寐以求的音乐制作与工程专业，而且，这几年下来，所有课程考试成绩全是 A，还在伯克利演艺中心获得了兼职的机会，并且担任了 2014 年伯克利新春音乐会的音乐总监。

在我的身边，有郭敬和郭曲这样的两个另类，让我这位从事艺术教育工作的人不能不信奉这样的教育信条：兴趣、天赋和梦想比知识、技能、技巧更重要，不要伤害和扼杀学生已有的兴趣、天赋和梦想，这是学校艺术教育必须无条件坚守的道德底线。

听“莫扎特”会不会让宝宝变聪明

这篇文章发表在2013年12月21日的《广州日报》上，将它收录在这里，是因为文中的部分内容及观点来自于作者（记者李文）对我的采访。该文表达了我对当前我国早期儿童音乐教育的深深忧虑。

音乐教育有助于智力开发，这是很多父母乃至不少教育心理专家都信奉的观点。但最近美国哈佛大学的研究者发现，音乐并不会提高智商。记者在走访国内知名音乐教育专家后发现，由于对音乐的“迷信”，如今我国早期儿童音乐教育显然是用力过猛，家长盲目追风，而且方法理念不当，功利性太强，这一切都导致了家庭和社会音乐教育的畸形发展。而被“神化”了的音乐胎教，与宝宝的智力并没有直接联系。

音乐训练难以影响孩子的智商

几乎所有的父母都希望古典音乐CD和昂贵的音乐培训课程能对孩子们的智力发展有所帮助。但据美国媒体报道，发表在国际知名科学期刊“PLoS One”上的两个研究打破了有关音乐可提高智商的“神话”。哈佛大学的研究者对参试者进行了长期跟踪研究，最终发现，在进行了一年的音乐训练课程后，参试者在智商测试中只提高了2.7分，几乎可以忽略不计。研究者之一、美国哈佛大学教育学博士生塞缪尔·梅尔坦言：“80%以上的美国成年人都认为音乐对促进儿童的成绩或者智力是有帮助的。即便在科学界，不少人也认为音乐对于智力的发展非常重要。但实际上，‘音乐训练课程能促进孩子认知能力的发展’这个信念缺乏支持的证据。”

塞缪尔·梅尔博士的实验是教4岁孩子音乐和视觉艺术课程。“我们想测试一下音乐教育究竟在现实世界里会起到什么作用，尤其是对幼儿会有什么作用。于是针对学龄前儿童设计了专门的亲子音乐培训课程……让父母参与其中，也是为了让父母学会用更好的音乐表现方式，在家庭环境中继续对孩子开展音乐教育。”在课程结束之后，梅尔对参加课程的孩子们进行了测试，测试没有采用普通的智商测试量表，而是挑选了认知能力的四个方面做了更为精细化的设计，以求能更敏感地把握孩子们在认知能力上的提高。但测试的结果表明：并没有证据显示音乐训练能影响智商。

那么，是不是该把孩子们从小提琴课上拉回来？梅尔表示，虽然在提高智力上帮助不大，但音乐教育却有其他一些好处。“我们教孩子读莎士比亚，并不是因为他能帮孩子得到更高的SAT分数，而是因为我们相信了解莎士比亚很重要。音乐所传达的是对人类文明而言很重要的东西，不把它教给我们的孩子会是疯狂的行为。”

快乐者学　痛苦者弃

国内音乐教育领域的知名专家、华南师范大学博士生导师郭声健教授对于塞缪尔·梅尔的观点表示赞同：“音乐不太可能直接提高学习者的智商，更不可能造就小爱因斯坦。”

那音乐究竟对智商有没有帮助？郭声健审慎地表示：“回答这个问题，必须建立在一定的前提之下。首先如果学音乐是一种享受，学生接受的是快乐的音乐教育，那么，音乐对人的积极影响肯定是有的，但是否一定能让人变得更聪明或智商得到提高，很难说；而如果学音乐是一种煎熬，学生接受的是痛苦的音乐教育，那么，音乐对人只可能产生消极影响，绝对不可能让人变得更聪明或提高智商。其次，到底在多大程度上能够起积极作用，我觉得也应该客观地看待。有一点可以肯定，本来就是弱智的人不可能因为学音乐而变得聪明或智力正常。学音乐只能是对于具有正常智商的人而言，有可能促进其潜能的全面开发。也就是说，一个人本来是有这样的智商或这么聪明的，但没有什么东西刺激或让其得以表现，而音乐恰恰作为一种催化剂做到了这一点。再次，学音乐不可能直接地影响一个人的聪明程度或智商高低，如果它能起作用，那也是间接地在起作用。简单来说，它是通过开发右脑、提高感性素质，让学习者左脑右脑得以均衡协调发育、感性理性得以全面和谐发展，进而间接地影响其智商或聪明程度。所以，为了让孩子变得更聪明而去学音乐，甚至是让孩子很被动地在不喜欢、很痛苦的状态下去学音乐，那本身就是一种很弱智的做法，结果只可能恰恰相反。”

他介绍，中央音乐学院曾在7 000多名考级者中做过一项调查，发现在孩子童年时代所受到的惩罚中，来自学琴的惩罚占到了92%。“由此我们不难想象，在这样一种背景下指望通过学音乐来提高孩子的智商或变得更聪明，是根本就不可能的。当然，如果孩子接受的是快乐的音乐教育，那对其智商的提高肯定有一定间接的效果，但也绝对不要迷信。”

胎儿、婴幼儿听"莫扎特"培养不出爱因斯坦

从20世纪90年代开始，围绕音乐教育能否开发智力就有过不少争论。郭声健教授曾经专门写了《对音乐教育开发智力一说的理性思考》一文，来探讨这个问题。在文章中，他列出了对"音乐教育有助开发智力"这种说法加以支持的著名案例，其中一个便是"莫扎特效应"。

1993年，加利福尼亚大学物理学家戈登·肖博士和威斯康星大学心理学家弗朗西斯·劳舍尔博士在实验研究中发现：大学生在听10分钟的莫扎特D大调双钢琴奏鸣曲后，其接受空间时间能力测验的成绩，比他们听10分钟消遣性磁带高出8～9分。这一发现，被两位博士称为"莫扎特效应"。科学家们的解释是这样的：儿童出生后大脑不断发育，在此过程中，环境和经验不断在神经元之间形成神经回路。也就是说，儿童所处的环境越丰富多彩，其大脑网络就越发达。显然，丰富多彩的音乐为儿童大脑网络的发达注入了活力。

20多年来，"莫扎特效应"的神话影响了普通大众对音乐教育的认知，引领全球无数父母们给胎儿以及婴幼儿一遍又一遍地播放莫扎特的音乐CD，让孩子们学习演奏莫扎特的曲子。然而，这个研究却受到业内专家的诸多质疑。他们在不同文化环境下再进行实验，结果是难以得出重复结论。

对此，郭声健表示："我个人觉得这事有些夸张了。或许只不过心理学家做实验碰巧用了莫扎特的音乐，换上别的音乐，比如以柔美抒情见长的中国民族器乐作品，效果可能一样甚至更佳。很遗憾，在国内音乐心理学实验方面，这样的科学实证研究案例还不多见。也许我们可以把这个复杂的问题做简单化解读。以音乐胎教为例，胎教其实起作用的对象并不见得是胎儿，而可能是母亲，而凡是能够抚慰母亲心灵的音乐，都可以对胎儿起到好的作用。母亲快乐而舒缓的情绪、平稳而有节律的心跳，让胎儿有一种安全感、舒适感，这对胎儿的发育是有好处的。而莫扎特的音乐特点刚好是让人感觉柔软、能抚慰心灵、让人平静祥和的。假如放贝多芬的音乐给孕妇听，可能效果就完全不一样了，那可能会让孕妇感到紧张甚至烦躁，这样的一种情绪状态也是会传递给胎儿的。"

我国的家庭和社会音乐教育在畸形发展

有观点认为，音乐刺激越早开始，越有利于儿童脑神经的发育。近年

也有研究指出，7 岁前是开发音乐能力的黄金期。胎教音乐、越来越早的音乐课程，我们在音乐教育上的“用力”是否适度？音乐教育究竟该从什么时候开始？

郭声健表示：“对于某一种乐器的学习，因为涉及学习者身体发育水平，可能有一个相对合适的学习年龄。但若一概而论几岁就是开发音乐能力的黄金期，这样的结论有点不可信，与其说存在普遍规律，不如说是个体差异起着决定作用。因此，我们无法回答，到底什么时候开始学音乐最好。不同的孩子学习音乐的最佳时间不可能相同，对音乐感兴趣早、懂事早的孩子自然可以学得早。另一方面，这也取决于我们让孩子学音乐是为了什么，是未来做音乐家，还是为了开发孩子潜能让其全面发展。目的不同，学习音乐的起始时间也可能不一样。”

在他看来，音乐教育究竟该从什么时候开始不重要，最重要的是该如何进行。“为什么中国如此庞大的音乐学童队伍，最后绝大部分都半途而废了呢？最根本的原因是他们接受的并非真正的音乐教育，他们接受的是枯燥的技艺训练，接受的是痛苦的、有可能泯灭天赋的音乐教育，这是绝对不可能开发什么智力的。真正的音乐教育应该是令人身心愉悦的，不光对学生的智力或音乐能力产生积极作用，而且对学生的整个身心发展、品德人格陶冶等都是有好处的。就目前我国的音乐教育现状来看，早期儿童音乐教育显然是用力过猛，盲目追风，而且方法理念不当，无论是家长还是教师都功利性太强，这一切都导致了家庭和社会音乐教育的畸形发展。所以，在我看来，大部分孩子在学音乐方面半途而废是好事情，这样能避免影响他们的身心发展。”

伯克利的教育理念

2012年9月2日，在美国著名现代音乐学府伯克利音乐学院的新生开学典礼上，会议主持人、伯克利音乐学院副校长劳伦斯·贝休恩教授发表了热情洋溢的欢迎词。会后我们有幸索得了他的讲话稿，他也欣然同意将其讲稿翻译成中文与中国同行分享。认真研读这篇致辞，深感其中蕴含着丰富、质朴而先进的教育理念，这些理念无疑对我国的专业音乐教育具有较好的启示和借鉴作用。概而言之，透过该讲稿折射出的教育理念主要有四个方面：懂得感恩，学会做人；张扬个性，鼓励创新；坚定信念，提振信心；成就梦想，务实求真。

一、懂得感恩，学会做人

在新生的开学典礼上，校长将他的热忱欢迎首先送给了学生家长而不是前来就读的新生，这看似有些有悖常理的即兴之举其实却隐含着该校一以贯之的教育理念和文化精髓：培养音乐家，首先是要培养人；要学会做人，首先要从懂得感恩做起。而培养人，让学生学会做人，主要还不是靠一味说教或开设相关课程来实现的，而是要靠日常生活中的点滴积累和潜移默化。正因为如此，贝休恩教授在致辞中首先以一个父亲而不是校长的身份来告诉同学们，父母们都十分疼爱自己的孩子，他们为孩子能够赢得理想的受教育机会付出了很多很多，在孩子们实现自己求学梦想的时候，他们理应得到一个来自孩子的充满感恩而温暖的拥抱。

音乐教育是情感教育，是爱心教育，是最充满人性关怀的美善相谐教育。一个情感冷漠、不懂得感恩的人，是不可能成为一名真正的音乐家的。因为，音乐是表达情感和最富有情感的艺术，很难想象一个内心情感苍白的人能够创造出动人心魄的音乐作品。或许，一个感恩的拥抱本身并不一定能够培养出优秀的学生，更不能造就出一流的音乐家，但它在学生心目中播撒的爱心种子一定会慢慢生根发芽，并由此聚积着音乐创作的巨大能量和不竭灵感。

专业音乐教育，首先不是培养音乐家，而是培养人，这句话我们耳熟能详。如果我们不知道从何做起，那么，就从让学生学会感恩父母开始。

二、张扬个性，鼓励创新

正如贝休恩教授在致辞中所说的，学音乐的人往往被人们视为是“怪人”，整天聆听音乐、唱歌弹琴，甚至还经常以来自另一个世界的形象出现在众人面前让人们倍感吃惊，这便是音乐人的独特个性。伯克利音乐学院对此不仅持包容态度，而且还鼓励学生张扬个性，大胆创新。因为，在伯克利人看来，“独特性让我们更富有情趣和吸引力，让我们展现出斑斓的色彩、勃勃的生气和创意的灵魂。我们在差异中成长，如果没有这些奇妙的独特性，那么伯克利将会变成一个乏味无趣的地方，我们的音乐也不可能充满激情。”“也正是这些独特性才让我们拥有着惊人的活力与激情，并创造出音乐的奇迹。”

正是基于这样的理念，在人才培养方面，伯克利音乐学院旗帜鲜明地宣称：“我们不想培养同一个类型的学生，我们要营造一个包容各种天资和特质的丰富多彩的音乐社区。”这无疑是伯克利建校半个多世纪以来一直能够独树一帜、执现代音乐之牛耳的重要法宝。伯克利音乐学院被称为“格莱美奖孕育地”，伯克利的学子可谓是美国格莱美的常胜军，据了解，迄今为止共有上百位伯克利音乐学院毕业生获得过 200 多项流行音乐界的最高荣誉奖项格莱美奖，24 位毕业生获得过 65 项拉丁格莱美奖，其歌曲写作和电影配乐专业的毕业生还获得过多项奥斯卡奖和艾美奖。

张扬个性、鼓励创新的理念不仅体现在他们的人才培养模式上，同样也体现在他们的人才选拔上。伯克利的本科新生中既有高中毕业生，也有本科毕业生，还有硕士学位获得者，年龄和学历差距大；既有从小接受过专业训练的科班学生，也有半路出家的自学成才者，专业基础跨度大（如郭曲便是在武汉大学测绘工程专业本科毕业后申请伯克利的）。之所以他们如此大胆地不拘一格降人才，贝休恩教授的话对此给了我们很好的诠释：“我们知道你们的音乐技能并不都在同一水平上，但是你们都很不错，有天赋，有巨大的潜力。或许我们选择你们是因为你们相对绝大部分人来说很有创造性，抑或我们看到了，或从你们的音乐中听到了一些特别的未知因素和巨大的潜力……”

音乐是最富有创造性的艺术，音乐家是最充满创意的群体，专业音乐教育的招生方式、培养模式和评价机制等若不能始终贯穿张扬个性、鼓励创新的教育理念，又如何能够选拔和培养出拥有天赋和富有创意的音乐人才？

三、坚定信念，提振信心

毋庸讳言，在整个学校教育体系之中，长期以来音乐一直都属于弱势学科，即便在当今的美国社会也是如此。贝休恩教授认为，对于一般民众和普通教育来说，对音乐艺术持不以为然的态度尚可理解，但对于音乐专业的学生和专业音乐教育而言，缺乏对音乐价值的深度认知却无法原谅。因为，不能深刻领会音乐对于人类社会的独特价值，就难以坚守自己的理想信念，就难以对音乐怀有一份敬仰和虔诚，就难以在音乐学习与创作的道路上激情投入、不懈追求。为此，贝休恩教授在开学典礼上特别要和学生一道重温音乐的魅力，并“共同庆祝作为一个音乐人是一件多么幸运和美妙的事情”。他说：“音乐人能够以其特有的方式改变世界，能神奇地将自然的声音赋予生命特质，能抚慰心灵为精神疗伤，能提高人类的生命质量……我们没有理由不相信，一旦学生对自己当下所学的专业和未来将要从事的职业怀有坚定的信念、深深的敬意和强烈的渴望，其学习的动力必将会油然而生且用之不竭。”

当然，作为一名音乐专业的学生，仅有对音乐的信念还不够，还要对自己充满信心。由于伯克利音乐学院招生不拘一格，生源五花八门，专业基础势必差距较大，自然会有一部分人缺乏自信。在开学典礼上，贝休恩教授充满智慧和自信的演说，则极大地提升了学生的信心。

他说：“我们都热爱伯克利这个大家庭，所以我们在选择谁能加入这个音乐世家的时候是格外慎重的。我们选择了你们，因为我们觉得伯克利很牛，我们也认为你们都很棒。”“也许，有些人觉得自己现在还不够好，甚至会怀疑伯克利选择了你们是否是一个错误的决定，你们可能不清楚自己究竟是怎么通过我们的试音、面试和成绩审核的。……让我告诉你们吧，在选拔学生这方面我们从不犯错误。”

伯克利选拔学生从不犯错！这句话堪称经典。它既充分展现出伯克利音乐学院的自信，也大大提升了那些对自己持怀疑态度的学生的信心。听到校长说出如此信心满满、敢于承担责任的话语，谁都会相信，伯克利的确是音乐人的理想栖息地，伯克利属于有幸考上这所学校的每一个人。

四、成就梦想，务实求真

每一个伯克利的新生，都胸怀自己的音乐梦想。而如何去实现梦想，校长在开学典礼的讲话中借用伯克利的校训为学生指明了方向。

伯克利的校训是一句拉丁文格言“Esse Quam Videri”，大意是“心之所向，行之所依”。所谓“心之所向”，有两方面的含义，一个是音乐的本质与价值即表达人类心灵的向往；另一个是每个音乐人的心中都珍藏着自己的音乐梦想。而“行之所依”同样也有两方面的含义，即实现音乐梦想依靠的不是空谈而是行动；反过来，音乐梦想又为学生的学习行为提供了依据、动力和目标。由此可知，伯克利十分尊重和珍惜学生的音乐梦想，但强调实现梦想的唯一可能和不二途径就是行动，也就是说，要想成就梦想就必须务实求真。这一点，从贝休恩教授的下面这段讲话中也得到了很好的印证。他说："伯克利不是一个标榜自我的地方。为此我想给你们如下忠告：不要到处吹嘘自己是一个多么厉害的演奏家或歌手，或者之前取得过多大的成就。伯克利尊重每个人的自我需求，并鼓励你们为了提升自我而按照自己的喜好去行事。然而，我们不能只说不做，我们不要空谈，我们只求实干。正如你们所知，音乐事业的确充满了个人的包装与宣传，但是你们应该清楚一点，值得尊敬的人不是空谈者，而是实干家。"

伯克利音乐学院副校长劳伦斯·贝休恩教授在新生开学典礼上的欢迎词不过短短的2 500字，但其中蕴含的教育理念却是那么丰富而深刻。在我们看来，这既是一个没有任何说教意味和空话套话的致辞，也是一次充满人文关怀和温暖至极的交心，还是一篇用朴实和幽默的语言充分表达深奥道理的音乐教育论文。

如果说伯克利就是一个音乐大家庭，那么从校长的讲话中我们不难得出这样的结论：这是一个没有长官意识存在的家，这是一个学生主体地位得到充分尊重的家，这是一个文化氛围民主和谐的家。当校长最后张开双臂向新生们说"欢迎你们回家"时，我们相信，在场的每个人都会情不自禁地欣喜感叹：回家的感觉真好！

附：2012年伯克利音乐学院夏季新生开学典礼致辞

劳伦斯·贝休恩

首先，我要特别欢迎各位家长的光临。

我有三个女儿，一个是伯克利的毕业生，一个正在伯克利读大三，还有一个在乔治·华盛顿大学读大一。作为一名父亲，我对家长们必须努力工作、精心谋划和拼命存钱，以便让自己的孩子赢得一个令人激动和理想的受教育机会感同身受。因为我们疼爱我们的孩子，我们要帮助孩子们实现自己的梦想。

我们有新生家长在吗？能站起来吗？（鼓掌）同学们，今天晚上演出结束后，你们应该给父母们一个感恩的拥抱。我想，他们今晚确实需要也值得拥有一个拥抱。来吧，你们应该拥抱他们，因为他们是最称职的父母，对吗？

今天，我有些好消息和更好的消息要告诉所有在这里的伯克利新生们。第一，我只有两条简短的信息要传达给你们；第二，我已经说完了(玩笑话)。第一条信息是“欢迎回家”；第二条是“该忙起来了”。

当我说“欢迎回家”的时候，你们可能都想到了自己的家庭和家乡。我相信，你们和45年前来到伯克利读书的我很相似，但你们可能和其他家庭成员有些不同，也和你们的高中同学有些不同，甚至和你们家乡的大部分人都不一样。他们可能把你们视为学校里的“怪人”——老见你们在听音乐、唱歌、弹琴；或许你们还经常会以来自另一个世界，甚至另一个星球的形象出现在他们面前。

但在今天，我要和你们分享一个好消息：在伯克利这个大家庭里，你们和其他人没有区别。在家乡我们也都是狂热的音乐人；我们同样吃饭、睡觉、呼吸，却无时无刻不生活在音乐之中；我们无法相信还有比音乐更重要的东西存在。

你们有多少人喜欢音乐？多少人确定自己一定会成功？此时此刻，你们又有多少人想赢得一场音乐比赛，赢得一个免费而完备的音乐工作室？让我听听你们的声音吧！(欢呼声)

只是有些遗憾，今晚没有比赛。但是我想要告诉你们的是：你们知道你们是多么适合这里吗？你们真的来对了地方！

我们都喜欢这里，都热爱伯克利这个大家庭，所以我们在选择谁能加入这个音乐世家的时候是格外慎重的。我们选择了你们（大写的“你们”)，因为我们觉得伯克利很牛，我们也认为你们都很棒。

你们都是音乐人，其中很多人都是非常非常棒的音乐人，你们来到伯克利是为了成为更出色的音乐人。也许，有些人觉得自己现在还不够好，甚至会怀疑伯克利选择了你们是否是一个错误的决定，你们可能不清楚自己究竟是怎么通过我们的试音、面试和成绩审核的。是的，据我们了解，其实很多已经成为或即将成为出色音乐家的人当初也不是那么自信的。

让我告诉你们吧，在选拔学生这方面我们从不犯错误。我们知道你们的音乐技能并不都在同一水平上，但是你们都很不错，有天赋，有巨大的潜力。或许我们选择你们是因为你们相对绝大部分人来说很有创造性；抑或我们看到了，或从你们的音乐中听到了一些特别的未知因素和巨大的潜力，这些特别的因素和潜能足以让你们成为一个出色的作曲家、歌曲创作者、音乐教师、音乐治疗师、录音工程师、音乐制作人，或者让你们在成千上万从事音乐事业的人群中成为出类拔萃的佼佼者。你们将来或许会调整甚至改变你们的职业道路，但是你们在伯克利的求学经历会给你们的人生抉择和生命旅程增添价值和光彩。

环顾你们的四周，你们会感觉到自己和周围的人既有许多共同点，也有很多独特性。是共同点把我们联系在一起，而独特性则让我们更富有情趣和吸引力，让我们展现出斑斓的色彩、勃勃的生气和创意的灵魂。我们在差异中成长，如果没有这些奇妙的独特性，那么伯克利将会变成一个乏味无趣的地方，我们的音乐也不可能充满激情。我们拒绝乏味无趣。

我们不想培养同一个类型的学生，我们要营造一个包容各种天资和特质的丰富多彩的音乐社区。在这里，我们既有诸多共同点，充满着奇妙的独特性，也正是这些独特性才让我们拥有着惊人的活力与激情，并创造出音乐的奇迹。我们彼此倾听，相互学习，每一个人都从各自的角度为伯克利注入全新的内涵。

伯克利是音乐人的理想栖息地，伯克利属于你们。

然而，当今社会许多人对音乐艺术有些不以为然。当学校的办学经费遇到困难的时候，音乐常常是第一批被削减的学科。但我们对音乐的认识比他们更深刻，我们深知音乐是多么重要。为此，今晚让我们一起来重温音乐的独特价值和魅力，让我们共同庆祝作为一个音乐人是一件多么幸运和美妙的事情。

这里我不想陈述音乐家们对创造美好社会和提高人类生活质量作出了多大的贡献（尽管这是事实），也不想讨论有多少人从我们所从事的巨大的音乐产业中获得了多大的财富（虽然这也是事实）。我想要说的是，音乐人能够改变世界并正在改变着世界，我们能为精神疗伤，我们既能娱乐也能深刻，我们甚至能够异想天开……

想想看：世界为艺术家提供了大量上好的素材，虽然它们看上去很美，但如果没有艺术家的创造，这些素材就了无生气，是艺术家赋予了它们生命活力。

只有单词，难以成诗句；只有食物，难以成佳肴；只有油彩和画布，或像素和屏幕，难以成画作；而只有声音，也难以成音乐……可以说，是诗人、厨师、美术家和音乐家巧夺天工，赋予了普通材质以生命特性，创造出了丰富而灵动的艺术作品。

从简洁而优美的旋律片断到宏大而成熟的交响乐作品，无一不都是由人类、由音乐家创造的艺术成果。音乐家是魔法师、抚慰者、激励者、开创人，故此，我们有理由再一次确证，成为一名音乐家的确是一件令人倍感自豪的事情。

今晚我要带给你们的第二条信息更简短，那就是“该忙起来了”，是你们更上一层楼、为实现梦想而奋斗的时候了。和许多大学一样，伯克利也有自己的校训，那是一句拉丁文格言“Esse Quam Videri”，意思是“心之所向，行之所依”。你们每个人都胸怀梦想，你们来到伯克利，就是要努力学习去实现自己的梦想，去成为你想成为的那个人。

伯克利不是一个标榜自我的地方。为此我想给你们如下忠告：不要到处吹嘘自己是一个多么厉害的演奏家或歌手，或者之前取得过多大的成就。伯克利尊重每个人的自我需求，并鼓励你们为了提升自我而按照自己的喜好去行事。然而，我们不能只说不做，我们不要空谈，我们只求实干。正如你们所知，音乐事业的确充满了个人的包装与宣传，但是你们应该清楚一点，值得尊敬的人不是空谈者，而是实干家。

最后，我要借用我们的校训给你们每个人最衷心的祝愿：心之所向，行之所依，让音乐为你们插上翅膀，去努力成就你们的梦想。青年朋友们，欢迎你们回家，该忙起来啦。

谢谢！

本文翻译：郭曲　梁伊

校长的“架子”

我曾在微信上发了一条题为“说话算数的好校长”的短消息，很快就有上百人留言或点“赞”，其中不乏夸奖郭曲成绩棒的，但更多的人是在为他们校长这种真正“以学生为本”的“亲生”做法羡慕与叫好。相信不少人会和我一样发出感叹：这样的校长，在学生面前也太没有校长的架子了吧！

据郭曲介绍，他们伯克利音乐学院每个学期都会对各门课程考试成绩绩点达到3.4以上（即B+以上）的同学给予一个名叫“Dean's list”的荣誉奖励。奖励形式是发一封表扬信，这封信是统一的模板与内容，只要填写学生的名字然后由学校统一发送电子邮件给学生。郭曲已经在伯克利学习了三个学期，每个学期的成绩都是A，绩点4.0，自然每次都能收到一封这样的信。或许是觉得有许多同学都有可能得到这样的荣誉，故郭曲从来都没跟我们提起过这回事。有意思的是，他暑假修的四门课程因一直都没有告诉我考试成绩，害得我前不久还做了一个梦，梦见他有一门只考了64分，不过我没有跟郭曲说起，我不想在成绩方面给他任何的压力。直到前几天他告诉我收到校长来信的时候，我才把这个梦透露给了他。当时他抱歉地说，对不起啊，因为都是A，考试正常，所以就没想到要告诉你们了。

上个学期末，郭曲又去了校长办公室，这个校长就是去年发给郭曲开学典礼欢迎辞并约他去办公室坐坐的劳伦斯·贝休恩先生。郭曲向校长汇报了前两个学期的考试成绩，校长听了很满意，鼓励郭曲说：“如果你下个学期能够继续保持这样的成绩，我就单独给你写一封信。”我猜想，估计郭曲当时也就是听听而已，对此也不会太认真的，甚至可能事后都忘了这事，毕竟这种芝麻小事也的确不是校长该做的。然而，就在9月1日，郭曲真的收到了校长的来信。信是这样写的：

我写这封信是为了证明取得突出成绩的郭曲同学，他在伯克利音乐学院学习的各门课程成绩都是“A”，取得这样的成绩要归功于他的刻苦努力与高超智力。

不仅如此，我还多次与郭曲见面交谈，发现他是一个积极向上、很有礼貌也十分有趣的人。

我对郭曲所取得的成绩以及他的行为风范是如此印象深刻，所以我感到我必须为他写这封信。

这是一封十分简短却弥足珍贵的信，相信任何一个收到这样一封信的学生都会从中汲取到无穷无尽的正能量。作为父母，我们在为郭曲感到自豪的同时，更为他能够幸运地在这样的学校学习感到欣慰，同时也为我们能够放心地把孩子交给这样的学校感到欣慰。当然，作为高校教师，这件事自然也会让我们联想到：在我们的大学里，校长的精力又怎么可能放到学生身上，这样的事情校长又怎么可能去处理？因为我们的校长都是干大事的，都是做大官的！像表扬一个学生考试取得好成绩这类纯属学生个人的、根本就不可能为学校争名争利的区区小事，怎么可能用得着我校长亲笔写信给予表扬！是啊，这就是大学教育之差别：他们是真正的以学生为本，学生至上；而我们则是口头上的以学生为本，功利至上。或许说得有点过分了，有时候我真为我们的大学生在这样的学习环境里学习感到悲哀，也为我自己在这样的工作环境里工作感到悲哀。

校长的这封信是9月1号发出的，9月4号郭曲又收到了校长发来的同样一封信。仔细对照，原来前一封信中有两个单词出现拼写错误，校长发现并更正过后，又一次将信发给了郭曲。这，就是他们学校的校长，一个给学生写信连拼写错误都绝不放过并及时加以更正的较真的普通人。

这件事自然让我联想到了我们的大学校长们。

2013年初我去奥地利参加一个学术活动，不需要学校提供任何费用，但在学校办理出国手续时依然在某个部门遇到了麻烦。正在我准备放弃的时候，兄弟院校的一位同行者告诉我他们学校很支持，办事很顺利，并鼓动我说既然你们学校那么官僚，那你就直接去找校长。可我哪敢找校长啊，校长这么大的官，我算老几，真的想都不敢想。但我的确不想放弃这个难得的机会，奥地利是多少音乐人向往的地方啊！于是我决定豁出去了，最后战战兢兢地去拜见了校长，尽管校长不是太高兴，但事情最终还是办妥了，我对校长千恩万谢。倒不是我们校长有多么可怕（他本是一个很和蔼的人），而是在我们这样一个官本位观念根深蒂固的国家，老百姓见到当官的都害怕，我一介普通书生当然更是如此。所以，当郭曲说已经几次去他们伯克利音乐学院几位校长的办公室和校长们聊天时，我真是相当地羡慕嫉妒（当然没有“恨”）啦！

最近一两年，大学校长发表一篇贴近学生的演讲，或与毕业生合影握手告别累得大汗淋漓等，都被媒体大肆宣传。不可否认，这的确是一个好迹象，表明我们的校长已经开始放下架子，走群众路线，关注学生了。但恐怕这还只是一种表面现象，校长在教职员工和广大学生面前那种至高无上的地位在短期内即便是通过眼下开展的“党员群众路线教育”这类活动，也是无法得到根本性改变的，即便是校长们愿意改变，下面的人也绝不答应啊，因为我们已经习惯了“尊重”领导，似乎失去了尊重领导的机会就等于丧失了自己求上进的可能。

记得去年我去学校研究生处参加博士生考卷命题，进入办公室后在一个工作人员的引领下径直到了命题室，不一会，只听见外面办公室里闹哄哄的，我忍不住走出去一看，原来是学校一位副校长也来命题了，真的仿佛是伟大领袖深入基层考察工作的感觉啊，办公室所有的人都围上去，给校长又是端茶请坐又是嘘寒问暖，好一片情意浓浓之景象。我在旁边看着直想笑，这就是中国社会的真实写照，同样是来命题的，同样是博士生导师，领导和老百姓的待遇就是不一样。幸亏来的是一位副校长，如果来的是校长书记、厅长乃至省长部长，那场面又会是多么热烈和感人啊！那一刻我突然明白了一个道理，在中国要做一个放得下架子的亲民校长还真是不容易！不过还好，我还算冷静，没有挤上去争着和领导握手凑热闹，因为我自知不够格，便知趣地回命题室去了，并安慰自己说：“没什么，在美国访学时我还和克林顿总统握过手呢！”

感谢郭曲，让我有机会和校领导有深入接触和近距离交流，这位校领导就是伯克利音乐学院的副校长马克·坎贝尔先生。坎贝尔先生应我这位学生家长的邀请，于2013年6月16日至18日来广州进行考察访问。这次访问有两点是我意想不到的，一是他如此爽快地答应了一位学生家长的邀请，二是一位世界知名音乐学府的高个子副校长居然一点官架子都没有。的确，马克是一个很随和的人，我们安排什么他就做什么：喝烈性白酒他不行，但让他干杯就干杯，从不跟我讨价还价；入乡随俗体验足浴文化，他痛得嘴里哇哇叫而脸上依然笑呵呵。不过，马克也是一个很严谨的人，约定几点在宾馆接他，他一定准时出现在我们面前；给学生演讲计划45分钟，他一分钟都不会拖延。我陪同马克参观考察了星海和华师，并与两所学校就未来合作事宜进行了探讨，我们还安排了珠江夜游等其他休闲活动。和马克相处三天，我既没有作为家长对校长的那份紧张，更没有作为普通老师对校长的那份害怕，因为，这个校长实在太没有架子了，他实在太不像校长了。校长没有架子，不是校长刻意把架子放下来的，而是别人感觉到的，如果我对他说他没有架子，或许他还不明白是怎么回事呢。伯克利音乐学院的校长们没有架子，郭曲早就跟我说过。他去过两位校长办公室三次，每次都是聊天半个小时至一个小时，每次他都会向我发出感慨："我们的校长怎么这么不像校长呢，办公室不像，人也不像。"有一次我就跟他开玩笑说："在国内，像你这样的大学一年级新生，校长若约你去办公室见面，恐怕要犯下严重错误才有可能啊！"

2013 年 12 月中旬，我又一次见证了没有架子的校长们。这次，伯克利音乐学院一行六人来广州和星海音乐学院签署合作意向并进行学术交流，其中就包括罗杰·布朗校长和两位副校长。不知为什么，在他们面前，我甚至连作为学生家长本应该有的那份拘谨都不复存在。

校长的架子，是校园民主的樊篱，是官场文化的体现。什么时候普通老师能够随意地和校长握手寒暄，学生不需要犯错误也可以走进校长的办公室，校长与学生毕业合影出了一身汗也不再成为新闻炒作热点，那就表明，校长已经放下了架子，校园文化也算是民主开放了。而校长的架子要真正能够放下来，光靠校长们自己的努力还不够，还要靠我们广大师生的紧密配合才行，当然，如果整个社会的官本位观念与风气不改变，恐怕这一切都是浮云。

维也纳童声合唱团印象

2013 年 2 月 1 日，我有幸陪同教育部体育卫生与艺术教育司领导参观考察了维也纳童声合唱团。

关于维也纳童声合唱团的基本情况，我们所了解到的和网上介绍的差不多。它有近 500 年的历史，是奥地利的象征和荣耀，它与维也纳爱乐乐团一起被视为奥地利的两大国宝，被世人称为“歌唱着的天使”。据介绍，它也是目前世界上唯一一个能拿出场费的童声合唱团，每演出一场有 2 万欧元的收入，足可以维持包括学员学费在内的正常开支。维也纳童声合唱团实际上分为四个分团，每个分团 25 个孩子，四个分团轮流在国内外演出，分团以该团培养出来的大音乐家名字命名，即舒伯特分团、海顿分团、莫扎特分团以及布鲁克纳分团。

我们抵达维也纳童声合唱团时正值中午，该团艺术总监维尔特先生因外出有事没有及时赶回来，便由总监助理带领我们参观并介绍了该团的有关情况。据介绍，该团招收学员向全世界开放，大概有 20% 的团员是来自奥地利之外的其他国家，助理先生还特别透露说，他们计划今后每年招收两名中国孩子。任何对音乐有兴趣的小孩，不管来自哪里，也不管持何种宗教信仰，都可以报名参加选拔。孩子们报名之后，会在学校学习一周，体验生活，然后回家与家长商量，最后自己作出决定。被录取的学员有两部分人，一部分专业水平高和天赋条件好的进入合唱团，另一部分条件稍微差点的则进入合唱学校。无论是合唱团的孩子还是合唱学校的学生，都与普通中小学生一样，要学习所有的文化课程。合唱团的孩子们若到了变声期就会退出，不再参加童声合唱团的演出，便转到合唱学校接受一般中学生的正规教育，当然他们仍然会参加各类音乐活动，包括成为“维也纳男生合唱团”的一员。

有一个问题，我们很好奇。享有盛誉的维也纳童声合唱团的孩子们，他们后来都去做什么了？总监助理告诉了我们一个令人吃惊的答案：只有一小部分人在高中毕业后进入专业音乐学府，并由此走上职业音乐家之路。当被问到具体人数比例时，我们被告知：大概六个人中只有一个人后来从事音乐事业。

中午，我们被特意安排在学生食堂就餐，以便能够全方位体验孩子们的生活。饭堂秩序井然，饭菜还算可口，尤其是两块大鱼肉，吃得我后来几天都不想再沾鱼腥，不过现在回想起来真的很好吃。席间，下午将要为我们上课的合唱团的一位常任指挥与我们交流，从他那里我们了解到，这一天刚好是周五，午餐之后，孩子们都要回家。为了我们，他们特别把海顿合唱团的孩子们留了下来，为我们上一堂常规的训练课，而且是新曲目的第一次排练。为此，我们既十分期待又有些自责，要知道，在国外，为了配合来宾的参观访问而打乱正常的教学秩序，这种情况是极少发生的。

午餐后，合唱团总监维尔特先生赶回来了，教育部体育卫生与艺术教育司副司长万丽君博士和维尔特先生就有关合作事宜以及合唱艺术方面的学术问题进行了愉快的交流。双方初步商定，下届中小学生艺术展演活动期间，将邀请维尔特先生来中国举办童声合唱大师班。维尔特先生很高兴地接受了邀请，他说此前也来过中国讲学，是中国文化的粉丝，中国在合唱艺术方面也作出了很多的贡献，希望互相学习借鉴，双方都能受益。在介绍了中国音乐教育的基本情况之后，万丽君博士向维尔特先生重点请教了如下两个问题：

万问：目前关于童声合唱，中国有两种不同的观点，一种是应保持儿童本真的声音，另一种是应训练成一致的、空灵的声音，请问您认为哪一种更好？

维答：应该注意这两个方面的平衡。最重要的是要让孩子展示自己的个性，尊重孩子自然的声音，但是作品的演唱又要求声音的统一，故不能为了统一而统一，为了个性而个性，应该在充分发挥孩子们个性的基础上去求得统一，不要走极端。通过训练达到统一、空灵的声音，这必须是建立在两者完美结合的基础上。孩子们个性强，我们不能强迫要求他们怎么做，一定要学生主动、积极、开心地学习，这样才能达到最好的训练和表演效果。

万问：中国的合唱近年来发展很快，取得了不俗的成绩，在表演形式上也越来越丰富了，但与此同时有人也提出了不同的意见，认为合唱本是声音的艺术，不应借助过多的其他因素如肢体、乐器等。您如何看这个问题？

维答：这两种观点均有道理，但要具体问题具体分析。比如说古典音乐作品是要以音色、声音为主的，但现代的一些作品则也是需要借助其他元素作为辅助手段的。要把握一个基本原则，即注意音色是前提，在这个基础上可以适当借助其他元素来丰富表现形式。

时间比较仓促且过得很快，孩子们已经在教室里等待很久了，上面的交流不得不就此打住。我们期待着将来有机会充分聆听维尔特先生的童声合唱教学理念。

上训练课的是海顿合唱团，来上课的只有22个男生（另外3人可能请假了），其中还有两个中国孩子呢。要我谈这次听课的感受，可以概括为两句话：声音绝对的美妙动听、训练非常的自由轻松。关于声音的美妙，不好怎么用文字形容，我想我们都可能听过或看过维也纳童声合唱团演出的音响或视频，我就没必要班门弄斧地啰嗦了。这里简单介绍一下我所看到的场景吧。

教室不大，布置随意，中央是一台钢琴，围绕钢琴的三周是稍有梯度的两排座椅，孩子们就自由自在地、分散着坐在座椅上，随着老师的手势和琴声有序地、投入地唱着，当需要突出某一个声部的时候，该声部的孩子就会站起来演唱。我们就坐在后排聆听和观察，不敢拍照，怕影响了孩子们，但他们显然比我们要放松很多，于是我也是有意识地往孩子们身边靠一靠。有一个孩子见我站到了他的旁边，便不时指着歌谱告诉我在唱哪个声部、唱到哪里了，后来他索性挪出一个位子，让我坐在他的身边。当然，这一切友好的举动都并没有影响他专注地演唱，真的好可爱，临走的时候在征得孩子的同意之后，我还特意和他合了影。上课的过程中，孩子们是可以随意请假上洗手间或去处理别的什么事情的。这样一种自由、轻松、快乐的训练氛围，让我们大发感慨，原来世界顶级的童声合唱团就是这么练出来的！

陪同我们去参观的王健博士后来向我们介绍说：尊重孩子，拒绝枯燥的训练，让他们充分享受音乐的快乐，让他们在自由和轻松的氛围下歌唱，其实不只是体现在训练课上，甚至还体现在表演的舞台上。他说有一次合唱团在舞台上正式演出，他就看到先后有两个孩子相继下场，不一会又上场了，后来了解到，原来是那两个孩子感到身体或嗓子不适，感觉自己不能唱了而下去的。王博士很不解，问怎么能这样呢？他得到的回答是：为什么不能这样？孩子们感觉自己不能唱了，当然应该下去休息的。

必须承认，我们的思维和理念的确与他们有很大的反差。我们认为理所当然的事情他们可能会觉得不可思议，同样，他们认为理所当然的事情我们甚至会觉得匪夷所思。这便是我听了这堂课之后的一个最深的感受。

在中奥音乐教育论坛上的发言

在2013年2月初于奥地利首都维也纳举办的首届中奥音乐教育论坛上，根据中方安排我介绍的是中国音乐教师教育的情况，因为是代表政府层面发言而非表达个人的学术观点，所以，我的演讲主要是从积极、正面的角度对我国音乐教师教育所取得的成绩进行了总结，实际上应该理解为这是音乐教师教育今后的努力方向。演讲稿全文如下：

2011年启动的基础教育音乐课程改革，在有力推动中国基础音乐教育向前发展的同时，也使得音乐教师教育面临着前所未有的挑战。能否培养出合格的中小学音乐教师，以跟上基础音乐教育改革发展的步伐，已经成为音乐教师教育无法回避的现实问题。在中国，由于广大学生与家长的音乐学习热情持续高涨，高中学生的高考升学压力有增无减，因而高校音乐教育专业的生源问题一直以来都是高枕无忧的。据统计，目前全国普通高校开设音乐学本科专业的学校413所，其中拥有师范教育类学科点的学校211所，在校音乐教育专业本科生多年来均保持数十万之众，如此欣欣向荣的招生景象也在客观上助长了音乐教师教育故步自封、不思进取的惰性，缺乏改革的动力与激情，固守传统的专业化教学模式，与基础音乐教育的需求相脱节，以至于培养出来的毕业生无论是职业素养或是素质结构都难以胜任中小学音乐教师的角色，尤其是教育教学实践能力严重缺失，大学毕业走上中小学讲台普遍感到无所适从或力不从心。正是在如此严峻的现实背景下，近年来，国家教育部及各高等学校正在积极稳妥地进行着音乐教师教育的改革探索。由于音乐教育专业学生的实践能力在很大程度上决定着他们的教育教学水平，并最终决定着他们能否胜任中小学音乐教学工作，因此，加强实践教学正成为目前中国音乐教师教育改革创新的重点。

所谓实践教学，就是以提升学生的实践能力为目标、教学内容与形式具有实践性特征的各类教育教学活动。实践能力，对于音乐教育专业学生而言，主要包括艺术实践能力和教学实践能力两个大的方面。这里的艺术实践能力并不等同于专业舞台表演能力，而是特指在中小学课堂上进行音乐教学所必备的示范表演、专业辅导、活动组织等多方面能力，它强调的是“多能”而非“一专”，关注的是“厚基础”而非“高精尖”，侧重的是“上讲台”而非“上舞台”。而教学实践能力则是指在先进教学理念的引领下，科学选择和运用教学内容、教学方法和评价方式，构建和谐的师生关系，营造民主的教学氛围，以确保学生在课堂上快乐表现、欣赏、创作音乐等必备的能力。

提高音乐教育专业大学生的艺术实践与教学实践能力，不仅需要在常规的课程与教学中重视实践性，如课程设置突出实践性、课程教学关注实践性、课程评价体现实践性等，以便在日常的课堂教学中切实培养学生的实践能力，而且还需要开展专门的实践性活动，以引导师生在课堂教学、课外活动、校园文化环境建设中树立实践意识，重视实践能力的培养，并且通过这些实践性活动有效提升大学生的实践能力。正是基于这样的认识，近年来，在国家教育部的正确部署和精心组织下，以加强实践教学为重点的音乐教师教育改革正在积极推进之中且初见成效。具体来说，主要采取了以下四个方面的举措。

一、加大课程体系的实践性比重，强调各门课程对学生实践能力培养的担当

2004 年，国家教育部印发了《全国普通高等学校音乐学（教师教育）本科专业课程指导方案》，该方案从 2005 年秋季开始实施。2006 年，教育部又印发了《全国普通高等学校音乐学（教师教育）本科专业必修课程教学指导纲要》，确立了“课程指导方案”所规定的 11 门专业必修课程的课程性质与目标、课程内容与教学、课程实施与评价原则等。2007 年 9 月开始，教育部组织开展了全国普通高等学校音乐学（教师教育）本科专业课程教学试点工作，确定了 22 个省的 45 所试点学校，以“课程指导方案”为依据，积极探索音乐教师教育改革。2011 年 10 月，教育部又组织了全国普通高等学校音乐学（师范教育类）本科专业课程教学调研，全面了解音乐教育专业的办学水平和整体发展状况。这些文件的印发与有关活动的开展，表明国家对音乐教师教育的极度重视，其行政力度前所未有，对推动中国音乐教师教育的改革发展产生了重要影响。

上述“课程指导方案”及其实施对于实践教学的重视主要体现在以下几点：首先，该方案专列“实践环节”部分，规定了实践教学由社会实践、教育实践、艺术实践、科研实践等内容构成，增加了实践类课程的课时数和学分比例；其次，增大了学校自主设课的自由度，拓展了实践类选修课的门类，如歌曲写作与改编、小型乐队编配、合奏与指挥、形体训练与舞蹈编导等；最后，整合单项课程，将理论课程与实践课程有机融合，如中外音乐史课程与名作赏析课程的合并。

加强实践类课程的比重，为提高学生的实践能力奠定了基础，但还不够，实践类课程的比重增加毕竟是有限的。理想的状态是，包括非实践类课程在内的所有课程的教学，都应该对提高学生的实践能力有各自的担当，尤其是专业技能课程的教学不仅要有效提高学生的艺术实践能力，还必须承担起提高学生教学实践能力的重任。具体来说，音乐专业课程的教学不仅要教学生演唱、演奏、创作等，还应该顺带地教学生如何进行歌唱教学、器乐教学、创作教学，或至少自身的教学行为要为学生起到一定的教学示范作用。如“声乐”课程不应是纯粹的“声乐”技能课程，它还应该是一门学生可以顺带兼修的“歌唱教学法”课程，因为我们培养的是中小学音乐教师，而不是专业歌者。

二、延长实习时间与丰富实习形式，通过教育实习提升学生的教学实践能力

客观地说，目前《课程指导方案》中教育类课程比例还比较低，所占学分只有10%，教育类课程设置及其教学形式也有些单调，因此，提高音乐教育专业学生的教学实践能力，教育实习至关重要。

2012年，国家教育部、财政部等七部委联合下发《关于进一步加强高校实践育人工作的若干意见》，该意见要求各高校把实践育人工作纳入学校教学计划，系统设计实践育人教育教学体系，规定相应学时学分，合理增加实践课时，增大实践教学比重，强化实践教学环节，深化实践教学方法改革，加强实践育人基地建设。特别是该意见所提出的两个确保“不少于”，对音乐教师教育的实践教学提出了明确而具体的要求：一个是确保人文社会科学类本科专业的实践教学不少于总学分（学时）的15%；一个是师范类学生的教育实践不少于一个学期。这在原来的音乐教育见习与实习时间普遍只有6~8周的基础上大幅度地增加了教育实践的时间比重。

与此同时，各高校近年来也在不断探索和改进音乐教育实习模式。目前的实习模式主要有三种：一是统编模式，即音乐专业学生统一组队进行实习；二是混编模式，即音乐专业学生与其他专业学生混合组队进行实习；三是顶岗模式，即实习学生承担实习学校原任教师整个一个学期的全部教学工作，将原任教师置换出来参加脱产培训。上述三种模式规模不一，时间不一，可谓各有优长；三者有机结合，丰富了实习形式，杜绝了走过场的现象，将实习工作落到了实处，为提高学生的教学实践能力发挥了关键性作用。此外，国家教育部还鼓励各高校建立教育实习基地，以形成教育实习长效机制，实现高校音乐教育与中小学音乐教育的互惠双赢。

三、开展基本功比赛活动，引领学生全面提升艺术实践与教学实践技能

从2000年开始，“全国普通高等学校音乐学（教师教育）本科专业学生基本功比赛”活动每两年举办一次，迄今为止共举办了7次。这项活动由教育部体育卫生与艺术教育司主办，旨在推动音乐教师教育改革，创新培养模式，强化实践环节，展示当代音乐教育专业大学生的专业素质和精神风采。该活动开展十多年来，随着活动内容与形式的日臻完善，对音乐教师教育的改革与发展产生了独特而重要的影响。

该活动内容分为基础理论知识和音乐教学技能两部分。其中，基础理论知识部分包括“专业基础理论综合”和“教育基础理论综合”两项内容；音乐教学技能部分包括钢琴演奏、歌唱与钢琴伴奏、自弹自唱、合唱指挥、中外乐器演奏五项内容，简称“五项全能”。参赛学生由活动主办方按照一定比例随机抽取，这在一定程度上保证了比赛活动能够反映参赛学校的整体办学质量。

从该活动所设置的比赛项目不难看出，活动主办方的导向十分明确，即在全面评价学生综合素质的基础上，重点考察学生的艺术与教学实践能力。特别是对钢琴伴奏、自弹自唱、合唱指挥等这些中小学音乐教师必备的实践能力进行专项评比，这对于引领学生重视自身艺术与教学实践技能的全面提升，进而推进整个音乐教师教育课程改革，都产生了很好的效果。

四、鼓励大学生去农村支教，将加强实践教学与缓解农村师资缺乏状况有机结合

落后的农村学校音乐教育无法保证每一个农村孩子享有接受良好音乐教育的权利，这是目前中国音乐教育亟待解决的一个最为重要和紧迫的问题，因而，国家教育部将“惠及全体的艺术教育”确立为未来十年的首要奋斗目标，而导致农村音乐教育落后状况的一个最主要因素是农村音乐师资缺乏。当然，这个问题的解决涉及各个方面，但音乐教师教育必须率先担当起自身应有的责任。

鉴于广大农村学校音乐教师缺乏的状况，国家教育部在相关文件中强调要提供优惠条件，鼓励音乐教育专业在校大学生去农村学校支教，鼓励大学毕业生去农村学校任教，鼓励高等学校在农村学校设立音乐教育实习基地，并在农村特岗教师培养与招聘中逐步加大音乐教师的比重。根据上述精神，近年来各高校都在纷纷探索通过多种形式，将加强实践教学与缓解农村师资缺乏状况有机结合。比如，鼓励高年级学生赴农村学校支教，支教活动可以取得相应学分，并在评优评奖等方面给予倾斜；选拔优秀本科毕业生赴农村学校支教，支教结束后可获得研究生免试入学的机会；建立农村音乐教育实习基地，为低年级学生教育见习和高年级学生教育实习提供固定的场所，等等。这些举措，一方面大力加强了音乐教师教育的实践教学环节，另一方面也在一定程度上有效缓解了农村音乐教育师资缺乏的状况。

中国的音乐教师教育改革已进入一个关键时期，实践表明，上述有关加强实践教学的四点举措对提高音乐教育专业学生的实践能力以及综合素养产生了十分积极的影响，为音乐教师教育注入了新的活力。可以说，加强实践教学，既是目前中国音乐教师教育的创新重点，也将是未来音乐教师教育的主要发展路向之一。

入职教育要从大一抓起

本文是我为参加2014年4月20日在台湾台南大学举办的“第四届两岸四地音乐教育论坛”而提交的论文。

一、问题缘起

《中国教育报》“读书周刊”2011年4月28日以“入职教育：大四学生的困惑与渴求”为主题，刊发了一组有关音乐教育专业大学生入职教育的文章。编者之所以有这样一个策划，是受到本人与张晓敏合著的《音乐教育书简——中小学音乐教师入职教育读本》（以下简称《书简》）的启发。这组文章包括如下四个板块：一、“精彩书摘”——从踏上讲台第一课说起，该板块摘录了《书简》中的有关内容；二、“冷眼观察”——别让学生在讲台和舞台间徘徊（郭声健）；三、“深度思考”——讲台上他们为何底气不足（杨丹）；四、“学生声音”——期待开一门“角色转变”课，其中包括三位大学生的三篇小文：我为什么找不到自信（陈晓琪），不要做“菜鸟老师”（蔡莹玲），协议签过之后难入眠（彭艳红）。上述文章论题突出，从不同的角度对音乐专业大学生入职教育缺失的现状和成因进行了分析阐述。

《书简》一书系本人与音乐专业大学毕业生张晓敏在其走上音乐教师岗位第一年中的通信汇集。在与张晓敏的通信交往过程中，我能想象得出当下大学毕业生在中小学音乐教育实践面前所表现出的一片陌生和不知所措的窘境。不仅如此，通过与大四学生的交往，我也深切体会到他们的种种复杂心情：有签订就业协议的喜悦，有求职屡战屡败的沮丧，有对大学教育的疑惑，也有对自身能力的卑怜，更有对未来去向的茫然。应该说，音乐教育专业的目标定位很明确，即主要培养中小学音乐教师。然而，通过四年的教育，我们却很难看到大学生们满怀喜悦与充满信心地加入到中小学教师队伍的行列。恰恰相反，出现了毕业生信念与信心双重缺失的“两信”危机，即一方面职业认知度低，投身音乐教育事业的信念缺失；另一方面教学能力弱，从事音乐教师职业的信心缺失。而导致毕业生“两信”危机的主要原因就是入职教育的缺失。

目前，全国每年有数万考生进入各类音乐学院（系）学习，其中教育专业的比例要比表演专业高出很多。然而，大部分考生并非是为从事教师职业而来，报考教育专业或许只是因为相对表演专业而言更容易被录取，所以，很多学生虽然选择就读教育专业，但做的依然是音乐家之梦。他们怀揣自己的梦想，背负父母的期望开始了大学生活，而高师音乐教育的专业化课程设置以及传统的师徒式教学模式也进一步为他们追寻音乐家的梦想制造了迷人假象，以至于很少有学生承认自己的专业为音乐教育，取而代之的是所谓声乐、钢琴、器乐等专业，学生的专业感错位严重。大学生选择教育专业却追寻音乐家的理想，这无可厚非，因为现实所呈现的图景更多是音乐专家比音乐教师风光百倍且名利双收。但是，作为承担培养未来音乐教师重任的高校音乐教师教育，却不能够随学生兴之所至，而必须在入学之日起，就要让他们尽可能地了解音乐教育的现状、作用和使命，理解音乐教师的责任感、优越感与幸福感，以便使他们尽早明确自己的教师角色定位，对音乐教育充满感情和期待，并逐步树立投身于音乐教育事业的信念。但令人遗憾的是，我们的音乐教师教育在这方面的表现并不尽如人意。

根据音乐教育专业的课程方案和教学计划，目前提升学生职业认知度和树立教育信念的途径主要有三个：公共必修课程“教育学”，专业必修课程“音乐教学法”（或“音乐教材教法”），以及六周左右的教育实习。然而，“教育学”课程与音乐学科和教育实践脱节，是学生眼中枯燥乏味的混学分课程；“音乐教学法”注重的是传授方法，学生只是授课者假想中的音乐教师；而短暂的实习除去见习时间，学生刚找到一点当教师的感觉便戛然而止。我们不得不承认，在四年的大学生活中，学生的确很难有机会获得对音乐教师职业和音乐教育事业基本而全面的认知，在这样的教育环境下，他们怎么可能对音乐教育事业充满向往，对音乐教师职业充满感情并视其为毕业求职的首选？于是，学生所确立的择业路径大多都是如此：上不了舞台就上讲台，进不了城市就进琴行，县级以下学校免于考虑。

当然，不管是主动选择还是被动选择，每年依然有部分毕业生最终走上了教师岗位。然而，我们发现这些准教师们随着就业问题的解决而感觉踏实的同时，又开始对未来表现出一种极度的不自信、忧虑甚至恐慌，他们会问：“学生会喜欢我吗？我能上好音乐课吗？”毕业生不自信也在情理之中。四年的专业学习，让他们在声乐、钢琴、器乐等某个专业领域达到了专业化水平，但这一成绩的取得基本上是以牺牲自身教学能力的提升为代价的。如果要追究责任，主要还是音乐教师教育出了偏差。从分析来看，导致学生教学能力弱，从教信心缺失的原因主要有这几个方面：首先，教育类课程所占比例太小，在整个课程体系中处于极为次要地位，而且这类课程的教学内容数年如一，教学形式单调，实用性不强，作为提升学生教学能力的主要课程，实际上并没有起到应有的作用。其次，专业类课程的设置基本上沿袭培养音乐家的课程体系，追求技能的高精尖，忽视培养学生的综合音乐素养，潜心修炼的专业技能在中小学音乐课堂也难有用武之地。再次，专业技能课程的教学形式没有体现教育专业的特点，师傅带徒弟式的方法使得教师的教学不可能给学生未来的从教起到任何的示范作用。最后，教育实习时间短且时段安排不科学，实习一结束，毕业生就马上投入到了漫长而焦虑的求职以及毕业论文的撰写当中，通过实习发现自身教学素质的缺失为时已晚，很难有弥补的机会。

音乐教育专业培养的大学生教学能力弱，这是一个长期存在的普遍性问题。对此，不光学生自己体会深刻因而在入职时缺乏自信，中小学校长和一线教师同样体会深刻，甚至有人质疑，为什么通过四年大学培养出来的学生一走上教学工作岗位，似乎一切都要从头再来？他们需要的不是音乐专家而是音乐教师，显然这也是导致毕业生就业难的一个重要原因。其实办学者同样心知肚明，也知道唯有改革才能真正培养出合格的中小学音乐教师。但是，对于这个特殊的学科，改革意味着一系列的大动作：要摒弃长期沿袭的专业化课程设置，要改变早已得心应手的专业化教学模式，要充实和整合培养学生教育教学素养的课程内容等等。而这一切，最终有赖于提升和强化整个高师音乐教师队伍的教育素养、改革意识、责任感和使命感。

为此，本人在《别让学生在讲台和舞台间徘徊》一文中呼吁：“上讲台还是上舞台，这个问题已经困扰我们太久太久，请别再让学生在讲台和舞台之间徘徊了。”（郭声健，2011）而要切实解决这个问题，音乐教育专业的课程设置及其教学必须进行改革。也由此开始，入职教育及其课程建设问题便进入了我的研究视野。

二、概念辨析

顾名思义，“入职”即进入职场，“入职教育”的字面意义即为了让入职者适应工作岗位而在其进入职场时所实施的教育。有研究者认为，以终身学习理念为基础，教师专业发展乃是一个贯穿于教师整个职业生涯的动态而连续的过程，承担着培养和培训教师职能的教师教育，也应是一个包括职前培养、入职教育和在职培训三个连续阶段的一体化过程。其中，入职期是教师专业发展的关键环节，在入职期内，初任教师能否顺利实现由学生到教师的角色转变，不仅影响到他们的职业倾向和职业持久性，而且将会影响到他们整个职业生涯的专业发展模式，进而决定他们将成为什么样的教师。（任学印，2004）还有研究者也认为，向来被称为整个教育"母机"的教师教育应该是一个持续不断的发展过程。而这一过程不但包括职前培养和在职培训，还应包括联系这两者的关键环节——初任教师入职教育。这是因为：入职阶段是初任教师专业发展的重要阶段，入职教育不仅影响他们的职业认同感和职业持久性，还会影响他们整个职业生涯过程中的专业发展状况，从而决定着他们未来的职业形象。（谭菲，2012）

根据上述理解，我们不难把握：传统意义上教师教育中的入职教育，其对象是初任教师，包括即将入职或刚刚入职的新教师，其实施主体一般是用人单位或专门的入职培训机构，其目的是为了顺利实现初任教师由学生向教师的角色转变，并为其未来的职业生涯奠定基础。很明显，这里的所谓"入职教育"就是我们通常所说的"岗前培训"。

我们认为，作为教师教育全过程中的组成部分之一，岗前培训的确十分重要，但把岗前培训等同于入职教育，却有失偏颇。因为，从根本上讲，"入职"主要还不是一个时间上的概念，而是学生对于未来从事的教师职业在心理、信念、能力、素养等方面的全方位"入职"。而能否全方位地顺利入职，并不取决于岗前短暂几天的培训，而取决于整个职前培养的大学教育全过程。具体就音乐专业学生的入职教育来看，接受入职教育的时间不能是局限于毕业之后到正式走上音乐教师岗位这一个短暂的时段；而入职教育的内容更不能局限于了解教师岗位的基本规范要求、学校的有关规章制度等。作为一个新教师，在入职的过程中乃至在未来的整个教师生涯中面临到的许多问题，通过短短几天的岗前培训是根本就无法解决的，必须通过整个大学阶段职前培养的全程参与。

由此我想，我们有必要重新界定入职教育的概念，将入职教育与岗前培训区别开来。传统意义上的"入职教育"，有必要在内涵与外延上均予以调整，入职教育应该贯穿职前教育的始终，并连接职后教育。具体来说，对于音乐教育专业的学生，我们不应把入职教育传统狭隘地理解为是用人单位对新音乐教师的岗前培训，而应该把入职教育理解为是贯穿高师音乐教育始终的教育，从某种意义上说，入职教育是与职前教育融为一体的，因为，整个职前教育就是为学生的入职做准备。因此，培养未来音乐教师的高等学校应该承担起入职教育的重任，要让学生从走进大学的第一天起，就开始他们的入职进程。

基于这一理解，我们把音乐教师教育的三个阶段称为职前培养、岗前培训、在职进修，而将入职教育从上面三个阶段中独立出来。那么，入职教育从时间上讲，由职前培养阶段开始一直延伸到岗前培训，它渗透于职前培养的全过程；从内容与目标上讲，它与职前培养以及岗前培训都有各自的侧重和不同的定位。具体地说：

职前培养侧重学生音乐专业知识与技能的传授与全面文化素养的提升，构建完善的知识结构，为未来从事音乐教育打下坚实的知识技能及文化基础，目标是让学生成为一个合格的音乐文化人；岗前培训侧重的是让新教师了解即将任职的学校教育的基本状况以及学校所制定的各项规章制度，掌握通用职业素养和职业技能，目标是让新教师尽快融入学校大家庭，成为一个合格的学校人；而入职教育侧重的是让学生掌握音乐教育的基本规律与教学理念方法，了解音乐教师职业的现状与特点，培养学生的音乐教师职业意识与角色意识，树立学生的音乐教育职业精神与信仰等，目标是使学生从进入大学开始，就依据音乐教师的素质结构要求来制定自己的学习规划，从心理准备和素质结构上都朝音乐教师的方向迈进，四年之后成为一个合格的音乐教师。

根据我们对入职教育的全新界定和理解，侧重提升学生音乐专业文化素养的职前培养，侧重提升学生音乐教育教学素养的入职教育，侧重提升新教师通用职业素养的岗前培训，这三者之间的区别是很明显的，但同时也是相互联系的。这种联系主要体现在：首先，从教育进程上看，三者是合而为一的，虽然职前培养与岗前培训是前后衔接的两个不同阶段，但入职教育则与这两个阶段都是重叠的，也就是说，入职教育是与职前培养和岗前培训同时进行，在时间上是交织在一起的；其次，从教育效果上看，三者是互相影响的，良好的入职教育使得学生具有明确的学习方向与奋斗目标，其教育效果会直接影响职前培养和岗前培训的效果，反过来，职前培养及岗前培训的各门课程教师的教学本身，同样具有言传身教、潜移默化且影响深远的入职教育效果；最后，从教育目标上看，三者是殊途同归的，都是为了一个目标——培养合格的音乐教师。

三、基本现状

欲了解目前音乐教育专业入职教育的基本现状，我们不妨先来看看某师范大学三位 2011 届大学生的毕业自白。

陈晓琪在剖析“我为什么找不到自信”时谈道：我是一名师范大学的应届毕业生，即将成为一名音乐教师。我从小就喜欢教师这个职业，大学四年里学习了许多课程，都是为了成为一名教师。但是，在实习之后，我越来越怀疑、越来越不确定自己是否能够胜任音乐教师这份工作。实习的时候我体会最深的是，自己大学四年里学到的知识极少能够运用到实际的教学里去，尤其是心理学、教育学等理论科目。我们把绝大部分时间和精力都投放到技能课如钢琴、声乐、器乐方面了，但是，要上好一节音乐课，不是音乐教师的专业技能出众就可以的。高师音乐教育的课程设计有部分的科目与实际课堂应用的关系甚浅，并不实用。而且，师范毕业生要从“学生”的角色转变为“教师”的角色，中间需要一个适应的过程，在这个过程中，我们还要面对巨大的求职压力。另外，音乐教育专业的学生在求职的时候，与音乐表演专业的学生相比，并没有表现出明显的优势，部分原因可能是我们音乐教育专业的学生没有表现出自己比别人更加会“教”。显然，这与高师音乐教育专业的课程设置不无关系。对于师范专业，课程设置应该更加重视提升和培养我们“教”的能力，以及“教”的感情。这份感情就是对教师职业的热爱与归属感。教育学、心理学等课程在高师音乐教育课程体系中，常常流于形式，学生也只重视考试、学分。我认为，这些纯粹的理论课可以变成具有实践意义的理论课。例如考试不一定要以试卷的形式，可以是开放式的考试，重点考查学生实际运用理论的能力；音乐专业技能课，则要更注重教我们“怎样去教”、“怎样教学生演唱和演奏”。而且，高师音乐教育还应该开一门让师范专业学生从“学生”角色转变为“教师”角色的课。（陈晓琪，2011）

蔡莹玲下决心“不要做‘菜鸟老师’”，她说：我姓蔡，“菜鸟老师”一词，是实习期间几个调皮的小学三年级学生和我第一次见面时，对我童言无忌式的调侃称呼。这一称呼当时令我有些不悦，同时也引发了我的思考：在就业形势非常严峻的今天，我幸运地找到了一份音乐教师的工作，可我是一名真正合格的音乐教师吗？回忆大学四年的学习，音乐教育的理论课程、见习、实习与技能的课程都曾让我受益匪浅，然而，大三的专业分流使各专业的同学专注于自己所谓的主项专业，而忽视了教学理论的积累，更忽视了全面综合素养的提高。分流到理论专业的同学再也得不到提高技能的机会，而分流到技能专业的同学则又很难掌握必备的理论基础知识，以至于产生了如下两类“菜鸟老师”：一类是只会表演不会教学，一类是只会讲解不会示范。教育理论与专业技能的严重偏废，导致现在许多正在寻求教师岗位的音乐教育专业大学毕业生不能在理论笔试和技能面试两个方面取得双优成绩，而抱憾职场。虽然我有幸谋到一个教师职位，但兴奋的情绪冷却之后，伴随我的是一片茫然和忧虑。我不知道，在几个月之后正式成为音乐教师的那一刻，我能不能做一个让学生喜爱的“蔡老师”，而不再被学生称作“菜鸟老师”。（蔡莹玲，2011）

彭艳红则在“协议签过之后难入眠”，究其原因，她是这么说的：大四这一年，我们思考和讨论得最多的莫过于就业，我日夜盼望的时刻终于来临，签了一所自己挺满意的高中学校，我庆幸我兴奋，可短暂的兴奋过后，发现自己更多的是彷徨和惧怕。协议签过之后我难以入眠，开始我以为那是过度兴奋的缘故，但冷静下来，我才发现让我辗转反侧的其实是入职前的若干个发问：我真的准备好了吗？我是不是真的有我想象中的那样热爱音乐教育这份职业？从学生突然变成老师，我怎么样去处理跟学生的关系？我要怎么去组织课外音乐活动和组织学生参加各类音乐比赛？……好似十万个为什么不停地在我脑袋中涌现，我真的不知道如何去面对这些问题。回想起实习的经历，我感到自己真的没有什么可以拿得出手的，没有哪一方面是有把握的。比如实习的时候，指导老师都会说要处理好跟学生的关系，但是怎么样才能做到这一点？大学里没有一个人告诉过我师生关系到底是怎样的一种关系，也没有谁跟我说过到了实习单位，你可能会遇到什么样的问题。于是我自己很努力地摸索着，尽可能去和学生交朋友，可短短的六周时间，我都还没找到这种关系到底是怎么一回事的时候，实习就结束了。而且指导老师给我的意见却是我跟学生走得太近，这导致学生没把我当回事，这是真的吗？我迷惑了。（彭艳红，2011）

或许，上面三位毕业生的感受还不足以表明整个音乐教师教育的状况，但他们作为重点师范大学音乐学院的学生，无疑还是具有一定代表性的。毋庸讳言，正如上面几位同学所倾诉的那样，整体上讲，目前我们音乐教育专业的大学毕业生普遍面临“两信缺失”的危机，而导致“两信缺失”危机的最根本原因，就是音乐教育专业入职教育的缺失。

那么，又是什么原因导致了音乐教育专业入职教育的缺失呢？我认为，至少有以下三个方面因素：

第一，传统观念根深蒂固。把音乐专业等同为音乐教育专业，把音乐教育专业等同为音乐教育职业。一方面，认为音乐专业学生自然了解音乐职业、必然热爱音乐职业、一定能能胜任音乐教育职业；另一方面，认为音乐教育专业学生也自然了解、必然热爱、一定能胜任音乐教育职业。进一步说，因为把音乐专业等同为音乐教育专业，甚至认为，不只是音乐教育专业，即便是音乐表演等其他专业的学生若最终选择音乐教育职业，他们也同样地自然了解、必然热爱、一定能胜任音乐教育职业。总之，通俗点说，就是学好音乐就能做好音乐教师。由此推断，音乐教育专业的入职教育是不需要的，学生是自然而然可以顺利入职的。或许在若干年前，高校没有扩招，音乐专业招生人数很少，基本上都属于有明确目标和良好基础的优质生源，这个问题也许不是问题。然而，就目前情形看，招生量如此庞大，生源鱼目混珠。很大一部分同学并非是因为热爱音乐表演或音乐教育，而是因为文化成绩较弱，为了考一个好一点的大学而选择音乐表演或音乐教育专业的。因此，可以说，其中的很多人，其实对未来的职业性质、特点、素质要求等一无所知，期待他们自然而然地顺利入职并不现实。

第二，教师教学缺少担当。音乐学科和其他学科在教学上的一个明显区别是，教师确立的教学目标在层次上不尽相同，比如文学院的教师不会想着把所有学生培养成作家或文学家，数学院的教师也不会想着把所有学生培养成为数学家，他们更多地是为了给学生传授专业知识进而提升他们的专业文化素养；但音乐学院的教师，不管其教学对象是音乐表演还是音乐教育专业，也不管学生的专业基础如何（音乐专业学生具有一定的专业技能基础，这是和其他文化学科的一大区别），其教学都是在朝培养歌唱家、演奏家、作曲家等目标努力，沿用当年自己的专业老师教自己的方法来教现在自己的学生。声乐教师就只教学生演唱，钢琴教师就只教学生弹奏，年复一年日复一日，各人自扫门前雪，轻车熟路搞教学。认为学生是否了解、热爱，以及能否胜任未来的中小学音乐教师职业，那是学生自己的事情，或者是其他课程的事情，可谓是事不关己高高挂起。以至于现实情形便是：数十个专业教师试图通过若干门专业课程共同把学生培养成为音乐家，而只有一个教学法教师试图通过一两门教育类课程把所有学生培养为中小学音乐教师。专业教师对学生在教育教学理念上的引领作用、在教学模式方法上的示范作用、在教学内容上的先导作用，都没有得到应有发挥，言传身教成为一句空话，甚至可以说在培养学生成为合格中小学音乐教师方面缺少最起码的担当。而专业技能课教师往往又是跟学生贴得最近最久，在学生心目中最有地位，对学生影响最深的。在这样的状况下，学生在入职教育方面的缺失便成了必然结果。

第三，入职教育课程缺失。因为这个问题是直接导致音乐教育专业入职教育缺失的最主要原因，因此，在这里需要花较多篇幅进行阐述。

关于音乐教育专业的课程设置问题，其实一直在修修补补，不过都是小修小改，总体上看没有大的实质性突破。究其原因，首先是课程设置及其调整注重的是传统学科专业体系与师资队伍现状（即因人设课），忽视了培养目标定位与学生职业需求。我们总是习惯从课程本身的视角来审视课程，总是围绕着传统音乐专业课程体系本身那个圈子转，在课程内部做组合游戏和调解协调工作，最后导致课程设置成为具有不同专业特长或喜好的课程编制者之间相互博弈又互相关照的结果。为此，我们需要用另一只眼睛来看课程，因为，“如果说一只眼睛看课程，是盯着现有课程本身看，那么，另一只眼睛看课程，则是要把目光从课程移至人，因为人是教育的出发点，人当然也是课程设置的出发点和依据”。（郭声健，2013）以人为出发点，就要求课程设置必须以培养目标定位与学生职业需求为主要依据。

高等学校音乐教育专业培养目标定位是明确的，即培养合格的基础教育音乐教师，那么，我们不妨就从本专业所要培养的人——“音乐教师”这个角度出发来审视音乐教育专业的课程设置。

一般说来，一个高中毕业生，要想通过四年的本科教育成为一名合格的音乐教师，需要在两个大的层面上去加以塑造和培养。首先，要把人生观价值观尚未定型的高中学生培养成为具有基本道德准则、公民权利责任意识、科学理性精神以及基本文化素养的合格公民；其次，要把没有教师专业背景和基础的普通公民塑造成具有专业角色意识以及专业和教学能力的合格音乐教师。培养合格公民的责任，自然主要由学校所开设的通识教育课程来承担，这里不予讨论，而培养合格音乐教师的责任，则主要由音乐教育专业课程来承担。那么，到底应该开设哪些专业课程，才能够把一个普通大学生培养成为一名合格的音乐教师呢？显然同样也需要在两个层面上去使力。首先是要把学生培养成为一名教师，其次才是要把他们培养成为一名音乐教师，这两个层面的目标达成都需要有相应的课程去承担责任和具体实施。当然，不同课程对学生的影响是综合形成合力的，教师和音乐教师的角色定位和专业培养也应该是同时进行的，但是有一点不容置疑，即要想把一个普通人培养成教师，必须要设置相对应的教育专业课程；而要想把一个普通人或一个普通教师培养成为音乐教师，也必须要设置相对应的音乐专业课程。这就意味着，对于音乐教育专业来说，要想实现“合格公民—合格教师—合格音乐教师”这三重培养目标，课程设置必须有与之相对应的三个大的板块，即“通识教育课程—教育专业课程—音乐专业课程”，而后两个板块合起来就构成音乐教育专业课程。也就是说，音乐教育专业课程的基本框架应该为：教育专业课程 + 音乐专业课程。通过前者让学生掌握作为一个合格教师必备的教育教学规律和技能，通过后者让学生掌握作为一个合格音乐教师必备的专业知识和技能，这两类专业课程同等重要，既缺一不可，也不能偏废。

然而，根据国家教育部下发的现行课程指导方案的规定，教育专业课程学分只占总学分的 10%，在通识教育课程之外的 100 个专业课程学分中，音乐专业课程占了85%，教育专业课程只占15%，在所有11门专业必修课中，属于教育专业课程的仅有一门课程，即排在最后的“学校音乐教育导论与教材教法”，音乐专业课程门数与教育专业课程门数的比例为10∶1。我们姑且不讨论教育专业课程究竟应该在专业课程中占多大比例才比较合理，但同为专业课程的音乐专业课程与教育专业课程无论在课程门数还是在学分分布上竟然如此的悬殊，这无疑是不科学的。因为，音乐教师教育专业，既属于音乐专业，也属于教育专业，两者无法相互取代。试图用十分之一的教育专业课程去培养一名教师，而用十分之九的音乐专业课程去打造一名音乐人，我们认为，前者不现实，后者有偏差。这样的课程设置所培养出来的人恐怕只能在讲台和舞台间徘徊，哪一个台子都上不好。

与此同时，还有一个问题需要说明：现在所开设的“学校音乐教育导论和教材教法”等教育类课程，虽然也是属于入职教育的课程，但是，它解决的主要还是教学方法等技术层面的问题，而入职教育最需要关注的精神层面的问题通过这类的课程还很难解决。这便是导致音乐专业入职教育课程缺失的第二个原因，即我们习惯性地把重在心灵滋养的教育教学活动降低到了技术层面，以为一个音乐教育专业的学生只要掌握了音乐专业知识技能，就一定能够成为一个合格的音乐教师。

美国学者帕克·帕尔默教授在其著作《教学勇气：漫步教师心灵》中提出：“真正好的教学不能降低到技术层面，真正好的教学来自于教师的自身认同与自身完整。”“在匆忙的教育改革中，我们忘记了一个简单的事实：如果我们继续让称职的教师所如此依赖的意义和心灵缺失，仅仅依靠增加拨款额、重组学校结构、重新编制课程以及修改教科书，改革永远不能成功。教师确实应该得到更多的补偿，从官僚制度的困扰中解脱出来，我们应赋予其学术管理方面的职责，为他们提供尽可能好的方法与材料。但是，如果我们不能珍惜以及激励作为优秀教学之源泉的人的心灵，提供上述所有这一切都不能改变教育。”（帕克·帕尔默，2004）尽管上述所指并非针对音乐教育，也并不是针对在校大学生，但是，对音乐教育专业的入职教育同样具有重要启示意义。我们现在的音乐教师教育，一味追求技术上的高精尖，实际上却流于肤浅，因为我们把滋养学生心灵的使命也一并托付给了技术训练，以至于我们的教学很少是具有人格感染、心灵碰撞、理解倾听、真诚激励、润物无声等教育之优美崇高品格的，而这一切，恰恰是音乐教育专业入职教育最重要的目标追求。

余论：初步构想

通过上述分析，我们认为，在理论上重新界定入职教育的概念、在实践中加强音乐教育专业的入职教育及其课程建设势在必行。关于这方面的思考，限于本文篇幅，在这里只是简要提出初步构想，还有待下一步做专题研究。

首先，明确音乐教育专业的入职教育目标定位。如果说音乐专业类课程重在传授音乐基本知识技能，提升学生的音乐文化素养，现有教育类课程重在传授教育教学基本规律和教学理念方法，提高学生的教育教学素养的话，那么，新设的入职教育专门课程以及在所有课程中渗透的入职教育，则重在让学生了解中小学音乐教育的基本现状，理解音乐教师的职业特点、使命感、幸福感，培养学生对音乐教育和音乐教师的职业信仰与感情，使学生明确未来职业取向以及作为一名音乐教师所必须具备的基本素养，进而确立自己明确的学习目标与方向。

其次，设置专门的音乐教育专业入职教育课程。前面提到，教育部下发的《课程指导方案》中，教育专业课程与音乐专业课程两者之间的比例严重失调，教育专业课程所占比重明显偏小。根据目前我国的实际情况，借鉴国外的相关经验，将教育专业课程增加到20%左右是完全必要和可能的。在此基础上，我们还需要设置专门的入职教育课程，这类课程应该是开设得越早越好，最好是从大一开始，以便真正让学生在走进大学的同时就开启了入职的进程。课程门数不求多，哪怕只有一门也是好的，但必须力求形式鲜活生动，学分与课时安排灵活机动，从课程名称到教学内容再到教学形式都应与传统的理论课程形成鲜明对比，比如可以叫作“走进音乐教育”、“音乐教师职业修养”、“音乐教师的幸福与快乐”、“优秀音乐教师大讲堂”等，采用专题讲座、名家讲坛、见习考察、学生演讲等多种形式，课程目标重在精神引领，心灵感召，传递正能量。

再次，全体教师都要主动担当起入职教育的责任。入职教育的最理想状态是所有课程都能成为入职教育课程，所有教师都对入职教育有积极担当。入职教育不能只靠几门教育类课程或专门的入职教育课程，也不能只靠某个专门的教学法课程老师，更重要也最关键的是所有教师都应该做到言传身教，对学生产生潜移默化的积极影响。我们不难想象：当学生所见到的每一位老师都是那么敬业、那么热爱学生和教师职业、那么享受音乐教学时，教师的这样一种精神风貌一定会给学生树立良好的标杆，其所产生的积极影响甚至要比专门的入职课程都要深远得多。为此，所有课程教师既要将入职教育内容融入专业知识技能教学之中，又要使自己的教学具有职业榜样和示范作用。

参考文献：

［1］郭声健．别让学生在讲台和舞台间徘徊．中国教育报，2011－04－28.

［2］任学印．教师入职教育理论与实践比较研究．东北师范大学博士学位论文，2004.

［3］谭菲．美国中小学初任教师入职教育研究．西南大学博士学位论文，2012.

［4］陈晓琪，蔡莹玲，彭艳红．期待开一门“角色转变”课．中国教育报，2011－04－28.

［5］郭声健．另一只眼睛看课程——以《全国普通高校音乐学本科专业课程指导方案》为例．艺术百家，2013（3）：151～157.

［6］［美］帕克·帕尔默．教学勇气：漫步教师心灵．吴国珍等译．上海：华东师范大学出版社，2005.

四、享受教学理想的感召激励

每个人都有自己心目中的理想国，
每个教育工作者也都会有自己心目中的教育理想国。
正是因为有了理想，我们才有目标追求，未来才会充满希望，
才不至于人云亦云、得过且过，更不至于任人摆布、丧失自我。

享受教学理想的感召激励，需要我们大力关注教师心灵。
教师心灵无关政绩，带不来功利，没有运作市场，国家可能无暇关注，
教研可能无从关注，领导可能不屑关注，他人可能不愿关注，
那就让我们自己关注自己、找回自己、做回自己。
祝愿我们都能寻找到属于自己的心灵导师，
以便当我们需要心灵抚慰和补充能量的时候，
他能够随时随地地给我们以慰藉、勇气和不竭的动力。

音乐教育理想国

此时此刻，或许我们正在无条件地按照新课改所确立的理念和专家们设计的路径实施着音乐教育。但与此同时，我们是否也曾问过自己，作为一名一线的音乐教师，在我们心中到底有没有音乐教育的理想图景？如果有，那么它离现实、离新课改究竟还有多远？如果有，那么现实、新课改又与它是否方向一致抑或也存在着某些偏差？

我想，每个人都有自己心目中的理想国，每个音乐教育工作者也都会有自己心目中的音乐教育理想国。正是因为有了理想，我们才有目标追求，未来才会充满希望，才不至于人云亦云，得过且过，更不至于任人摆布、丧失自我。

当然，理想不是妄想，希望不应奢望，理想国的构想一定是建立在现实的基础之上。

作为一名音乐教育事业的崇尚者和守望者，我也有着可能看起来有些肤浅和短视的理想国，我的音乐教育理想国大致可以归纳为如下六句话：

一、音乐教育受人尊重有尊严

我们不奢求被重视，只要求受尊重，靠自我赢尊严。在教育大世界里，我们既不谋大国地位，也不做大国附庸，而是立足和满足于经营属于自己的快乐温馨之幸福小筑。我理想中的音乐教育：

课程受尊重，无侵占之现象；学生受尊重，无优劣之分别；教师受尊重，无待遇之不公。

学生最爱的学科课程，有尊严；营造最美的校园文化，有尊严；体现最高的人性价值，有尊严。

二、音乐教师内外兼修又敬业

音乐教师既是音乐家，又是教育家；既是美的使者，又是爱心妈妈。我理想中的音乐教师：

作为音乐家，我们既有扎实的专业技能又有丰富的文化底蕴；

作为教育家，我们既有先进的教育理念又有坚定的职业信仰；

作为美的使者，我们既体现外在美又蕴含内在美；

作为爱心妈妈，我们既充满着爱心又最富有耐心。

三、音乐课堂充满美感最快乐

我们的课堂以学生为本，以音乐为源，提供的是心灵鸡汤，提振的是精神力量，提升的是生命质量。我们深知：当学生不舒心快乐、当音乐不体现美感、当师生不和谐融洽、当教学不自主创新，那么，音乐课堂必将被异化，审美育人也不能达成。我理想中的音乐课堂：

音乐课堂是艺术乐园，高扬“乐中学”，我有音乐我快乐；
音乐课堂是审美圣殿，坚守“美之魂”，我的美感我体验；
音乐课堂是交友会所，呵护“师生爱”，我心温暖我幸福；
音乐课堂是民主世界，享有“自决权”，我的课堂我做主。

四、音乐考试尽情秀出真自我

音乐课程如果一定要考试，就该考出音乐课程的特色和气质。我理想中的音乐考试：

音乐课程何须考试，要考也是自我展示；
目的不为选拔人才，无须考出谁更厉害；
切忌试图考倒学生，别让孩子丧失信心；
只需搭建表演舞台，提供自我表现机会；
秀出各自优势特长，提振自信增添力量；
人人平等快乐分享，音乐考试心之向往。

五、音乐活动面向人人均受益

音乐社团不是音乐精英俱乐部，音乐活动属于热爱音乐的每一个学生。我理想中的校园音乐活动：

摈弃锦标至上的功利目的，杜绝精英一味炫技；
体现面向人人的活动理念，确保全体学生受益；
摈弃枯燥乏味的技能训练，勿让孩子苦不堪言；
体现校园文化的审美追求，构建快乐精神家园。

六、音乐教研交流分享少功利

音乐教研活动不是名利场，而是供所有一线教师享用的服务平台。我理想中的音乐教研活动：

少一点功利性太强的比赛评优，多一些众人分享的平等交流；
教研活动与教学实践融为一体，论文与课题重积累脚踏实地；

学生理当是活动的主要受益人，而不只是为他人作嫁衣被折腾；
教研员既不扮领导也不当专家，而是做一个为教师服务的大当家。

我们需要一个这样的地方

我感到自己就像一个不谙世事的孩子，成天想入非非，梦想不断。

去年，我梦想要创立一个“儿童艺术乐园”，让孩子们能够真正享受艺术带给他们的快乐；今天，我却又梦想要营造一个“音乐教师之家”(The Music Teacher's Home，缩写为MTH)，让我们拥有一个充满安全感的心灵栖息之地。

梦想，并非是突发奇想。这些年与老师们进行网络交流，参与一些教师培训活动，让我深深地感受到，教师心灵这一最根本和关键性的问题还没有引起有关方面应有的重视；而这些天读《我的教学勇气》一书，则更是让我清醒地认识到，关注教师心灵其实远比传授理念方法要重要得多。

还是先让我们一起走进这本书向我们描绘的“教学勇气项目”的一个小场景吧：

教师围坐一圈，全神贯注地倾听一位小学教师声情并茂地讲述她对学生的爱和对每一个学生的责任。接着，这位小学教师热泪盈眶地描述了教学工作对她个人生活所造成的危害——没有足够的时间和精力照顾自己的家庭而导致日益加深的负疚感，身心俱乏的疲惫感，担心学生安全而产生的焦虑感，面对总是堆积如山等着评分的考卷与作业时的厌倦感，还有与朋友和同事越来越疏远的孤独感，因为自己实在没有更多的精力可以再付出了。……

读到这里，我在想，美国同行的这种负疚感、疲惫感、焦虑感、厌倦感、孤独感等，我们何尝不也是一样都不缺，甚至还可能有更多。且不说辛勤耕耘在教学一线的中小学教师们，就是我这个大学教授，一个可能被大家认为无忧无虑、无欲无求的人，此刻在这里写这篇小文章，也同样被这些负面的感受包围着。

那么，我们这些压抑的情感该怎么释放？情感的宣泄口到底又在哪里？如果我们找不到一个合适的地方释放这些负面的情感，后果又将如何？很遗憾，这些问题似乎还没有太多人去关注，因此我们现在还真找不到这样的一个地方。

这些年，国家投入了大量财力进行教师培训，教研活动也是开展得如火如荼，教育行政部门更是明文规定教师必须参加多少课时的在岗学习。

然而，仔细想想，又有哪一次活动、哪一次学习关注了我们教师的心灵动向，给过我们普通的一线教师倾吐内心诉求的机会？又有哪一次活动、哪一次学习不是关注教学技巧，而是关注教师作为人的基本需求？人们总是习惯于把重点从心灵移向头脑，实施自以为是的革命洗脑式“头脑风暴”运动，强力灌输理念方法，精心雕琢教学设计，层层比拼教学名师。不是说这些东西不需要、不重要，而是本末倒置走极端实在不可取。我很欣赏和认同帕克·帕尔默先生所说的那句话：真正好的教学不能降低到技术层面，真正好的教学来自于教师的自身认同和自我完善。《我的教学勇气》一书，对此观点则有如下更具体的阐释：

●好的教学来自于心灵，源于内心深处对学科和学术的喜爱。一位拥有如此完整和诚实内心的教师，用任意一种教学方法都可能非常有效。而一位内心分裂的教师——这种分裂，即脱离了学科、学生、同事和自己人格的完整性——使用任何一种教学方法都可能会失效。因此，教学方法虽然重要，但也只是获得有效教学的次要因素。

●我们不断地听到要做什么、怎么做、何时做、何处做等的指令。要求瞬息万变，方法也常常相互矛盾。当一个人没法停下来去反思某件事的意义时，就可能会失去勇气。

●大多数改善教育的工作都把焦点放在改进方法和技术以及“修理”教师上，而不是创造时间和空间让教师进行自我反思、与同行进行沟通，以使他们在教学中获得精神支撑。

●这么多年来，我压制自己的声音，认为自己的意见不像理论家、教授和校长的那样重要，我会照着别人期望的方式去说话以便为他人所接受，但这种方式却在毁灭我。

●这种窘境显而易见：我们要求教师表现自我，充满活力且保持联系，但我们的学校和体制却压制教师的活力、践踏教师的善意。我们不得不问：应该做些什么才能帮助教师维护和保持从教时必不可少的热情？

●要始终如一地保持全心全意的教学与引导的热情，需要的不仅是技巧，而且需要内心的力量和昂扬的精神。

●教师都有追求实现完满人生的理想，但常常缺乏支撑这些理想所需要的精神营养。这种营养的缺失降低了他们的热情，弱化了他们的责任心，从而减少了他们教学的快乐，而这种快乐正是优质教学和教师所有责任的精髓。

●我们必须为教师提供养分，使他们能在众多无法抗拒的要求之下不但不绝望，还能保留一种内心的平衡与不屈不挠的精神。

●如果教师首先关注的是完整的心灵，关心每一位教师和学生的完整人格，那么就会成为优秀教师。

上述论断足以说明，关注教师心灵无论是对学生、对教师自身，还是对整个教育都是何等的重要。

所以，我梦想要营造一个音乐教师之家，一个能够让我们的心灵得到安全栖息的地方，一个能够让我们尽情宣泄负面情绪、充分传递正能量的地方。

在这个家，没有等级森严的身份差别，没有领导专家、名师教授，只有我们自己。因此，没有人能够在这里发号施令，也没有令人窒息的恶性竞争，只有彼此倾听心里话的同道中人；每个人都坦然承认自己常常心怀恐惧，倍感压抑，而不只有我一个人经历过困境和痛苦，大家都是身份平等的普通人。若有非普通人加入，就必须先卸下自己的面具和斗篷，因为它们是妨碍真诚交流的盔甲。

在这个家，我们不再是学习他人，而是认识自己。我们不再聆听他人的指令，只发出自己的声音。这里没有专家报告或专题讲座，有的只是家庭成员间的闲谈、讨论、倾诉，甚至大笑与痛哭，各类话题都可以涉及，交流的目的不是要得到别人的指点或需要找到某种“灵丹妙药”，而是一吐为快，或分享快乐，或大发牢骚，让自己的情绪情感得到彻底宣泄和抒发。

在这个家，我们不再是学习技术，而是滋养心灵。我们关注的是自己的内心生活，充分发挥这个家对我们的心灵所特有的强烈修复功能，使我们在经历挫折和沮丧之后能够充满活力地面向新的一天，尝试新的事物。在这里，无须建议、没有约束、不用帮助、不必矫正，每个人最需要的不是希望得到修正或帮助，不是获得某个问题的标准答案，而仅仅是需要被聆听、被接受，彼此心灵之间有碰撞和交流。

在这个家，作为音乐教师的我们，不再是音乐专家，而是音乐享受者，不再为工作而表演，而是真正为自己歌唱和演奏，真正享受音乐带给所有人的愉悦与满足。在这里，我们可以听听音乐，品品茶，喝喝咖啡，聊聊天，把工作彻底放下，在一种惬意和舒心的环境下，真正做一回自己。

在这个家，绝对没有家长，只有志愿者和服务生。没有固定的大房子，只有流动的温馨约会地。没有人数的控制，只有永远敞开的大门。没有固定的见面时间，只有随时都会听从的召唤。小家的成员，可以一个月见面一次；大家的聚会，则可以一个学期甚至一年一回。

QQ 空间，也是音乐教师之家，但这只是一个虚拟的家。在这个虚拟的家里，我们无法面对面、眼对眼、心对心，我们不能想哭就哭、想笑就笑、想说就说。所以，我们还需要一个真正的实体之家，在这里，我们能够听到彼此的心灵之声，能够看到各自的精神面貌，能够分享彼此的快乐与痛苦，能够传递各自的能量与激情。

期待大家都来献计献策，也期待有识之士鼎力相帮，共同营造一个真正属于我们音乐教师的心灵之家。因为，我们太需要给心灵一个放松的机会，我们太需要一个这样的地方。

关注教师心灵

一

帕克·帕尔默教授在《教学勇气：漫步教师心灵》一书中，有一段话引起了我的共鸣，也引发了我的思考。他说：

在匆忙的教育改革中，我们忘记了一个简单的事实：如果我们继续让称职的教师所如此依赖的意义和心灵缺失，仅仅依靠增加拨款额、重组学校结构、重新编制课程以及修改教科书，改革永远不能够成功。教师确实应该得到更多的补偿，从官僚制度的困扰中解脱出来；我们应赋予其学术管理方面的职责，为他们提供尽可能好的方法与材料。但是，如果我们不能珍惜以及激励作为优秀教学之源泉的人的心灵，提供上述所有这一切都不能改变教育。

读到这段话的时候，我的第一感觉就是仿佛帕尔默教授是在描写我们的国家，在批评我们的现实。我们可不就是这样的吗？大张旗鼓、轰轰烈烈的课程改革，全员参与、投入巨大的教师培训，似乎中国教育由此将会发生翻天覆地的变化。然而，课程改革十多年后的今天，表面的繁荣依然无法掩盖问题的存在，教育问题仍然是令包括老百姓和教师自身在内的所有中国人最头痛的事情。是的，正如帕尔默教授所说的，我们的课程改革的确忘记了一个简单的事实：如果教师心灵缺失的问题被忽视，改革力度再大、外在投入再多，都不可能从根本上解决问题。帕尔默教授在解释他为何如此关注教师心灵时这样说道：

当许多教师还处于为生存而挣扎的时期，我对教师内心领域的关注似乎过于执着，甚至不合时宜。有时人家问我，给教师提供一些日常教学中能够用到、从而能在教室里生存下去的点子、窍门、技能不是来得更实际吗？……跟我共事的教师无数，他们中的许多人都证实了我个人的经验：方法固然重要，然而，无论我们做什么，最能获得实践效果的东西是，在操作中去洞悉我们内心发生的事。越熟悉我们的内心领域，我们的教学就越稳健，我们的生活就越踏实。

这段话讲得很实在，我亦感同身受。我在想，如果说连身处美国的帕尔默教授都觉得关注教师心灵有些不合时宜，那么，在我们这样一个功利性弥漫的国度里，探讨这样的话题则更是不合时宜甚至有些荒唐可笑。但是，我对《教学勇气》中提出的核心观点深信不疑，那就是——“真正好的教学不能降低到技术层面，真正好的教学来自于教师的自身认同与自身完整。”“教师的内心不是良心的呼唤，而是自身认同和自身完整的呐喊。”所谓“自身认同”和“自身完整”，我个人的理解是这样的：作为一名教师，我们必须认识自我、相信自我、守护自我、完善自我，而这恰恰是我认为当今中国教师最为缺失的品格。因此，我也愿冒受人耻笑的风险，呼唤各方面都来关注教师心灵，鼓励教师自身都来寻找心灵导师。

为何要关注教师心灵，为何要寻找心灵导师？书中对此有许多论述。让我们先一起来分享一下书中关于这个问题的精彩语录：

真的，当今教育中，处处感受到这种痛苦：当我们把某种认定的方法技术捧上天的时候，就使得采用不同教法的老师感到被贬低，被迫屈从于不属于他们自己的标准。我们必须寻求一种尊重教师和学科多样性的教学理念。

有时候，我们必须为了钱而非为了工作的意义而工作，我们可能根本没有因为工作不能使我们感到愉悦而辞职的理由。但是，我们不断以那种践踏我们灵魂的方式工作，而对他人和自己造成损害，却无法从中解放出来。

我们中的很多人，是出于心灵的原因，再加上热衷于某些学科，乐于帮助人们学习等愿望的激励而成为教师的。但年复一年，随着教学生涯的延续，我们中的很多人失去了这种心灵的力量。我们怎样才能在教学中把我们的心灵找回，像优秀教师那样，将真心献给学生？

毫不奇怪，教学牵动着教师的心，打开了教师的心，甚至伤了教师的心——越热爱教学的老师，可能就越伤心！教学的勇气就在于有勇气保持心灵的开放，即使力不从心仍然能够坚持。

在以教学技术为中心的文化中，我们常把威信与权威混淆。但两者并不等同。权威是外部赋予的，而威信是发自内心的。如果我们在内心之外寻找威信，以为可以在以下资源中，从微妙的团体管理技巧到不那么微妙的等级控制方法，找到建立威信的答案，那就错了。这种教学观把教师当作警察在岗执行任务——通过准许制，保证一切正常运行。但是很多时候不得不依靠法律的强制力量。

外部强制力量的工具偶尔可以在教学中发挥作用，但是并不能取代威信。权威、威信是来自教师的内在生命。从威信这个词本身的词义来看，原创是其核心内涵。权威、威信赋予那些被认为是原创自己的语言、自己的行动和自己的生活的原创者，而不是照本宣科地扮演远远疏离于他们自己心灵的角色。一旦教师靠法律或技术的强制力量过活，他们就无权威、威信可言了。

当我唤回了我的自身认同和自身完整时，当我牢记我的自我个性和我的天职意识时，威信就树立起来了。这时教学就能够发自我自己真实的内心深处——这是一种有机会在学生们的内心获得默契的回应、共鸣的真实。

好的教学来自自身认同而不是教学技术，但是如果允许我的自身认同指引我完成一个完整的技巧，那么技巧能够帮助我更充分地表达我的自身认同。

好的教学有很多形式，好的老师教给我们的知识会淡忘，但对好的老师本身却会长久铭记。

心灵导师的力量不一定在于提供给我们好的教学模式，因为教学模式回答不了我们当教师的到底是谁这个问题。心灵导师的力量在于他们能唤醒我们内心的真谛，这是多年后通过回忆其当初对我们生活的影响，可以重新点燃的真谛。如果我们与一位伟大导师的相遇，使我们在内心发现了教师的真心，那么回忆当初相遇的情景可能有助于我们重新建立起教学的信心。

朋友之间的对话有它本身的回报：在朋友面前，我们感到放松、安心、平和、快乐，我们能够彼此信任。我们要关照教师内心，使其不会僵化，对深层的自我待之如友，培养一种自身认同和自身完整的意识，使我们无论在哪里都能感到回归了灵魂家园。

这本书的译者吴国珍教授在“译者后记”里对该书的观点以及它对中国教育的启示，也作了深刻而全面的提炼。她认为：

作者提出真正好的教学不能降低到技术层面，真正好的教学来自于教师的自身认同与自身完整。这引起了我内心的强烈共鸣：是啊，教育是最复杂的人的心灵与心灵之间的交流，如果教师专业交流仅仅停留在技术交流层面，仅仅是把自己精心准备的精彩一面作演示，仅仅是提倡以同仁灿烂的瞬间为榜样，甚至在制度上激励把丰富而复杂多变的心灵简化为教学的榜样行为作为教师专业交流的主要内涵，那么，我们永远只是在培养

"经师"而不是在培养"人师"。

任何欠缺"人师"养成根基的"经师"都是残缺不全的，极端地推崇"经师"而隐性地压抑"人师"的激励机制后面潜伏着一种深刻的危机：任何制度或文化，如果不提倡教师发挥他自身独特的优势，不鼓励教师以一种自身认同和自身完整的本真状态与学生的生命深层互动，永远只是在努力拔高使之向外在标准靠拢，那就很可能压抑教师独特的创造潜力，枯竭教师作为优秀教学之根本来源的心灵世界，相应地会导致学生更多地生吞活剥成套的知识概念，却欠缺了心灵的滋养和生命的启迪。

这种深刻危机警示我们，教育迫切需要找回教师的真正真我，学生迫切地需要沐浴教师心灵之诚信与完整，教师更需要透过学生的生命强健而完满自我，重振敞开心灵的教学勇气，在教学的苦乐成败中吸纳成长的源泉，把教师的自我、所教学科和学生编制成复杂的联系网。《教学勇气》恰好是引领这神圣的心灵之旅，帮助教师们找回真心真我的心灵导师。

《教学勇气》给我们的另一深刻启迪是，当教师把自己自身独特的优势整合于教学中，在与自我、学生、学科的密切联系中彰显生命本质时，就能够发挥出惊人的教育力量，甚至发挥出改变现实教育制度的力量。制度是由每一个人构成的，当我们在功利竞争环境下被外部标准所驱策时，我们不能够静等制度的改变，而应该依靠教师从自己的心灵内部和同行之间的开放交流中吸纳优秀教学的根本源泉，在引导学生、家长发挥心灵力量的联系网络中来推动制度的变革。正所谓"水能载舟，亦能覆舟"，任何疏离于教师心灵能量发挥的教育改革或课程改革都不可能成功，任何教育改革或课程改革要想成功，唯一的出路是创造条件让教师在联系性教学活动中彰显自身生命的本质。

为何要关注教师心灵，为何要寻找心灵导师？如果说帕尔默教授从理论的高度对其进行了深入阐释的话，那么《教学勇气》一书的姊妹篇《我的教学勇气》（山姆·英特拉托主编）则以数十位优秀教师的亲身经历与感受对其进行了鲜活的解读。这本书讲述的是美国教师的心灵故事，或真实有趣，或充满智慧，或深切感人。美国学者杰伊·卡斯本对这本书的评价是：此书是为化解美国当今教育危局而及时面世的力作。这本感人至深的故事选集向人们昭示：如果教学要超越学校改革热衷的"一刀切"做法，顶住由此带来的应接不暇的强大压力，就必须重视教师心灵的价值。

对于为何教师需要心灵更新这个问题，《我的教学勇气》中这样说道："教学是一项神圣的天职，是一种需要让头脑、心灵和精神不断得到更新的职业。教师之所以从事教学，是因为有一种要帮助他人学习的激情；他们之所以投身教育，是因为有一种不计较个人得失的奉献精神，有一种想培养后代来改变世界的使命感。优秀教师不但留意且总是寻找各种方法与学生保持联系，他们不会关闭自己的心灵之门。”书中还说：“最让我们困惑与难受的是什么？我们想做别人的样子，想达到别人的那种境界，却怎么也做不好，怎么也达不到。”

是的，我们要学会信任、肯定和珍视自己，要相信内在的自我，要听从内心的召唤，我非别人，别人也非我。如果我们总是试图披上某人不合身的外衣，就自以为是某人，但照镜一看，镜中人既不是某人又不是我自己，那会感觉很糟糕。否认自己就是将我们自己及我们身边的人（包括我们的学生）推向失败。当我们对自己产生怀疑时，我们不妨静静地坐着倾听自己内心的诉说，不要让别人眼中的“好”标准来左右自己，不要在意别人说自己怎么样，因为我们不可能克隆别人，我们就是自己。只有这样，我们才可能与学生心意相通，使我们成为天生的、真正的教师。让我们心安理得地投入到体现自我本色的教学中去吧！

二

一个月前，王征老师在我的QQ空间留言说：

马上就要开学了，以往这一段时间是我感觉最惆怅和最烦躁的时间，因为开学意味着马上要面对充满叛逆思维的初中学生和烦琐且无限重复的团委工作，这些都让我感觉到很烦恼（自己归纳为假期综合征）。但是在这个暑假里我每天坚持在郭老师的空间里浏览美文、吸收养分，特别是看了郭老师推荐的电影《热血教师》和美文《汤普森夫人》、《青涩岁月里的蝴蝶胸针》，日志《没有第二次机会给学生留下第一印象》、《总有一件事情能够让学生记住》等非常优秀而且非常实用的作品以后，我竟然心里有一种盼望开学的念头，渴望在实际教学中带着这份冲动去尝试改变自己以往的工作态度和工作方式。说句心里话，我最担心的就是这次省骨干教师培训当中收获的激情与冲动会在自己回到工作岗位后被慢慢地消磨殆尽，但是现在我在郭老师您的空间里找到了航向，只要每天坚持在您的空间里偷偷吸收养分，这份冲动就会充满电量，再次感谢我们可爱的、亦师亦友的郭老师！

王老师的这段留言就像及时雨，给了我动力和勇气，因为当时我正在思考“关注教师心灵、寻找心灵导师”这个问题。王老师的这番感受清晰无误地告诉我：精神的力量往往要比技术的力量更强大，当下我们最迫切需要的不是教学技术而是职业精神。为此，我给王老师留言说，我想写一篇有关寻找心灵导师的文章，但由于此后杂事缠身，一直没能动笔。

我们每个人的教学都可能会出现问题，出现问题的根源其实并不是技术的失败——尽管此刻教学技术有可能帮助到我们，而是自我怀疑感、自我否定感，甚至是自我毁灭感在作祟，是我们的心灵无所依托进而迷失了方向，是我们缺少激情与正能量的注入。为何现在出现频率最高的词是“正能量”，那是因为我们最缺的就是正能量，而不是教学理念、模式、方法等（这样一些词汇只在无聊的论文和讲座里出现的频率最高）。教学技术层面的东西其实我们并不缺，当然，如果一定要使用同一个教学技术标准，那么我们永远都缺，因为那个标准是国家统一制定的，是人为制定的，是连制定者自己也不可能达到的标准。

有时候我们感觉遇上调皮捣蛋的学生我们没办法，遇上我们不擅长的教学内容我们没办法，所以，我们就想求助于高人，向专家讨教，向名师看齐，以为他们是救世主，其实那是一种误解。遇到教学问题的根本原因还是我们没有真正认识自己，而只知道别人。为此，我们必须找到与自己个性与素养相契合的教学方式，好教师之所以有魅力，关键就是他在他的教学方式和他自身之间找到了一致性。一味模仿别人，此路行不通。而要找到与自己个性与素养契合的教学方式，首先就必须真正认识自己。正如《我的教学魅力》一书中所说的：“我们更多地了解了自我独特性，我们就能学到展示而非掩饰自我个性的技巧，优秀教学则从中产生。我们不需要像专业主义文化鼓励我们去做的那样，用教学技巧来掩盖我们主观本来的面目。相反，我们可以利用教学技巧使自我天资更好地表现出来，从中产生最优秀的教学。”当然，如何更好地将自己表现出来，这需要明确目标把握方向，不要误入歧途。对此，汤普金斯在《沮丧者教育学》中指出，作为一个教师，她的困扰在于没能帮助学生学习他们想要了解和需要了解的东西，而是：“①向学生显示我有多聪明；②向他们显示我知识多渊博；③向他们显示我备课多认真。我就是在进行一场演出，其真实目标不是帮助学生学习，而是以此使他们对我有一个好的评价。”这段话可谓是入木三分、一针见血、心地坦荡，说得真绝！

通过最近几年与众多一线教师交流，我深深感受到：我们现在最缺的其实不是技能技巧与理念方法，而是工作激情与正能量，这是超越技术层面的东西，是真正支撑着我们开展教学工作的精神力量。为此，我们每个人都需要关注和聆听自己的心灵动向，为自己寻找一位心灵导师，他会让我们永远充满着激情，传递着正能量。而音乐是一种心灵艺术，音乐教育更需要心灵交流，音乐教师更需要有心灵导师陪伴。

心灵导师，会让我们少一些功利，或许不能让我们获得多少奖励，但能够让我们的工作充满激情和更富有爱心；心灵导师，不一定让我们掌握多少知识技能与教学方法，但能够让我们更懂得如何与学生交往，师生之间如何进行心灵上的沟通；心灵导师，不会误导你去以谁为榜样，而是引导你去做好你自己，做一个与众不同的自己；心灵导师，不会诱导你去与别人攀比一些虚荣的东西，而是鼓励你自己不断积聚正能量与激情，让自己的内心越来越强大；心灵导师，不会让你把精力全部投入无生命的技术层面上，而是让你更多地关注自己的内心体验和心灵的召唤。

心灵导师可能是任何他人，也可能就是自己；可能是现实中的榜样，也可能是我们自己的构想；可能是美丽的“丑小鸭”，也可能是漂亮的尤金妮娅；可能是乡村教师，也可能是大学教授。你不一定要认识他，或与他见过面，或向他拜过师，心里有他就好。他是否能够给你力量与激情，能够把你引向正确的轨道，能够在你困惑与痛苦的时候为你排忧解难分担痛苦，能够在你成功的时候让你第一个想到要与他分享，这完全取决于你是否真的需要他、信赖他。

心灵导师不见得一定就是教学名师、知名专家，有可能恰恰相反。因为教学名师、知名专家们的教学模式、理念、学术地位、知名度等一些闪闪发光的东西往往可能成了你追逐的目标，而忽视了你心灵最需要的那份宁静和自重。像《青涩岁月里的蝴蝶胸针》中的尤金妮娅、像《丑小鸭》里的丑小雅和刘老师，他们就是我这位高校教师的心灵导师。我们无法去模仿他们的所作所为，但他们的影响无时无刻不在发生，因为他们对我们的影响不是技术层面的，而是精神层面的，是震撼心灵的。

教师心灵无关政绩，带不来功利，没有运作市场，国家可能无暇关注，教研可能无从关注，领导可能不屑关注，他人可能不愿关注，就让我们自己关注自己、找回自己、做回自己。祝愿我们都能寻找到属于自己的心灵导师，以便当我们需要抚慰和补充能量的时候，他能够随时随地地给我们的心灵以慰藉、勇气和不竭的动力。

魅力彰显与享受教学

此前，我在 QQ 空间转载了一篇题为“彰显教师魅力的十个‘一点’”的小文章和大家分享。文章归纳的十个“一点”具体为：衣着美一点、精神振一点、微笑甜一点、说话实一点、观察细一点、思考勤一点、方法巧一点、情绪稳一点、表扬多一点、批评少一点。这十点看上去似乎有些太过直白，但教育其实就是这么简单，真正做好了这十点，教师就魅力无限。

我们彰显教师魅力，目的是吸引学生，讨他们欢心，进而获得理想的教育效果，最终促进学生健康快乐成长。但仅此而已吗？其实不然，教师是人不是神，教师本不是蜡烛也不要做蜡烛，我们也并不是在舍己育人，彰显教师魅力所获得的一定是师生双赢的完美结果。因为，当我们在彰显着自身魅力的同时，实际上也在享受着教学的魅力，而且彰显魅力多一点，享受教学也多一点。

那么，在彰显教师魅力的同时我们又是如何享受教学的呢？这里我根据那篇文章的十个“一点”来简单谈谈自己的理解。

一、享受美的衣着

爱美之心，人皆有之，没有一个人不想通过美的衣着把自己打扮得漂漂亮亮。可这份美丽只是为了让自己感到身心愉悦，还是期待得到他人的赞赏呢？答案不言自明。而且，身心愉悦之感很大程度上并非直接来自美的衣着本身，而是源自于他人的欣赏和赞许。

说白一点，衣服是穿给别人看的，那么穿给谁看才更能体现出价值？我们穿着漂亮的衣服走在大街上，的确能够博得众人的关注，但那不过是过眼云烟而已，穿得再好也不被别人认识，回头率再高也不会有人来找你。所以，归根结底，美的衣着最终还是为我们所在乎、和我们朝夕相处的身边人准备的。对于教师而言，最为在乎的朝夕相处之人主要就是学生，正因为有如此众多的孩子，有一辈子都可能记住我们的学生，我们那美的衣着才显得有意义，我们才有机会享受着美的衣着带来的那份舒适、愉悦和满足。如果哪一天我们不再走进课堂，那些漂亮的衣服就有可能会被束之高阁。所以，让我们每天都穿着最漂亮的衣服走进课堂，去享受来自学生的欣喜和惊羡的目光吧！

二、享受爱的激情

想象一下，当我们机械地在工厂生产线上操作时，当我们默默地在农家田地里劳作时，当我们专注地在马路上驾车时，我们是否会有精神亢奋、激情四溢的感觉？只怕很难，因为，不管是机械零件，还是黄土泥巴，或是刹车油门，他们都是无生命的物体，他们没有与人交往交心的能力，不可能让我们精神亢奋、激情四溢。

而教学从本质上讲是一种人与人的心灵交往活动，活动双方即师生之间相互作用又相互影响，教师可以让学生精神亢奋，学生也可以让教师充满激情。这份精神与激情，源自师生之间的相互爱戴与尊重。当下社会，人都变得很理性老成，感性能力严重退化，生活中急需注入爱的激情。然而，上下级之间、同事之间、陌生人之间、邻里之间，大都是戒备多于信赖，嫉恨多于友爱。唯有在师生之间，依然还保存着一份人类情感的纯洁。正是这份纯洁的情感，才有可能让我们的生活充满激情，让我们的精神保持亢奋。

三、享受甜的微笑

在物欲横流的当代，微笑这一人类的本能，已经慢慢成了我们的奢侈品。可不是吗？对陌生人微笑，让人警觉；对身边人微笑，会让人联想。于是乎，在日常生活和工作当中，人们大多都是板着脸孔、目光空洞，因为，只有这样的表情安全系数最高。

然而，作为教师，我们有幸依然保存和享受着甜美的微笑，相比于其他行业的人们，我们的面部肌肉无疑最鲜活生动，因为与我们朝夕相处的是一群天真可爱的孩童。在校园里，他们见到我们说声“老师好”，我们不可能不微笑；在课堂上，他们乖巧聪灵又有点顽皮，我们不可能不微笑；毕业后，他们无论在何时何地总记得带给我们温暖的问候，我们不可能不微笑。我们应该好好地感谢学生，是他们让我们有机会能够会心地微笑，让微笑不再是我们的奢侈品。生命中充满着微笑，每天都能享受着微笑，真好！

四、享受真的话语

讲真话，讲实话，讲心里话，在这个社会也是另一种奢侈。对上级，我们不敢讲真话，怕得罪领导；对同事，我们不便讲真话，怕遭人误解；对朋友，我们不愿讲真话，怕影响感情。于是，我们更多的是尽量少讲话，有时候还不得不违心地讲假话。“实话实说”的真情表达已经离我们的生活越来越远，对它的记忆更多的是一档电视节目。

很幸运，我们在学生面前可以讲真话，而且必须讲真话、讲实话。一方面，在学生面前讲真话，我们不必担心遭到打击报复，也不必担心被学生误解而影响彼此感情。因为他们能够理解和感受到，老师的真话是他们成长路上的路标和灯塔。另一方面，学生也期待老师讲实话，不浮夸，不故作高深，“他们喜欢老师的话简单、诚恳、真实、平和，而又深入浅出。”也正是因为学生喜欢老师讲真话、说实话，所以我们才能够没有顾虑地表扬和批评学生，表扬不怕被指为拍马屁，批评也不怕遭报复打击。能够在学生面前讲真话、说实话，在当下社会难道不又是一种好享受？

五、享受其他

“观察细一点”，能够让我们在用心观察学生表现和投入教学的过程中，既能享受学生点滴成长带给我们的成就感，又能享受自己体察和处理人事细节所带来的愉悦体验。

“思考勤一点”，能够让我们在给学生“传道、授业、解惑”的同时，既能享受与学生一道成长的乐趣，又能享受脑子永不生锈、思维永不停息、观念永不滞后的教师福利。

“方法巧一点”，能够让我们在因材施教的日常教学之中，既能享受自身的创造性得以充分体现的满足感，又能享受心灵手巧、知性睿智、勇于创新等来自师生的啧啧称赞。

“情绪稳一点”，能够让我们在师生交往过程中，既能享受保持好心境、控制坏情绪所带给我们的平和心态，还能享受这种稳定情绪为我们的日常与家庭生活所营造的愉悦氛围。

“表扬多一点”，自然就会“批评少一点”，它能够让我们在构建良好的师生人际关系中，既能享受学生在得到表扬之后的那份谢意以及在得到原谅之后的那份感激，也能享受自己在赞扬他人之后的那份快意。

以上是我根据“彰显教师魅力”一文对“教师享受教学”的简单解析。虽然我们不能说教学是一个先让教师享受后让学生受益的过程，但我们可以说它是一个既让学生受益同时也让教师享受的过程，或至少可以说它是一个先让学生受益后让教师享受的过程。很难想象没有不享受的教学，更难想象，一个连自己都不会享受的教师能够真正让学生享受他的教学并从中受益。我们彰显的教师魅力多一点，我们享受教学也就多一点，学生从中受益就会多很多。

一个不会享受教学的教师是很难真正热爱教学、钻研教学、投入教学的，因而我们不妨这样说——不会享受教学的教师不是好教师。在师生交往的过程中，教学享受无处不在，就让我们大胆地去追求、尽情地去体会。

师者的品格

最近我对教育问题有一些小感悟，所以，也想着要写一写“教育真谛”、“教育美感”、“教育境界”之类的小文章，并且也在积极践行着自己对教育的理解。看了这篇题为“教育之美在于其没有了教育的痕迹”的文章之后，我觉得没有必要再写了，因为它已经把我想写的东西基本上都表达出来了。这篇文章我喜欢，它没有一句看不懂的所谓“先进教育理念”，却清清楚楚地表达出了深刻的教育道理，有的甚至还是至理名言，并且还附有鲜活的小案例予以佐证，令人信服，给人启迪。

我们现在的教育，表面上看在追求高深雅致，实际上却流于肤浅庸俗，往往是把滋养学生心灵的使命托付给了教学技术，把构建和谐师生关系的重担寄希望于人为设计。一堂堂精湛无比、无懈可击的优质课，一节节众人膜拜、堪称经典的获奖课，令人趋之若鹜，赞不绝口。可回头冷静想想，这些课又有多少是具有人格感染、心灵碰撞、理解倾听、真诚激励、润物无声等教育之优美崇高品格的？

教育不是发明创造，不必一味追求先进新奇，当下最需要的还是回归教育本真，多点自然朴实。教育好不好，有效不有效，关键还是看教师，看教师自己做得怎么样，看教师自身是一个怎样的人。一个好教师培养出的不一定都是好学生，但一个坏教师一定培养不出好学生。对于教师来说，秉承何种教育理念、采用何种教学方法都是次要的，最为重要的还是自己是否具有作为一个师者的基本品格。

我之所以喜欢这篇文章，就是因为它用通俗易懂的语言和朴实无华的风格，把教育方法提升到了“无为”的境界，把师者品格还原成为育人的源泉——垂范、倾听、激励、宽容……它就是一面镜子，可时常照照自己是不是一个教师形象；它也是一把尺子，可时常量量自己离优秀教师究竟还差多少。

附：《教育之美在于其没有了教育的痕迹》（作者：胡明俊）

记得某位教育家有一句名言，大概意思是说，当学生意识到您的教育意图时，教育将失去作用。的确，教育之美在于其没有了教育的痕迹，在于其留给人们的自然流畅之感，即在师生的人格感染中、心灵碰撞中、理解倾听中、真诚激励中……润物无声地完成了教育的使命。“无为”教育有种种方法，归列为以下：

1. 垂范

教育者的示范是无言的身教。古人云："其身正，不令而行"，讲的就是垂范的作用。青少年善于模仿，教育者的行为成为楷模，自然会产生巨大的教育力量，是"润物细无声"的潜移默化的影响。身教是"不教而教"的首要方法，身教好，教育的任务就完成了一半。

学校新教学楼的垃圾道堵了，总务处在道口旁贴了张封条——"禁止倾倒"。在此后的两个月里，学生们大扫除后都要穿过操场，将垃圾倒在老楼的垃圾道里。

校长手术后上班了，他发现封条后便抄起铁棍通垃圾道。一位看到的老师告诉他："总务处已贴了告示。"校长说："你家的下水道堵了，是不是也贴上封条不用了？"教师无言以对。"要把在学校的生活也当成自己的日子一样过啊！"校长的这句话深深印在这位教师的心上。后来她也当了校长，时时处处记着要"以校为家"。

2. 倾听

教育者虚心、认真听取教育对象的倾诉，促使对方在宣泄中实现自我的心理调节。当人产生心理冲突时，自然的需求就是要找人诉说。教育者要善听，即对教育对象的任何想法（当然不一定正确）要听得进去，表示理解，在倾听中因势利导，让教育对象自己得出正确结论。心理学家认为，认真地倾听就完成了心理咨询任务的一半。

记得一个当医生的朋友曾经说过这样一件事情：他有一个病人被诊断为绝症。这个病人常常在拿药的时候到他那儿坐坐。我的这个医生朋友出于职业的习惯便常和他聊聊，或者就那么静静地听着。一次，那个病人说了很多他的过去、现在、幸福、心酸，他生病后的种种心境和牵挂。朋友听了许久。病人说完以后如释重负，轻松多了。后来，听说那位病人去世前的情绪一直很平稳，配合治疗也比过去积极多了，并且被医生判定为只有三个月的生命竟然延长了近一年。朋友对我说，他很欣慰那天没有对那位病人进行长篇大论的劝慰与建议，而只是静静地倾听了他的诉说。他颇有心得地说："我不知道这是不是我所起的作用，可我却从这件事中知道了开方、看病医治的只能是躯体，而倾听却能使一个人的精神得到寄托。"

3. 激励

教育者通过语言或文字等多种手段，含蓄地、寓意深长地触动教育对象的心灵，调动他们的积极性、创造性，开发潜能。激励源于尊重和信任。出乎意料的处理，往往能促使教育对象产生心灵震撼。

一位小学校长对童年一次考试分数的难忘记忆：

由于中途转学，我的功课落下了不少。一次数学考试后发卷子，我提心吊胆地接过来一看，非常意外，老师没有打分，只写了两个字：“哎呀!”那一刻，我领会了老师的心意，老师不相信我会这样，老师在给我机会，老师在期待着我，老师在用这样一个善意玩笑似的方式等待着我的努力。我决心把落下的功课补上。果然，又一次考试时我得了满分。

许多年过去了，我又经历了无数次考试，见到过成百上千张试卷，但只有那份没有分数、写着“哎呀!”的试卷，成了我心中永远的珍藏。

4. 体验

通过创设情境，引导教育对象在亲身经历中实现情感体验，获得真实的感悟，认识事物的本质和规律。没有体验，就没有完成教育过程。体验成功是培植自信的有效途径。在体验中获得了“我行!”自信意识的增强。

一位母亲让她五年级的女儿买10张《北京晚报》，再按原价卖出去。半个小时过去了，孩子张不开嘴。经过思想斗争，她战胜了胆怯，开始大声吆喝，终于把报纸卖出去了。

在闹市区卖报，这是一种情境活动。孩子得到了磨炼，体验了成功，得到了单靠说教不可能有的思想收获。

5. 对比

使教育对象在事件或情感对比中，找到差距，心灵受到震撼而警醒、觉悟。没有比较就没有认识，没有比较就没有教育。反差越大，给人的印象越深。在反差中，人们发现道德境界的高低，自然会产生羞愧、自责，从而获得认识的飞跃、精神的升华。

有这样一个故事：古代某武士一心想成为世上第一射手，他遍访名师，刻苦训练，终于达到了百发百中的境地，武士自喜。一日，在深山偶遇一高僧，高僧明其箭术，遥指空中的两只飞鹰，武士心领神会，一箭射落了其中的一只，而高僧却说：“取鹰何用弓箭，高手当‘不射而射’。”言罢，高僧抬手一指，虚点向空中的一只飞鹰，只见那鹰如受重创，径直落至高僧的脚下。武士大为震惊，叹道：“这才是射艺的最高境界啊!”

6. 迂回

对教育对象的问题，不采取就事论事的直接说教，而是通过心理暗示、启发、联想等手段，使其认识事物的规律、领悟生活的真谛。为了前进而后退，为了走直道而走弯道，这往往是获得成功的策略。

一位中学生是生物爱好者，搜集了众多的标本。他妈妈是教师。一天，妈妈发现儿子的情绪不高，但没有直接询问，而是对儿子说：“妈妈今天比较累，想去逛公园。你陪妈妈一起去好吗?”儿子答应了。逛公园时，面对各式各样的植物，妈妈不断发问，儿子滔滔不绝地解答，显示了其丰富的知识。

这位妈妈发现，晚上儿子做作业时情绪特别好。

7. 空白

摒弃包办代替，给教育对象留有创造的空间和时间，调动其主动性。为了取得教育的实效，往往需要等待，“耐心是伟大的老师”。

杨振宁在西南联大读研究生时，他的导师是王竹溪先生。一天，王先生要他写一篇论文《固体中有序与无序的问题》，并要他去看一本书。杨振宁看不懂这本书，便去向王先生请教。王先生一个字也不讲，却又要他看第二本书。杨振宁第二本也看不懂，又去向王先生请教。王先生还是不讲，又推荐第三本书给他看，并要求他看完第三本书后，再回过头来看第二本和第一本，并说出对第一本书的见解。杨振宁反复读了第三本书后，再读第二本和第一本，果然写出了优秀的论文。

8. 宽容

对教育对象产生错误、过失的原因，给予充分的理解，使其在意想不到的宽厚态度、宽松环境中自省。“出奇制胜”的兵法运用在教育领域是教育方法的极致。教育者的宽容使教育对象“无地自容”，这是真正的教育诗篇。

一位学生的个人愿望没有得到满足，向教师说了一通尖酸刻薄的话。这位教师没作任何解释，只是给她写了一首小诗：

土地宽容了种子，拥有了收获；
大海宽容了江河，拥有了浩瀚；
天空宽容了云霞，拥有了神采；
人生宽容了遗憾，拥有了未来。

学生收到后，沉思良久，突然笑了。她觉得生活真美好，自己很幼稚。

总有一件事情能够让学生记住

有两个小故事我很想和大家分享，故事的两位主人公都是普通的老师，故事本身也不是什么惊天动地的大事，但它们给我的感觉都是那么温暖动情，令人回味，难以忘怀。

第一个故事我是在书上读到的，发生在国外。有一位年轻教师正在为管理一个混乱的班级努力着，她感觉自己没有和任何一个学生建立起感情，而且学生缺乏组织纪律性，缺少学习的动力和兴趣。她本可以选择很多的常规方式去解决问题，然而她选择了下面这样一个特别的办法：一天，她让每个学生在纸条的最上方写下自己的名字，在接下来的几天里，纸条在全班传递。拿到纸条的同学要写下一句对这个同学的赞美之辞，然后再将纸条继续传递给下一名同学。几天后，每个同学都获得了两种全新的、美好的体验：首先，每个人都对同伴作出了积极的评价；同样重要的是，班上的每个学生都自豪地拥有了一张写满他人鼓励和建议的纸条。当然，在纸条的最下方还写着老师本人对学生的评价。

多年以后，这位老师参加了班上一位学生的葬礼。在陈列死者遗物的地方，在众多的私人和家庭遗物中，人们竟然发现了那张多年前在课堂活动中留下的皱皱巴巴的小纸条。纸条被小心翼翼地镶在了框里，上面写满了他人的鼓励和赞美。那天晚上，老师还遇到了班上的其他几个学生，他们个个都记得那次课堂活动，有一位学生还把纸条夹在了钱包里，这么多年一直随身携带。起初，这位年轻教师只是想发现孩子的优点以便解决班级的问题，而最终，她却通过这次活动建立起了良好的师生关系，增强了学生的自信心，并影响了他们一辈子。

第二个故事就发生在我们身边，是一位音乐教师朋友写给我的。一般情况下，音乐教师每年教的班级少则十几个，多则二十多个，要同时记住数百名学生的名字谈何容易？于是这位老师发明了这样一个教学小创意：每个班的第一节课，他给每人发一张小纸片，请学生写上名字、自我简介以及对老师的要求等内容，然后他用旧挂历纸将它们贴成一个“超级座位表”，这样，上课时老师对学生的情况就一目了然了。一天，一位毕业多年的学生来看老师，无意中看到他们班早年的“座位表”，既惊讶又惊喜，左看右看爱不释手，临别时，已经走出教室的他转身问老师：“李老师，能不能将‘座位表’送给我？”老师笑着说：“拿去吧，不过要在二十年后你们同学相聚时才能拿出来哟，这可是我的宝贝。”从那以后，每年学生毕业时，老师都会将“超级座位表”送给每个班在音乐课堂上表现突出的同学。2008年的一天，李老师在学校百度贴吧里看到一个写他的帖子，帖子上如此记录了他的这件“宝贝”：

你有一件独特的宝贝，而且你会强调说这是一件在你眼里最珍贵的宝贝。你并没有事先告诉我们，而是每人发一张小纸条，于是我们在上面涂写着姓名、特长爱好和对你的要求。我记得我提笔流畅地在上面抒写着个人要求：希望你能成为我和艺术殿堂间的登天梯，帮助我攀爬进音乐的世界，感受这一方净土的纯净与魅力。时光就停留在高一的我稚气的笔尖上，吟唱着一个女孩对未知的美好憧憬与祈愿。你把纸条一张张贴在一本大册子集里，眼神里突然注入了一份情感，那是对宝贝的一丝爱怜，那是对学生的一份憧憬，这份爱在我眼里也已成为你最美的微笑。这些宝贝凝聚成了一颗颗对美好向往的心，组成了一个个年少青春的逆年美梦。这是你最独特的花名册、最独特的座位表、最最独特的宝贝，更成了我们这段“恰同学少年”时光的沉淀与印记。你仔细掂量着你一届又一届的宝贝，直到有一天“桃李满天下”。那是做老师最高兴的事，那时你的嘴角是否已经学会僵硬地上扬？……

这两个故事，虽然发生在不同的国度和不同的学科，但却有着异曲同工之妙：运用着一张张小小的纸条，传递着一份份浓浓的爱意。教师职业的确是一个既平凡又神圣的职业，说平凡是它注定不可能干出惊天动地的事情来，而教育的效果往往又要在若干年之后才能得以显现；说神圣是它对学生的影响是那么至深至远，往往教师的一个小创意就能够影响学生一辈子。其实，学生能否有出息，那是各个学科的教师乃至整个校园文化整体影响的结果。作为一名音乐教师，能够做好我们分内的工作，有那么一个微笑、一句话、一张纸条、一件事、一首歌曲、一堂课在多年以后能够被学生记住或回忆起来，那就是我们的贡献，当然也是我们的荣幸，自然我们也就成了学生成长路上的“重要他人”。

如果有一件事情能够让学生记住，有一些东西能够被学生珍藏，做老师就值了，当然，这也是作为一名老师应该做到的。从某种意义上讲，上面这两个故事中不管是“传递小纸条”还是“编制座位表”，我觉得都比传授给学生知识更重要，对学生的影响更深远。传授知识不易，传递爱心更难，因为这不仅需要老师的知识储备，更需要老师对学生的那份出于职业本能和发自内心的爱，这两个教学小故事中的主人公毫无疑问就是具有那份真爱的好老师。

总有一件事情能够让学生记住，总有一些东西能够被学生珍藏——这应该成为每一个教师努力的方向，当然也是作为一名教师最值得荣耀的地方。

最美丽的丑小鸭

一、丑小鸭

她长得眉清目秀，很讨人怜爱，可偏偏姓丑，一个很少见的姓。爸爸有点小文化，特意给她取了个好听的名字叫小雅，乡里的大人和小伙伴们也都习惯不带姓地只叫其名。但自从上学之后，这个名字给小雅带来了无尽的困扰，因为丑小雅不知不觉就被同学叫成了“丑小鸭”。

小雅自小有点儿口吃，并不算厉害。不过每逢课堂上老师叫她回答问题或朗读课文，口吃的毛病就会因紧张而变得很严重，于是“丑小鸭”又演变成了“丑结巴”，小雅也因此成了班上被同学奚落取笑的头号对象。就这样，在一二年级，小雅的学习成绩虽然还过得去，但性格越来越内向孤僻，在学校里甚至都不跟其他同学交往。

小雅读三年级时，学校新调来一位教语文的刘老师，她接任小雅这个班的班主任。刘老师最初还以为小雅是个哑巴，因为从来不见她说话，后来了解到小雅的真实状况，十分担心：若再这样下去，这可怜的孩子就会被毁掉的，怎么办？

一天放学后，刘老师带小雅到自己的房间，准备和小雅好好聊聊。刘老师的房间很简陋，但一台十二寸的黑白电视机引起了小雅的好奇，显然她从来就没有见过这玩意儿。刘老师问小雅是不是想看电视，小雅紧张而胆怯地点点头。打开电视，看到电视里面在唱歌，小雅的眼睛立马发光，紧绷的表情顿时绽开了花，还下意识地似乎在用小脑袋轻点着节奏。刘老师真不忍心打断小雅的那份享受，因为这还是她头一回见到小雅这样放松和快乐的神情，就让她快乐个够吧。

刘老师问：“你喜欢听歌吗？”小雅使劲地点头。“那你想唱歌吗？”小雅用充满渴望的眼神看着刘老师，怯怯地说：“我、我想……”一紧张又口吃，刘老师赶紧打断了小雅的话，一把将小雅搂在怀里，抚摸着她的头说：“小雅，刘老师教你唱歌好不好？”此刻的小雅，甚至连一个字都憋不出来了，她低头抽泣着。

中师毕业之后，刘老师再没有唱过歌，因为她对唱歌有心理障碍。她的初恋男友是中师的同学，被同学誉为音乐才子的他，就是因为女朋友刘老师唱歌跑调总被人奚落而离她远去的。但今天，刘老师为了小雅，必须首先跨过自身心理障碍这道坎。送走小雅之后，刘老师回到房间大哭了一场，她是在用眼泪彻底冲刷着那令人沮丧的记忆和伤疤。从那一天起，每天放学之后，小雅就来到刘老师房间，学唱歌，学朗诵。或许小雅就是一个天生的歌者，唱歌依然跑调的刘老师竟然调教出了一个音准和乐感极好的小歌手，并且得益于坚持练习朗诵，更因为刘老师的呵护和鼓励，小雅的口吃毛病也慢慢地被克服了。

这一切同学们都毫不知情，因为在课堂上小雅依旧不说话。刘老师感到时机已经成熟，决定在班上隆重推出全新的小雅。在语文课上，当刘老师破天荒地请小雅朗读课文的时候，全班同学都起哄大笑起来，但他们万万没有想到，小雅不仅站了起来，而且还大方地走到讲台前面，有表情地、流利地朗读了课文。课堂上顿时鸦雀无声，同学们好奇怎么“丑结巴”突然之间不结巴了？他们哪里知道，就在每天下午放学之后，刘老师是如何为小雅进行心理调适加油鼓劲，并反复演练过的；他们更不会知道，这一段时间刘老师为此付出了多少心血。小雅朗诵完毕，同学们都发呆了，直到刘老师带头鼓掌大家才回过神来，顿时教室里掌声一片。刘老师告诉同学们精彩的节目还在后面，示意大家安静下来。不用说也知道，接下来是小雅的“独唱音乐会”，在同学们的掌声和叫好声中，她一口气唱了三首歌，稚嫩甜美的歌声震惊了四座。此时，刘老师含着热泪对全班同学说：“你们看吧，我们的‘丑小鸭’将来一定会变成‘白天鹅’的！”

没错，10 年之后，“丑小鸭”真的变成了“白天鹅”。小雅的高考成绩不仅远超本省师范大学音乐学院的录取线，而且也达到了国内某名牌音乐学院的分数线，当时没有人知道为何小雅最终选择了师范大学。又过了 4 年，小雅以优异成绩本科毕业并获得保送研究生资格，学院一位知名教授看好她，希望小雅能够投到他的门下。然而，小雅委婉地拒绝了教授，毅然放弃了保研资格，回到了当年自己就读的乡镇中心小学任教。对于小雅的这一选择，包括教授在内的所有人都大为不解，也深感遗憾。就这样，小雅很快便淡出了老师和同学们的视线。

几年之后的某一天，教授收到了小雅的一封长信，上面这个丑小鸭的故事就是小雅在信中讲给教授听的。信中写道：

听了我的故事，相信您能够理解我当初那不可思议的选择了吧？我一直都敬重您的渊博学识和人格魅力，又何尝不想拜在您的门下继续深造？但一份感恩的心驱使着我义无反顾地回到我当初的小学，回到刘老师身边，因为如果我没有遇见刘老师，如果我没有喜欢上音乐，我很难想象我的童年又会怎样度过。

从小学毕业之后，我每年都会去看望刘老师。她一直没有成家，挺孤单的。她本有机会调到县城，但割舍不下那些舍不得她的孩子们，后来她做了校长，更是离不开了。缺少家人的关爱，工作又是那么投入和辛苦，刘老师病倒了，而且被确诊为癌症，那是在我大学的最后一个学期。一想到她身边没有儿女照顾，我的心就隐隐作痛，我想该是我回报她的时候了。刚好那年县教育局到学校来招聘老师，他们相中了我，并承诺可以让我在县城的任何一所学校任教。但我对他们只提出了一个条件，就是到刘老师的学校去工作，而且这件事决不能事先告诉刘老师。

报到那天，我“意外”地出现在刘老师面前。当她明白是怎么一回事的时候，她又一次紧紧地把我搂在怀里，眼泪吧嗒吧嗒地往下流，攥紧拳头使劲敲打着我的背，口中不住地念着：“孩子啊，你怎么这么傻呀？你是不是疯啦？”我尽量控制着自己激动的情绪，轻轻地安慰她说：“别哭别哭，从今天起，您不仅增添了一位新教师，您还多了一个女儿……”那一刻，我是那么清醒，既不傻也没疯，我感到我做了人生中最伟大、最英明的抉择。

我要感谢我的父母，他们对我的选择给予了理解和支持；我也要感谢教授，谢谢您当年对我的教诲和厚爱。我一直记得您说过的一句话，您说：“音乐是最充满人性和灵性的艺术精灵，不懂得感恩的人学不好音乐。”当初我选择读师范大学，就是想做一名音乐老师，感恩童年时期音乐给予我的恩赐；后来我放弃读研回家乡工作，同样还是为了感恩刘老师，因为她就是我的再生父母。

教授，我之所以这么晚才给您写这封信，是想等一切都有一个比较明确的结论之后。现在我可以很欣慰地告诉您，我当初的选择没有错，我现在一切都挺好的。刘老师的身体已经恢复得差不多了，我们相依为伴，情同母女；我的工作也取得了不错的成绩，就像当年的刘老师一样深受孩子们的爱戴。您知道，乡镇学校不可能配备专职的音乐老师，但我很知足能做一名优秀的农村兼职音乐老师，因为农村孩子真的太需要音乐的滋养，我要让更多的孩子像童年的我那样从音乐中获得自信与快乐，学会感恩与善良。

……

这封信，教授不知道读了几遍，反正足足看了一个小时，他不时地摘下眼镜擦去感动的泪花。他决定立即回信，告诉小雅她是他教过的最棒的学生，也是他见过的最美的“丑小鸭”。

二、教授的回信

教授是在晚上十点左右收到小雅来信的。他不停地擦拭着眼泪，一遍遍默读着小雅的来信，唏嘘不已，感慨万千。他要立即给小雅回信，告诉小雅她是他教过的最棒的学生，也是他见过的最美的“丑小鸭”。然而，当在键盘上快速敲入“小雅”二字之后，他突然停了下来：我这算什么呢？对一个被自己早已忘记的人，我有如此褒奖她的资格吗？

小雅毕业的那一年，正值教授最风光的时候。博导教授、教学名师等头衔接踵而至，报考他硕士博士的人排着长队。他上过小雅班上的课，对小雅在课堂上的发言以及提交的作业印象深刻，认定她是一个不可多得的做学问的好苗子，所以当他得知小雅获得保送研究生资格时，曾主动找小雅谈过，但当时的小雅面露难色，欲言又止，教授意识到实际上小雅回绝了他，这令他自尊心受到打击。小雅如此的“不识抬举”让教授的确有些不快，以至于后来小雅给他打电话时他只是哼哈地应付了一下，没有给小雅太多说话的机会，甚至在小雅离校时发给他的信息好像也没有回复。不过，教授还清楚地记得，小雅在信息里保证适当的时候一定会向教授解释清楚的，但教授不再想要听小雅的解释，他要忘了她。

很显然，小雅的来信不仅让教授又记起了她，而且还让教授为当年在她面前表现出的虚荣和失态深感愧疚。当初为何没想到去了解小雅那欲言又止背后的故事？为何把自己那份可怜的自尊看得比一个学生的未来还重？他在书房里来回踱步，心情无法平复。只见他走到书柜前停了下来，看到这些年让自己引以为傲的那些被人称为“海量”的科研成果，他摇了摇头，轻蔑自嘲地叹息一声，问自己：“我的哪一本书、哪一篇文章能够和小雅的故事相比？这些所谓的科研成果，除了让自己获得了学术地位，究竟又影响了几个人？”他突然觉得不想再多看一眼那些自以为是的“学术垃圾”，于是，眼光又不经意地移向了摆放在书柜中显眼位置的一张合影上，那是不久前他邀请导师来游玩时与老师、师母的合影，就在接到小雅的来信之前他还自我欣赏着这张足以表明自己尊敬师长的佳作呢。他轻轻地把照片从书柜里拿出来放到了书桌的抽屉里，因为小雅的故事让他明白了什么才是真正的敬爱老师，什么才是最伟大的师生之爱。

这些年教授多在外讲学，从音乐教学理念到教学内容方法可谓是轻车熟路，讲起来头头是道。他的讲课每每也能受到一线教师的欢迎，而他的那份成就感也随着讲学机会的增多而与日俱增，但就在这个晚上，教授似乎彻底地否定了自己。音乐教育的理想和真谛是什么？当前，我们一线音乐教师最缺的又是什么？一个对唱歌有心理障碍且跑调的语文老师能够用音乐让对未来近乎绝望的孩子获得新生，这又说明了什么？这些更应该值得探讨交流的话题自己在讲学时又有过多少的涉及？甚至自己对这些问题是否真正懂得？与此同时，在教研活动的功利性肆意膨胀的今天，教授也偶尔参与辅导一线老师设计公开课或参赛课，有时候为了抠一句师生对话、掐一个音符时值，为了琢磨评委的喜好特点甚至会吹毛求疵、挖空心思，其精益求精的程度比音乐表演家都有过之而无不及，可投入如此大的精力来设计教学，又有多少人是真正为了学生着想？这样的教学打磨和精雕细琢究竟又有多大的意义？音乐教育最需要的爱心和激情在我们的教学中又体现了多少？又有多少人想到过在广大农村地区还有那么多孩子根本就没有上过音乐课？……

夜深人静了，教授的情绪依然是那么激动却又那样冷静，这其中更多的是对自己这些年教学科研工作的深刻反思与诚心悔悟。他无法不拿自己去跟刘老师、小雅作比较，可越是越比较越让他自己感到自惭形秽，格外渺小。从事音乐教育工作的大学教授有成千上万，又有几个人能够像刘老师、小雅那样真正做到教书育人、言传身教？教授此刻更是在扪心自问：“在刘老师和小雅面前，我又算得了什么？”

心思如此沉重，看来是无法按时入睡的了，教授便索性打开了电视。电视上刚好在重播“寻找最美乡村教师”，这是教授一直喜欢看的一档教育公益类节目，但此刻他的感受却非同寻常。这个夜晚，在教授的心目中，那些最美乡村教师就是最优秀的中国教师；最美乡村音乐教师，就是最优秀的中国音乐教师，无论是跑调的刘老师还是兼职的小雅，或许他们自身的专业素质不尽如人意，也没有得到过任何参赛课、艺术节、科研论文评比的奖励，但他们就是优秀音乐教师的最杰出代表，他们才最值得我们去追踪学习研究，最应该赢得掌声、荣誉和奖章，也最需要我们去理解、关爱和支持。在当下这种“恃强凌弱”与“分数至上”的教育评价体制下，作为一个高校音乐教育学者应该学会踏踏实实地接一接地气，老老实实地向一线教师学习，特别要为这些最美乡村教师做点有益且实实在在的事情，因为，这么多默默无闻甚至被人们遗忘的优秀乡村教师我们不能只靠媒体去“寻找”，从事音乐教育事业的每一个分内人更应该对此有起码的担当。

关上电视，教授如释重负地快步走到书桌前。他决定第二天一早独自驱车前往小雅的学校，他要当面送上自己对刘老师的一份敬意与感谢，以及对小雅的一份歉意与关怀，当然也想给他们一个小小的“意外”，唯有如此，他才能够给自己难以平复的心一个踏实而满意的交代。虽然他从未有过5个小时的长途开车经历，但他相信若能见到自己敬重的人，这根本就不算什么距离。

于是，教授给小雅回复了下面这封平生写得最简短的邮件：

小雅：

来信收悉，甚多感慨，择时见面详聊。

三、刘老师的奇迹

教授是九点钟出发的。从省城到小雅的学校说是五个小时车程，但对教授这种生疏的驾驶技术而言，能六个小时抵达就已经很不错了。本来他也想到要找一位研究生开车陪他一起去，但这念头只是一闪而过，他不想让刘老师和小雅觉得自己像领导似的带着随从去他们学校视察工作，还是自己开车去给人的感觉更好。他就不相信开几个小时车会比做学问还难，更不会设想在路上会碰到什么麻烦。然而麻烦偏偏就找上了他，在离小雅的学校大概还有不到三公里的地方，轮胎爆了，这辈子从来没有遇到过这种状况的教授这下可犯了难。本来他完全可以给小雅打个电话请她找师傅来解决问题，但他不能这样做，因为他一定要带给小雅一个“意外”（surprise）。于是，他打电话给研究生，请学生一步步指导他操作，花了差不多一个小时才把胎换好。

五点钟左右，教授平安抵达小雅的学校。一位小同学将他领到教导主任办公室，是的，小雅现在做领导了。教授慢慢推开办公室虚掩的门，只见小雅正在埋头批改作业，便轻轻地叫了一声“丑主任”。小雅抬起头，惊呆了！“教、教授，是您……”“没错，是我啊！”教授微笑地朝小雅点点头，双手下意识地向前伸了伸。只见小雅把手中的笔一丢，快步跑上来拥抱着教授，并靠在他的肩膀上喃喃自语：“您、您怎么来了？看了、您的信，我、我还准备下周……”教授分明听出小雅在抽泣，便故意“取笑”说：“怎么啦，见到我，20年前的老毛病又犯了？”这或许是教授所接受的第一个拥抱，此时此刻他深深感受到了拥抱的巨大力量，正是这个拥抱在温馨和无声地传递着他们对彼此的歉意与敬重，拥抱是世界上最近、最温暖的距离……

小雅显然是兴奋过了头。她一没倒茶，二没请坐，甚至连话都没说就撇下教授跑啦。当然她很快又回来了，后面还跟着一个人，不用说那是刘老师。来之前，教授想象过刘老师的模样，真的很神奇，眼前的她和教授想象中的刘老师几乎一模一样——一个外表温柔但内心强大的知性女人，稍有出入的是比想象中要显得更健康更精神一些。握着刘老师的手，教授眼中充满了一种莫名的崇拜，这对于一位知名教授来说恐怕是一种从未有过的体验。在教授心中，刘老师就是从屏幕上走下来的现实版最美乡村教师。

乡村的夜晚是如此的安静，仿佛为故事中三位主人公的相聚过滤了全部的杂音，好让他们彼此静静地倾听对方的心声。那顿晚餐，在教授看来是在大城市的任何高档酒楼会所都无法享受得到的。刘老师一一介绍说："这是绝对的土鸡肉，那是溪里的小鱼仔，这些蔬菜则是老师们带着高年级同学在校园后面的菜园子里种的，供应全校师生绰绰有余；至于小雅的厨艺，您尝尝看，那可是在我病重期间她刻苦钻研的结果。"教授逐一品尝着这些城里人难得享用的绿色食品，细细体会着这对母女的深厚情谊，然后他像变魔术似的从包里掏出一瓶红酒，说："我血压高，已有好几年不沾酒了，但今天我特意从家里带了一瓶来，要好好敬你们两位，刘老师您就以茶代酒吧。第一杯敬我心目中的最美教师刘老师，感谢您培养了优秀的小雅；第二杯敬我心目中的最美学生小雅同学，你是我们母校的骄傲。"刘老师和小雅的情绪显然受到了感染，也都爽快地举起了酒杯。刘老师说："我身体没有大碍，今晚我想喝酒，教授您是我在这里工作20年迎来的第一位大学老师（这句话让教授听得好惭愧，如今有多少这样的乡村学校成了被高等教育遗忘的角落），您是我们最尊贵的客人，我敬您！"小雅说："您今天的突然降临是我人生中最难忘的事情，感谢您给我如此美妙的surprise，我要敬您三杯！"

晚餐之后，小雅去厨房收拾，随后下到班上去检查寄宿生的晚自习，教授和刘老师便开始了交谈。其实不能算是真正的交谈，因为整个晚上几乎是刘老师在独自诉说。

"教授，真的非常感谢您这么远跑到我们乡下学校，来专程看望我们小雅。这些年小雅这孩子真的太不容易，您也能够看得出来，今天您的到来让她不知道有多高兴，多幸福，我都看她甚至有点失态了。

从小雅来学校工作到现在，我们都经历了很多，但我们似乎彼此达成了默契，从来都没有和外人提及过我们俩的事情，有时候我真的憋得很难受，好希望有一个机会对一个人尽情地倾诉这一切。今天您来了，我终于等到了这个机会。

我常在想，或许是我前世积了德，上天居然如此慷慨地把小雅这么珍贵的礼物赐给了我。您可能不知道，当初我分到这里来时还没有走出失恋的痛苦，是小雅让我振作起来，并让我明白了这样一个道理：爱情不是人生的全部，一个老师若能为学生带来改变，那种成就感、幸福感也足以撑起另一种人生。顺便我想说，我很感激父母送给我那台小电视，那是当时家里最高档、最值钱的一件东西了，他们希望电视能够安抚我受伤的心灵。其实，在小雅到我房间之前我都没有打开过它，现在想想它真的就是专门为小雅而准备的，如果没有它，我还真不知道如何让小雅快乐起来，自然我也不可能那么快地摆脱失恋的阴影，所以，这台电视机我一直都珍藏着。

小雅不仅是上天赐给我个人的礼物，同时也是赐给这所学校的宝贝。自从小雅的歌声赢得了同学们的喜爱之后，她就成了我们学校的小音乐老师，当然不是要她给同学们上音乐课，而是只要她学了新的歌，我就让她在班上教同学们一起唱。上中学之后，小雅离学校远了，但每次她回来看我，我都会安排她到一个班上去教同学们唱歌。大学四年，她更是坚持每一个月回家一次，每次回来就给全校每一个班级都上一节音乐课。我想至少应该给她报销路费吧，可她从来不要，还说谢谢我给了她实习的机会。所以，小雅正式来校工作之前的那些年，虽然我们学校没有开设音乐课，但实际上孩子们都是多多少少上了音乐课的，小雅因此也成了我们学校年纪最小却最受学生爱戴的编外老师。记得小雅突然来学校报到的那一天，消息几分钟之内就在校园炸开了，孩子们是多么兴高采烈啊……”

刘老师说上面这席话时，一直都流露出一种幸福的表情，那种感觉就像是真的手捧着一件宝贝，轻轻抚摸着，爱不释手。然而，自这之后，她的声音开始有些颤抖，表情有些痛苦，她长吸一口气，话未出口泪先流。

“而对于我而言，那可是我人生中最为悲喜交加的一天。

那时我已被确诊为癌症，医生保守估计我大概只有一年的时间了。所以暑假过后我执意出院回到了学校，我不想在医院等待生命的终结，我要和孩子们度过这最后的时光。离开医院时，县教育局分管人事的唐局长叮嘱我一切以保养身体为重，工作要放到一边，他说新学期将有一名师范大学毕业的高才生分到我们学校，刚好能分担我的一些工作。我感谢领导对我和学校的关心支持，对新同事的到来充满了期待，可我做梦都没有想到来的竟是小雅。几个月前她曾兴奋地告诉我她已保送读研，所以当她出现在我面前时我马上明白了，她是为我而来的。

我是一个性格坚强的人，此前被确诊为癌症时我都没哭，但那一刻我已经无法自已，我紧紧地抱着小雅，眼泪不争气地一直往下流。我父母身体不好，我的事不能告诉他们，小雅的到来让我身边有了亲人的陪伴，我灰暗的生命旅程顿时有了一线光明，我想我可以安安静静地离开这个世界了。然而，当我很快冷静下来的时候，我知道这绝对不行，我决不能让自己一年的生命延续影响小雅一辈子的美好前程。我马上给唐局长打电话，求他把小雅赶快领走。局长赶紧安慰我说：'好好好，别动气，如果小雅愿意走，没问题。'可是我哪里知道，来我身边工作这是小雅当初给教育局领导提出的前提条件，局长早就知道了这一切并给予了小雅充分的理解和支持。

我们是提前几天就把新教师的房间打扫得干干净净，只等她来报到的。此刻情况有变，我把钥匙扣下了，让小雅先到了我的房间。我郑重地告诉她我已经和教育局通过电话了，领导让她马上回县城。小雅似乎对此早有准备，表现得异常平静，任凭我怎么说她就是不回话。那时候我身体本来就很虚弱，如此激动了一番我差点都支撑不住了，小雅赶紧扶着我靠在沙发上，她紧挨着我坐着，一只手温柔地抚摸着我的背，一只手紧紧地握着我的手，轻轻地对我说：'您原谅我好吗？这事我没法事先和您商量，这是我心甘情愿的决定，我就想好好陪着您。'我知道，那个时候无论我怎么软硬兼施，都是不可能让小雅回心转意的，于是我又抛出了一个折中方案：'那我陪你一起调往县城。'小雅显然猜透了我的心思，她突然跪在我的面前，把头埋在我的膝盖上痛哭着说：'我知道您舍不得这里的孩子，我也不忍心让他们失望啊！'

那天晚上，小雅没有去她自己的房间，她是陪着我睡的，就像她以前每次回来看我和给孩子们上课一样，她总是要和我挤在一张床上。实际上，一直到我的身体恢复得差不多时，她才终于有了自己的窝，这一睡就是好几年。也是在那天晚上，我们聊了好久好久，小雅跟我讲了很多有关癌症患者的故事，她是从网上专门搜集来的，其中有一个故事给了我很大的震撼，说的是一个身患绝症的母亲，凭着自己坚强的毅力和'我一定要为女儿活下去'的意念，最后真的创造了奇迹。我不知道这是不是一个真实的故事，但它仿佛给了我前所未有的力量和信心。为了小雅，我也一定要创造这样的奇迹。

小雅来学校报到之前，专程到省城的肿瘤医院、康复中心等地方拜访了多位专家，然后为我制订了一个集医疗、饮食、锻炼、心理疏导、音乐治疗于一体的'小雅治疗方案'。或许也是'我要为小雅活下去'这一意念的作用，原本性格固执的我竟然乖乖地一切听从小雅的安排。我厌食，吃什么吐什么，小雅便尝试做各式各样既有营养又有口感的菜给我吃，她现在的高超厨艺就是那时候练就出来的；我身体比较虚弱实在不想动，小雅便使出浑身解数牵着我的手一起走；我情绪低落无故发脾气，小雅便厚着脸皮跟我讲笑话做鬼脸逗我开心一点。特别是晚上我总是失眠，小雅便躺在我的身边轻轻地唱歌给我听，在我看来，世界上最动听的歌就是小雅的歌。不怕您笑话，我天生五音不全，一唱歌就跑调，这些年听着小雅的歌，慢慢地跟着她哼唱，耳濡目染，现在我都不跑调了，20年前我纠正了小雅口吃的毛病，20年后小雅解决了我唱歌跑调的问题，想想真有意思。在小雅的精心照料下，我的身体和精神状况有了明显的改善，医生预测的一年我挺过来了。小雅逼着我去医院做了一个检查，检查结果是癌细胞明显减少，这让医生万分惊讶也十分不解，他们哪里知道，创造这一奇迹的不是什么医学权威，而是我们学音乐的小雅姑娘。这次的检查简直让我和小雅欣喜若狂且信心倍增，我们有决心与病魔抗争到底直到取得最后的胜利。

那之后，我自己明显感受到身体状态越来越好，也就没有再去复查，直到最近。为了让小雅彻底放心，以便让她好好考虑自己的未来，不久前我们到省城做了一次全面检查。医生对我说：身体恢复不错，坚持吃药，好好保养就行。我和小雅紧紧拥抱，彼此庆祝与感恩奇迹的诞生。

在省城，小雅很想给您打电话，去看看您，但她显然有所顾虑，犹豫再三，还是决定先给您写信。虽然小雅从没跟我提及过当年放弃读研的事，但我能感觉出来，她对您十分敬仰，她为当初没有向您解释清楚而一直感到愧疚和不安。"

听刘老师诉说这一个个感人的情节，教授没有说一句话。直到这时，他才轻叹一口气，自言自语似的说了一句"是我对不起小雅"。刘老师说：

"不怪您教授，换谁都不会想到这背后还有这样的一个故事。教授，现在我最牵挂的就是小雅，我欠她的太多，可我又无力去偿还，这种感受真令人煎熬，所以我恳请您能够帮助我。小雅为了我放弃了读研的机会，虽然她不说，但这一定是她内心深处存留的一大遗憾，另外，您可能不知道，小雅为了我还放弃了大学阶段的一段恋情，我真不忍心看到我曾经发生的事情在小雅身上重演。小雅来学校工作不久，我收到一封她大学男友写给我的信，他请求我劝小雅离职再考研。当我把这事跟小雅说起时，小雅淡淡地跟我说了一句话：‘您的身体状况我告诉过他，他竟然要求我在您和他之间作出选择，您放心把我托付给这样一个男人吗？’这句话真让我无言以对。小雅至今还没有找男朋友，一方面是这些年她全身心地在照顾我以及投入地工作，没精力考虑个人问题；另一方面在这个小地方，又有谁能够配得上小雅呢？所以，我求您想法说服小雅去考研，只有这样才能弥补她当年留下的遗憾，也才能在更大的空间里遇上自己的另一半。”

……

夜已深，心难静。教授用力地点点头，他下决心要为这两位共同创造奇迹的美丽女人做点什么。因为唯有如此，他才对得起她们对他的信任，才对得起“丑小鸭”的故事带给他的无限感动，他的心也才能够得到真正的安宁。

四、丑小鸭的放牛班

本来教授想在第二天上午听听小雅的音乐课再返回的，但由于音乐课都安排在下午，且这次也主要不是为听课而来，所以，教授和小雅上午就出发了。

小雅怎么会和教授一起去省城呢？原来，昨天晚上刘老师的郑重拜托让教授思考了很久，他想，现在贸然和小雅谈起考研的事情为时尚早，还是先让小雅体验一下外面的学术氛围再说。刚好教授正在组织研究生团队申请一个关于农村兼职音乐教师生存状态研究的课题，他突然想到让小雅加入课题组是再合适不过，这可以让小雅很自然地融入研究生群体当中。于是他和小雅、刘老师商量，就趁这次机会让小雅回母校和课题组其他老师同学见见面，并顺便向大家介绍一下小雅学校的音乐教育情况。当然，教授和刘老师彼此心照不宣，于公于私都必须让小雅出去走走了。

教授的驾驶技术真不咋地，有人坐在旁边他更是紧张，他一直在聚精会神地开着车，因此一路上基本上就是小雅在说话，教授只是偶尔点点头、搭搭腔。应教授的要求，话题主要集中在小雅的教学方面。最开始的时候小雅似乎还有点儿顾虑，毕竟坐在她身旁的是她敬仰已久的知名教授。但慢慢地，她的话匣子就彻底打开了，开心之时咯咯大笑，情到深处哽咽难言。

“老师您也看到了，农村学校条件比较差，但我们校长（刘老师）挺重视音乐教育的，我到学校工作后就专门收拾出了一间音乐教室，我把它取名为‘放牛班’。您可能猜得出我的意思吧，《放牛班的春天》那部电影我看过很多次，每一次在教学上遇到不顺心、情绪低落的时候我就看，每一次看我都会被感动得哭，嘿嘿，我也不知道为这部电影流过多少泪了。您知道的，‘放牛班’这个词是台湾的翻译，指那种由出生于社会最底层的穷人家的孩子组成的差生班级，我们学校的孩子当然不是差生，但他们的父母有80%常年在外打工，缺少父母的关爱，身心多少都会受到影响。所以，我立志要做一个像克莱蒙特·马修那样的音乐老师，用音乐滋养孩子们的心灵，让音乐带给孩子们快乐。

我知道老师您参与了课程标准的研制和教材的编写，所以您可别批评我，也不要对我失望啊，在我的‘放牛班’上，没有新课改，没有新理念、新教法，有的就是农村学校简单、原始、土气的音乐课，实际上就是唱歌课。我们学校从来没有过其他的音乐老师，我算得上是一个年轻的老教师了。如果说我还有一点什么优势的话，那就是我知道孩子们最需要什么、喜欢什么、讨厌什么，因为我当初教小伙伴们唱歌的时候自己就是一个孩子。其实，毕业后刚到这里时，我也试图按照课程标准和教材内容来上课，但发现行不通，很多方面学校的条件达不到，所以我就放弃了。我还是坚持老传统，主要上唱歌课，我希望能够像克莱蒙特·马修那样，让孩子们用最优美自然的歌声去感染他们自己，使他们克服坏毛病，养成好习惯，树立自信心。其实，农村孩子唱歌并不比城里的孩子差，也可能是由于见识少的原因，反而让他们的声音更纯净、更天然，而那种投入和享受歌唱的状态也更自然、更感人。于是，我把教学重点放在班级合唱上面（可能也是《放牛班的春天》对我的影响是全方位的吧）。从二年级开始，我就有意识地加入声部的概念，唱任何一首歌我都自己编配简单的二声部，哪怕只有一句或两句，歌曲也是我自己来定，这样曲目选择的空间就很大。经过一段时间的探索，教学效果还挺不错。

于是我想，我不能够仅仅让孩子们在课堂上唱，因为没有表演孩子们就难以体会到成就感。所以，我从到学校工作的第二年开始，就设计了一个‘班级好声音’的班级合唱表演活动。在每个学期末的休学仪式结束之后，就是‘班级好声音’的演出。三年级以上的班级都参加，一二年级的小朋友也没闲着，每个班表演结束之后，他们就跑上台去给哥哥姐姐们献花（当然都是孩子们自己摘的野花）。参加表演的同学那天都必须邀请家里人来观看，只是绝大部分都是爷爷奶奶来。另外，虽然我们不要求统一服装，但孩子们必须穿上最好的衣服，要把自己打扮得漂漂亮亮的，因为我们还要拍照，这张照片一般都是下个学期开学典礼上发到每一个班，人手一张，很有纪念意义，农村的孩子难得照一次相，所以都很喜欢。‘班级好声音’不是比赛活动，而是汇报展示，所以不评奖，但校长会颁给每个班级一面锦旗，上面写着十个字：‘班级好声音，唱出我童心’。由于我是活动的组织者，还担任伴奏，所以表演结束后我会走到台前说几句祝贺与感谢的话。顷刻间，所有手捧鲜花的孩子都向我涌来，我被鲜花和孩子们团团包围，花是那么的清香和新鲜，孩子们是那么的可爱和温暖，这个场景每个学期重复一遍，可我依然是那么期待……

我们学校离县城有50多公里，学校规模也不大，天高皇帝远的，所以，很少有领导来学校听课。但因为我是我们县里唯一的一位从重点师范大学毕业的音乐生，所以县艺术教研员还专门来听过我一次课，他对我的班级合唱教学很欣赏，希望我能够参加县里、市里的音乐课堂教学比赛。我没有答应他，自然也因此得罪了他。不想参加比赛的原因有很多，首先是那时我的主要精力放在照顾刘老师上，除了完成正常的教学工作之外，我根本就不可能有精力和心情去做这些事情；其次呢，虽然我是个年轻教师，但我不求上进，我来这个学校工作一方面是为了照顾刘老师，另一方面也是这么多年了，对学校已经有了一种难以割舍的感情，更何况在我心中这所学校就是我的再生之地，这一点别人可能是很难理解的，所以，自从我决定来这里之后，我就从来没有想到过将来有一天要离开这里。因此我对比赛评奖真的不感兴趣，我不需要什么获奖证书来为我铺就往上走、往外走的路，而且像这样的教学比赛，其实折腾的是孩子们，并且多少还会让这些本来很淳朴的农村孩子感受到社会虚假、虚荣、功利的一面，这是我最不愿意看到的。倒是如果有机会让孩子们登台演出，那我一定会积极参加，因为那对孩子们来说意义非凡，只可惜一直没有这样的机会。……老师，您不会像我们教研员那样认为我清高或者没有自信吧？虽然我根本就谈不上有什么教育使命感，但我确确实实就是这么想的：一个音乐老师，一节音乐课，能够让学生获得快乐和美的滋养，能够让孩子们得到改变，能够受到学生的爱戴和期待，这就是音乐教师最大的幸福，这比老师自己获得任何奖励都要珍贵。”

……

小雅突然意识到自己是不是有些忘乎所以了，和教授谈理想、幸福这样严肃的话题不是在班门弄斧吗？她赶紧不说话了。沉默了1分多钟之久，教授问：“怎么不说啦？”小雅有点不好意思并略显紧张地说：“可能是一直都没有机会跟人交流过自己的这些感受，说着说着就乱说了，对不起啊！”教授连忙说：“小雅，我就想听到你的这些感受，我也很理解你的这些感受，很难得，我为你感到高兴。现在的年轻老师真没有几个人能像你这样把音乐教育理解得这么透彻的，自然也没有几个人能有你这样的感悟的。昨天晚上我都听刘老师介绍过了，她说你的音乐课是孩子们的最爱，你也是孩子们的最爱，你让刘老师这位校长都嫉妒啦。”小雅笑着说：“哈哈，那是刘老师夸张了，其实，我也是沾了音乐的光！”

又是一阵子沉默。教授说：“小雅，我有点困了，为了安全你得继续说话呀。”小雅想了想，好吧，那我就讲几个小故事给您听吧。

“现在的农村孩子真可怜，大多父母不在身边，他们的那种感受我们是很难体会到的。有一次二年级上音乐课，是学唱歌曲《世上只有妈妈好》，这首歌其实大家都会唱，所以我主要是组织孩子们表演，全班齐唱、小组齐唱、轮唱，还配简单的动作表演等，然后我找一个小女孩独唱，这孩子平常话不多，很安静，但音乐课表现很积极。只见她很开心地跑到讲台前面，很有表情地唱了起来：‘世上只有妈妈好，有妈的孩子像块宝’，唱完这一句，她突然号啕大哭地对我说：‘老师，我想妈妈……’我立即跑上去紧紧地抱着她说：‘别哭别哭，好孩子！’幸亏我当时是背对着其他同学的，因为我也忍不住流泪了，如果大家看到我那样子，估计全班同学都会哭成一团。我马上控制了自己的情绪，转过身来对大家说：‘孩子们，我们的爸爸妈妈在外面打工很辛苦，你们在家里表现也都很棒，所以，我决定要给你们一个奖励。大家等着啊……’没等孩子们反应过来，我跑到房间找出这个班的父母电话本，回到教室里，扬了扬手机，向孩子们宣布：今天的奖励是爸爸妈妈不在家的孩子都跟妈妈打一个电话。一下子，课堂上又活跃了起来，那堂音乐课就这样由《世上只有妈妈好》变成了《我和妈妈打电话》。课后那个小女孩告诉我她已经有两年没见到过妈妈了，真的好可怜。从那以后，《世上只有妈妈好》这首歌我就再没有让孩子们在课堂上唱过了。”

也不知什么时候，教授已经把车停在了路边，显然他的情绪受到了感染，为了安全起见，他必须要停下来歇一歇。教授半开玩笑地对小雅说：“你这个故事有点煽情，能不能讲一个理性一点的，最好是有研究探讨价值的案例？”小雅想了想，突然兴奋起来：“还真有一个，正想着要向您请教呢！不过您别介意啊，这个故事也刚好跟《世上只有妈妈好》这首歌有关。”

车启动了，小雅的故事又开始了。

“前不久，我发现一上音乐课，教室外面就有一个妈妈带着孩子在听。有一天下课后我趁他们还没走，就跟这位妈妈聊了一会，了解到这个孩子是一个自闭症患者，农村搞不清什么是自闭症，便以为他就是‘傻子’。这孩子除了一般的自闭症症状之外，比较突出的问题是语言沟通能力很差，可以说基本上是无法与别人沟通的，但还是能够说话，只不过是自言自语而已。所以，虽然已经到了上学年龄但没有地方可去读书。一次他们路过学校，听到音乐教室里传出来的歌声，这孩子就牵着妈妈的手到教室外面听，这一听就上了瘾，每天都牵着妈妈的手要来听歌。

那天晚上，我在网上查找有关自闭症的资料，特别找到了几篇音乐治疗对自闭症儿童行为干预的文章。第二天我跟这位妈妈说：‘以后每次音乐课，就让孩子到教室后面坐着听吧，我帮他专门准备了一套桌椅；另外，我想按照书上说的办法尝试着用音乐对孩子进行干预，每个周末进行两次，不一定会有什么效果，但还是值得一试。’孩子的妈当然很高兴，也很配合。就这样按照我的计划已经进行了一个月了，感觉效果还是有的。孩子每次按时来上音乐课，虽然他不能唱歌，但看得出他对音乐非常投入，只要一听到音乐他身体就会有节奏地摇动，脸上就露出非常专注的神情。周末的两次音乐干预，我主要是放歌曲给他听，并试图引导他开口跟着哼唱，孩子、孩子的妈和我三个人一同手舞飘带合着音乐节奏走步。有一回她妈妈上卫生间离开了一会，这孩子就硬是要等着妈妈来了才动，当时我很感动也很心疼，便突发奇想临时换了《世上只有妈妈好》这首歌。我们听着音乐走着走着，孩子忽然停了下来，一动不动地盯着他的妈妈看，突然叫了一声‘妈妈’。这一声叫让孩子他妈惊呆了，只见她一下跪到地上紧紧搂着孩子，泣不成声；然后又使劲抓着我的手，口中不住地说谢谢……老师您知道为什么她如此激动吗？因为这是孩子第一次叫她妈妈。这就是音乐的神奇力量啊！看到那场景，我好欣慰好感动，我觉得自己做了一件值得骄傲的事情。”

车又一次停了下来。教授问小雅，下一步计划怎么办？小雅说她还没有想好，她通过这段时间的观察，断定这孩子在音乐方面很有天赋，想着应该教这孩子一门乐器，但却不知哪种乐器最适合，这正是想求助于教授的问题。教授告诉小雅，他的一位好友在北京专门从事音乐治疗方面的研究与实验，他会尽快联系，听取专家的建议。

途中，教授和小雅吃了午饭，稍作休息又继续前行。一路上听着小雅的故事，教授心情格外的好，一不留神就把本来不想这么早提及的话题说出来了。教授问小雅，你真的没有想到过要离开这个学校吗？

小雅沉默了一小会，淡淡地对教授说：“老师，我再跟您讲个故事吧，然后您看我该不该有离开的想法。”

“大前年，我在县医院做了一个手术，需要卧床休息一周。从来没有离开过学校这么久，还真想念孩子们。大概是在我手术后第四天的下午，我病房的门窗外似乎有几个小脑袋在晃动，迟疑了一会，门被轻轻推开了。进来的这三个孩子，是学校五年级有名的刺头‘三剑客’，有一次在课堂上搞恶作剧还被我狠狠地批评过一次。只见他们三个人满身臭汗，一人提着一个小蛇皮袋，另一人提着一个竹篮子。我问他们怎么到医院来啦，这几个平时调皮捣蛋的家伙这个时候居然变得很腼腆了，忸怩了半天，有一个轻轻说我们是来看望老师的，顿时一股暖流涌上我的心头。我连忙问是谁带他们来的，怎么搞成这个样子。他们解释说是自己来的，车在半路上坏了，就走来了。我一听吓了一跳，问他们请假没有，他们摇了摇头。那一刻我不知哪来的力气，对他们大吼了一声：‘疯啦，你们这三个捣蛋鬼！’我赶紧抓起电话给刘老师打过去，不出所料，三个学生一早就失踪了，学校正急得团团转，到处联系在找人。我又气又急，眼泪唰地流了出来，边哭边骂‘你们气死我啦，气死我啦’。我的失态显然也吓着了他们，他们一动不动，不知如何是好。我又对他们大吼一声：‘都给我站过来！’当这三个家伙乖乖地站到我面前的时候，我再也控制不住自己的情绪，一把抱着三个小脑袋失声痛哭起来……

那一天我想了很多很多，我不就是给他们上了几节音乐课吗？这三个孩子竟然走了整整四个小时，背着一袋水果和一篮子鸡蛋（到医院时已经撞破了一半），饿着肚子来看望我。我何德何能值得他们这般疼我？想想我就好心酸，好自责。当我出院回到学校的时候，又见到我的房门口摆满了鲜花、水果、祝福卡片。这样的场景似乎只有在电影里才能见到，那一刻我恍惚成了电影中的主角。

从那以后，我格外珍惜与孩子们在一起的每一天、每一节课，毕竟他们会一批批地毕业离我而去。于是我萌发了一个小创意：当每一届同学毕业的时候，我们约定十年后再回学校相聚，那时孩子们刚好是大学毕业，都长大成材了。为此，我精心制作了‘“放牛班”毕业十年大联欢请柬’的卡片，在毕业的时候赠送给每个同学，要求他们凭此卡参加十年后的聚会。‘请柬’正面约定了相聚的大致时间，并印有‘不见不散’四个大字，背面则是我写给每一位同学不同的寄语，当然有我的签名。而毕业班的每个同学也要各自制作一张‘“放牛班”毕业十年大联欢出席代表身份证’回送给我，‘身份证’的正面是学生的名字和毕业时间，背面是学生写给老师的话。那一张张‘身份证’都设计得很别致很有创意，我时常会拿出来看一看、读一读，他们写给我的好多好多话都让我感动与惭愧，给我力量和鞭策，也让我幸福无比。有了这张身份证，我谁都不可能忘记。

记得‘三剑客’毕业时，他们是三人联合制作的一个‘身份证’，背面是这样写的：丑老师，虽然那一次您在医院骂我们的样子真有点‘丑’，但您永远都是我们心里最美最美的老师。十年之后的大联欢，我们‘三剑客’一定会为您表演一个最酷最酷的节目。请您一定要等着我们！

是啊，每一届的‘请柬’我都发出去了，那是我对‘放牛班’所有孩子的一份郑重承诺。我没有理由不等着他们回来。”

……

车第三次停了下来。只见教授两手有些乏力地放在方向盘上，眼睛若有所思地望着车窗外，说了半句话：“不走了……”谁也不知道那没说出的后半句是“先休息一会”，还是“我理解你”。

五、感谢信

亲爱的老师们：

你们好！

我是小雅，你们的新朋友，音乐课堂上的一只“丑小鸭”。

这些天我一直沉浸在一种别样的幸福感受当中，这份幸福是你们恩赐给我的。我没有想到会有这么多人在默默地关心着我，支持着我，能够被人特别是被这么多陌生人牵挂真的好幸福。对我来说，这种感受以前是没有过的，因为我们农村学校是最容易被人遗忘的角落，农村学校的一名兼职音乐教师更是难得被人想起。在这里，我要借郭教授的空间，向各位老师鞠个躬，谢谢你们！

我是一个特别知足、不求上进的女孩。当我深深地感受到孩子们爱着我，我也爱着他们、爱着音乐教育这份事业时，我就已经觉得别无他求了。当然，一路走来，我也不是没有遇到过困难、不是没有经历过痛苦，毕竟农村孩子既有他们质朴的一面，也有他们顽皮甚至顽固的一面，更不用说农村学校条件要比城市学校差得太多了。但也正是因为有过困难和痛苦的感受，才让我更容易体会到幸福的滋味，更容易理解幸福的来之不易。

我还是一个精力过剩、喜欢臭美的女孩。每天清晨我都会在镜子前精心打扮自己，然后对着自己说一声“小雅加油”，以此来为自己输入正能量，让自己看上去漂亮而充满激情。这些年的工作经历告诉我，一个老师以什么样的精神状态和面貌出现在孩子们面前，他们就会以什么样的状态和面貌回应着你。我觉得孩子们喜欢我，不一定是我的课上得有多好，而是我在他们面前总是表现得那么快乐、那么漂亮，我认为这也是一个音乐老师应有的形象。

说上面这些话，我是想告诉老师们，我真的是一个普通得不能再普通的小女生，只是我很幸运在我成长的过程中遇到了对我产生关键性影响的恩人，这一点老师们从前面“丑小鸭的故事”中就不难得知。在这里，我还要特别感谢郭教授，是他让我又结识了这么多的新朋友，让我对人生观、价值观、幸福观又有了新的理解。当郭教授说要把我的故事写出来和老师们分享的时候，我曾犹豫了很久，我害怕自己这些年的惯性生活被打乱，我害怕失去了我现在所拥有的一切美好。但郭教授对我说：“你的这份担心或许恰恰说明了你对自己的这份坚守还不够自信，收藏美好重要，但创造美好更重要，一个紧闭自己心门的老师是不可能为学生放飞理想的。”教授这句话虽然说得很委婉，但的确一下戳到了我的痛处，也让我有一种醍醐灌顶之感。于是，我接受了郭教授的忠告，决定敞开心扉，与老师们分享我这些年的内心感受。

最后，在新学期开学之际，我衷心地祝愿各位老师工作顺心、生活舒心。再次感谢老师们对我的牵挂，你们的牵挂是我成长路上的又一股动力，我会继续加油，做一个不让老师们失望的美丽“丑小鸭”。

小雅

2013 年 8 月 25 日

六、祝小雅永远幸福

8 月 26 号我收到小雅“感谢信”的同时，也收到了她写给我的一封信。她谢谢我将她的故事写出来与大家分享并因此得到了大家的关注和祝福，但同时也希望我不要再写下去了，主要原因有两个：一个是她很谦虚地说她其实没有我写的这么好；还一个是她又一次表达了对自己平静生活由此可能被打扰的担忧。我能理解她的感受，最后征得她的同意，在这里就大家可能关心的两个问题做一个交代，这两个问题其实也是“小雅的故事”中另外两个人物——教授和刘老师的心结。

（一）考研，美丽的遗憾

看得出来，那次随教授回母校与研究生同学进行交流，小雅明显地流露出对他们的羡慕之情，教授便趁机和小雅提及了考研的事，回去之后，刘老师也趁热打铁跟小雅很正式地谈了一回。这些因素凑在一起，使得小雅不得不认真思考了这件事情。其实，自当初决定放弃保研资格的那一刻起，她就再没有想过考研的事，这在很大程度上也是因为这些年的工作经历使她的很多观念甚至情感态度都发生了改变，她感到她已经离不开孩子们，离不开这个学校，而提升自己的教师专业水平的途径有很多，硕士学位证书对她来说真的似乎只是有一种圆梦的价值而已。然而，她也知道，如果再度选择考研，实际上已经不完全是为自己而考了，某种程度上也是为了了却教授与刘老师的一个心愿，因此她听取了教授的意见决定报考在职教育硕士，在小雅看来这或许是一个两全其美的选择。

除了小雅考研之外，其实教授还一直惦记着另一件事情，即小雅说过她很期待有机会让孩子们走出来，到一个更大的舞台上表演。刚好教授有一个学生是省会城市的市音乐教研员，有一天她来拜访导师，请教筹备该市中学班级合唱比赛的活动事宜，并请教授届时去做评委。教授由此突然想到了小雅，便试探性地问这位学生，可否邀请一所农村小学参加这项活动，他们不参加比赛，只作为特邀代表队参加表演。学生觉得这是一个顶好的创意，当即就很爽快地同意了。于是，教授又赶紧联系了他的好朋友李总，一位热衷于音乐教育事业的商界老板，请求她为小雅的学校参加这次活动提供全部赞助，两位好友自然也是一拍即合。

不难想象，当小雅得知这个消息时是多么兴奋，她立即着手组队和排练。她知道这个机会对于农村孩子来说是多么难得，大家一定都想参加，于是她决定三、四、五、六年级各派 15 名学生，这 15 名同学由各班文艺委员组织大家根据同学们平常上课的表现投票选出。民主组队顺利完成之后，便投入了紧张的排练之中，由于有班级合唱教学的基础，更由于有到省城表演这一动因的刺激，排练效果十分理想，大家都等着启程的这一天。

可世上就是有如此巧合的事情发生，孩子们参加演出的那一天刚好是全国教育硕士考试的日子。当然，小雅也可以考虑请一个伴奏代替她，但她立即否定了这个方案，因为她想象得出从没有走出过大山、登上过大雅之堂的农村孩子那一刻对老师的那份心理依赖会是多么重，而且即便孩子们没有这种依赖，她也无法安心考试，因为她要和孩子们一起体验那份千载难逢的快乐！

那天，孩子们的表演非常成功。他们作为特邀代表被安排在最后出场，当主持人报出演出单位、孩子们一一进场时，坐在下面的城里哥哥姐姐们给予了这拨来自乡下的弟弟妹妹最热情的掌声。当然，若从演唱技巧来说，他们和城里孩子或许还有些差距，但他们那种纯洁、质朴、快乐的歌唱感觉，真的是令人耳目一新，无不让人跟着陶醉。表演完毕，只见下面数十位同学一齐涌上台去，给小伙伴们送上鲜花和拥抱并合影留念。也正是这样的情景，一扫此前比赛的紧张气氛，将整个活动推向了高潮。(后来得知，献花的环节是教授事先策划安排的）孩子们陶醉的那一刻，小雅则站在舞台旁边怜爱地看着他们，无节奏地拍着手掌，眼里流下了激动的热泪，她彻底沉醉了，以至于最后合影时还是孩子们把她“找”回来的。

孩子们终于登上了城里的舞台，小雅则因此放弃了走进研究生考场。这是一个美丽的遗憾，教授和刘老师感叹之余也深深理解。那之后，小雅暂时打消了考研的念头，她想：命里有时终须有，命里无时莫强求，就顺其自然吧。

（二）爱情，你值得拥有

那次小雅随教授回母校进行交流，不仅重新体验了学术的氛围，还结交了一些研究生朋友。第二天下午交流结束后，教授指派他的一位一年级博士生开车送小雅，小雅本想坐公交班车回去，但教授坚决不答应。临走前，他似乎是一语双关地对那位博士生说：“大江，好好护送小雅老师回去，要绝对保证安全，你回来之后再专题向我汇报。”

大江回来之后，真的向教授做了专题汇报。他对教授坦白说他对小雅一见钟情，虽然接触的时间只有一天多，但仿佛她早就藏在了他的心底，小雅正是他追寻的人。教授点点头，对大江说：“小雅的确是一个值得爱的女孩，如果你对你们的未来有成熟的考虑，那么我支持你！”

得到教授的支持，大江开始了对小雅的爱情攻势。能够想象得出，一开始小雅对此是十分谨慎的，尽管教授在信中对大江也是赞不绝口，自己对大江的第一印象也很不错，但是，他毕竟是在读博士，毕业之后的走向如何尚不清楚，这让小雅无法踏实地接受这份爱。然而，在大江看来，爱拼才会赢，他一定要拼到这份爱。在接下来的两年时间里，大江除了完成学业之外，几乎全部精力都用在了拼爱上。（因为涉及个人隐私，在这里，我只能告诉大家的是他们之间发生了许多令小雅无法拒绝这份爱的感动故

事，以至于最后他们幸福地走到了一起）

大江认识小雅两年之后，也就是他博士毕业的那一年，他成功地申请了一个特别支教项目。大江的博士论文研究的是当下中国农村音乐教师配备面临的困境与对策，文章中不无小雅的影子，更有大江自己的创意。他提出来，在目前农村教育的客观现实下，配备专职的农村走教音乐教师，承担学区内多所学校的音乐教学工作，这不失为是一个比较可行的举措。他的支教项目就是对这一构想的实施，他在有关方面的支持下，选择了小雅家乡的某一个学区进行巡回教学，时间两年。当然，这一创意很明显也考虑到这是他和小雅暂时能够在一起工作生活的最理想途径。

新学期开学的那一天，在小雅的学校举行了小雅和大江的婚礼。参加婚礼的人除了双方父母之外，远道而来的就只有教授和他的研究生团队，当然，还有学校的全体老师、学生以及闻讯而来的部分家长。婚礼主持人是一男一女两个可爱的六年级孩子，在婚礼上发言的只有证婚人刘老师。刘老师发言后小雅夫妇接受了每一个班级学生代表的鲜花和祝福，然后是以“婚礼进行曲”为主题的班级合唱表演，最后是新婚夫妇向全体师生及家长抛撒喜糖。呵呵，你看孩子们的那股高兴劲啊，因为他们的闹腾，小礼堂顿时变成了欢乐的海洋。

在婚礼上本来也想要安排教授作为来宾讲几句话的，但他没有讲，因为他觉得自己的心情和祝福已经通过那副高高悬挂在小礼堂舞台两边的对联充分表达出来了。那副对联是教授写的，上联是：丑小鸭游大江相亲又相爱；下联是：亲学生爱音乐享受在课堂。

直到这时，大家才突然发现：原来小雅（小鸭）和大江的名字连在一起真的是天作之合，他们命中注定就是幸福的一对啊！

爱，教育之源

——读《最美丽的丑小鸭》有感

白洁
（华南师范大学音乐学院研究生）

一只感恩向善的丑小鸭能够通过不懈的付出蜕变成白天鹅，一位播种爱心的乡村音乐教师能够依靠爱心的回馈战胜病魔，一位满载荣誉的知名教授能够放下一切传递最质朴的师生真情，一群为生活奔忙的有志之士能够驻足感受并分享最自然的感动。这一切都源于爱，源于众人对音乐教育最深切最热忱的爱。

“丑小鸭”并不丑，从照片中一眼望去我们甚至惊叹于一位乡村音乐教师拥有如此娇好的容貌和脱俗的气质。然而比起她美丽的外表更让人赞叹的是她为音乐教育事业投入的满腔赤诚。作为一名学生，她有幸接到一颗为她而抛出的爱心。刘老师的关爱让原本自卑的她点燃了对音乐的热情，最可贵的是在刘老师的悉心栽培下，小雅进步的同时也承接了老师的善良和赤诚。正是幼时播种下的这颗爱心使得小雅在日后的抉择中做出了最能体现其价值的选择——回到了那个当初成就了她而现在也最需要她的地方。

在小雅身上上演的一幕幕堪称是令人赞叹的壮举。从她高考已达到国内某名牌音乐学院的分数线却选择了就读师范院校，从她以优异的成绩毕业却拒绝了保研的机会而投身当初的乡镇小学，从她为了照顾病重的刘老师而放弃恋爱机会等这些可能左右她一生前途和命运的头等大事，到每天坚持为刘老师制订各种养生方案调养身体，对农村特定环境下适应学生发展的音乐课程的设计，以及“班级好声音”这一深受学生喜爱的音乐环节的开展等这些精心设计的生活和工作细节，无不让人感受到震撼人心的向上的力量。很多人感叹：真心佩服小雅坚强的毅力和无尽的创意，佩服她会有如此旺盛的精力和永远想不完的新点子。殊不知这就是来自于感恩的源源不竭的动力。当众教师还在绞尽脑汁思索着怎样上出高质量的课程，怎样熟练运用更恰当的教学法，怎样争取到培训的机会，怎样上好公开课……小雅已经用行动诠释了何为最称职的音乐教师。这一切并非意味着她有多丰富的教学经验，多高深的教学理论，或得到过多少专家的指点，而是出自于她对母校的感恩，对学生由衷的热爱，由这一源头散发出来的力量推动着她做出一个又一个惊人之举。一颗心除了感恩和热爱再也容不下其他东西，就连前途婚姻家庭都已置之度外，她还有什么理由不成为最称职最出色的音乐教师？这看似平凡的感动却是我们最急需注入的能量。现在的大学生活充斥着狭隘的功利性和无所事事的惰性，而无私、感恩和坚持就成了这暗沉迷雾中的一盏明灯，它们带着人性的温暖照亮了有志之士前行的方向。

刘老师，爱的源泉，在我看来是这个故事中最伟大的人。因为有她才有了爱的缘起，因为有她才成就了今天的小雅，也正是因为她才能让众人有传递爱心、分享感动的机会。她用她的大半生向世人呈现了什么是奉献，什么是无私，什么是对教育最深切的爱。刘老师在第一时间关注了口吃的小雅，这看起来似乎是每个教师都可以做到的事情。对特殊学生的关照对教师来说并不是一件难事，可刘老师的关照却用尽了心力，一直持续到小雅完全的蜕变。这其中刘老师失恋的伤痕一次次被击中的痛苦，帮助小雅从口吃变成一个流利的朗诵者、一个快乐的歌者的艰辛，班上学生对小雅的嘲笑给改造小雅带来的阻力和压力等等，只有刘老师自己能体会。但是刘老师做到了，也因此改变了小雅的一生。对刘老师来说，这是一段历经艰辛但回报丰厚的教育经历，而对小雅来说，刘老师却是改变她生活轨迹，引领她走向美好生活的恩人。

从故事的后续中我们得知，刘老师一直未成家也没有子女，她的大半生已毫无保留地奉献给了这所乡村学校。继小雅之后刘老师又培养出多少只“白天鹅”，成就了多少曾经有梦想的孩子，又为多少学生燃起了对生活的热爱我们不得而知，但从刘老师的经历中我们可否想象，是怎样的信念让她撇开了女人最重要的成家生子的念头，是多么深沉的爱让她日夜守候在一代代孩子们的身边，又是怎样的艰辛和操劳让青壮年的身体过早地患上了癌症？这种对教育对学生呕心沥血的付出，岂是几句赞美能表达得清楚！她当之无愧是最美的教师，也无愧拥有小雅放弃名利为她所做的一切！

推动整个故事情节发展的教授亦是最值得尊敬的人。在无数光环和荣誉的包围中，一位知名大学教授能够拨开眼前的一切，低下头重新审视自己、定位自己，甚至由此改变了日后的心态和教育理念，这是多么让人敬佩的反思精神和追求真善美的信念。显然这个曾几度让教授落泪的感动不是一时冲动，自它开始的那一刻起便已深深植入内心，成为教授心灵的向导。

从教授得知这个故事后的一系列反应和作为中，我们能清楚地感受到这是一个对教育充满感情，对自己言行负责并能时刻反思自身、与时俱进的教育大家。在认识到小雅当初的抉择竟隐藏着这么难以想象的初衷之后，他的表现像一个纯粹坦诚的孩子，没有任何的遮掩和做作。他毫无保留地袒露自己的心声，深度反思自身，敢于推翻甚至否定自己曾引以为豪的荣誉和品质，是这份用生命谱写的真情让他动容，又是他的真诚让更多的有心人接续着这份感动，传递着心灵的正能量。我们在感叹刘老师和小雅的奉献与真情的同时，是否更该庆幸有这样坦诚真挚的教授能将这份感动表达得这么淋漓尽致，能让更多的人感受、分享并传递他们动人的故事？这样的大爱是上述两位主人公衍生出的爱的回馈，它以更强劲的力量冲击着人性最温暖的地方，并在爱的教育中掀起阵阵热浪。

我们震撼于小雅的感恩反哺，感动于刘老师的无私奉献，感叹于教授的真诚与胸怀，也更加赞叹于为之动容并积极投身爱的教育中去的广大教师群体。正是这些看似最普通最平凡的人在源源不断地创造、分享、传递、接续着最能温暖人性塑造心灵的大爱，让音乐教育覆盖下的孩子能够多一些对生活的憧憬和热爱，这也将是音乐教师得到的最大的殊荣和回报。

后 记

本书收录了我2012年8月以来撰写的70余篇教育教学杂谈随感。当我回过头去审读一篇篇文字时，有两点感受最深：一是在不到两年的时间里写下30多万字的文稿，表明我是一个比较勤奋、会挤时间的人；二是读自己的文字竟然还那么饶有兴趣，说明它紧贴着鲜活的日常教学生活。当然，一个再勤奋、再会挤时间的人，若只是为写作而写作是憋不出多少东西的，我之所以能够在较短的时间里积累了这么多文字，完全是享受教学有感而发的结果。

最近几年，我对教学工作有了更多的投入，自然也就有了更多的感悟，不管是本科生、研究生的教学，还是参与一线教师的培训活动，或是平常通过网络与大家交流教学心得体会，都是如此：虽然水平有限但充满教学激情，也时常遭受挫折却绝不气馁灰心。我越来越享受着做一名普通的教师，越来越享受着日常的教学工作，因而我不仅提出了“教学即分享”的朴素想法，而且还表达了“教学即享受”的浪漫情怀。多年的教学生涯让我慢慢懂得：我们不应该只知道教学而不懂得享受，我们不应该把教学理解为是一种舍己育人、燃烧自己照亮学生的蜡烛行动，而应该把教学看作是一种教师实现自我价值与追求卓越的有生命意义的活动。在功利性四处弥漫的当下，我们尤其要学会享受教学，要勇于追求教学享受，要把教学看作是一种享受活动，既要善于享受充满创造性的教学过程，也要敢于享受充满成就感的教学结果，还要乐于享受人世间最纯真美好的师生感情。

我认为，一个不懂得享受教学的教师是很难真正热爱教学、钻研教学、投入教学的，因而我们不妨这样说——不会享受教学的教师不是好教师，优秀教师一定很会享受教学，古今中外，概莫能外。其实，在日常的教学过程中，享受无处不在，点点滴滴都值得回味，只要我们有一颗仁爱博大的心，有一双清澈敏锐的眼，我们就能享受教学实践的点滴温暖，也能享受教学交流的能量传递，还能享受教学研究的理性沉思，更能享受教学理想的感召激励。

我热爱教学，故我享受教学；我享受教学，故我热爱教学。感谢我的学生以及有缘与我交往分享的各位老师，是你们让我有机会享受教学，也是你们让我如此地热爱教学。另外，我还要感谢这两年和我共同营造“郭声健音教空间”的各位网络好友，没有你们的坚守督促，也就没有这本《享受教学》的顺利出炉。

谨以此书献给关注、关心、关爱我的所有人！

郭声健

2014 年春节